사람을 분석하고 연구하는
피플 애널리스트들이 온다

사람을 분석하고 연구하는
피플 애널리스트들이 온다
People Analytics

───────────

김다혜 김민송 박은연 어승수
윤명훈 윤승원 이상석 이재진
이중학 이피어나 정보영 조영찬 지음

클라우드나인
CLOUD 9

현재 피플 애널리틱스 분야에서는 여러 용어가 혼용되고 있습니다. 새로운 분야에 등장하는 용어에 대한 인식과 활용이 사회적 합의에 이르기까지는 많은 논의와 소통이 필요합니다. 이 과정에서 서로 다른 용어들은 각각 나름의 의미와 이유가 있습니다. 그럼에도 저자들은 가급적 용어를 통일하여 독자의 쉬운 이해를 돕고자 합니다. 전문가적 입장에서 더욱 타당하다고 판단하는 용어를 다음과 같이 선별하여 사용했습니다.

이 책에 사용된 용어	기업 및 학계에서 사용되고 있는 용어
피플 애널리틱스 People Analytics	피플 애널리틱스, HR 애널리틱스, 워크포스Workforce 애널리틱스, 탤런트Talent 애널리틱스

피플 애널리스트 **People Analyst**	피플 분석가, HR 데이터 분석가, 피플 데이터 분석가, HR 애널리스트
피플 사이언티스트 **People Scientist**	피플 사이언티스트, HR 데이터 과학자, HR 데이터 사이언티스트
피플 사이언스 **People Science**	피플 사이언스
데이터 애널리틱스 **Data Analytics**	데이터 애널리틱스, 데이터 분석학
데이터 애널리스트 **Data Analyst**	데이터 애널리스트, 데이터 분석가
데이터 사이언티스트 **Data Scientist**	데이터 사이언티스트, 데이터 과학자
데이터 사이언스 **Data Science**	데이터 사이언스, 데이터 과학
디지털 전환 **Digital Transformation**	디지털 트랜스포메이션
HR 전환 **HR Transformation**	HR 트랜스포메이션
커리어Career	경력 여정, 커리어 경로, 커리어 여정, 경력 경로
설문Survey	설문조사, 서베이 *펄스 서베이Pulse Survey는 예외

피플 애널리틱스의 경우, HR 애널리틱스, 워크포스workforce 애널리틱스, 인재talent 애널리틱스 등 다양한 용어로 쓰이고 있습니다. 이러한 용어 활용은 지역마다 또 분야마다 약간씩 차이가 있습니다. 가령 서구권과 실무에서는 피플 애널리틱스가 더욱 많이 쓰이는 반면, 한국을 포함한 아시아권과 학계에서는 HR 애널리틱스가 더욱 자주 쓰이고 있습니다. 저자들이 이 책에서 피플 애널리틱스로 합의한 주요 이유는 분석 대상인 직원employee을 이해하는

기본 철학이 전통적인 HR과 다르기 때문입니다. 인적자원human resources의 약자인 HR이라는 개념은 표현상 직원을 자원resource이라고 가정합니다. 물적자원처럼 조직 목표를 달성하기 위해 관리되고 대체 가능한 존재일 수 있다는 의미를 담고 있습니다. 반면 피플people은 '사람은 개인 고유의 목적과 가치를 가진 존재'라는 믿음을 전제로 합니다. 이런 측면에서 최근 구글과 메타(전 페이스북)를 비롯한 여러 기업들이 기존의 HR이란 단어를 지양하고 인사부서를 사람people 혹은 인재talent라는 표현으로 바꿔 쓰는 추세에 있습니다. 물론 피플이 단순히 직원만을 의미하는 게 아니라 고객과 이해관계자 등 모든 사람을 통칭하는 것으로 이해될 수 있어 기존 HR의 영역과 헷갈릴 수 있습니다. 또한 HR이라는 단어가 가지는 직관적인 인식과 이해를 무시할 수 없기에 HR 용어 사용을 아예 배제하는 것 역시 쉽지 않습니다. 그럼에도 저자들은 기존 HR이 직원을 자원으로 바라보는 개념을 탈피하고 사람 그 자체로 인식해야 한다는 관점을 지지합니다. 그래서 이 책에서 피플 애널리틱스 용어를 사용하기로 합의했습니다.

더불어 저자들은 애널리스트(분석가)와 사이언티스트(과학자) 용어도 별개로 사용합니다. 몇몇 기업에서는 데이터 애널리스트와 데이터 사이언티스트가 서로 다른 자격 요건, 업무 내용, 보상 체계를 갖고 있는 별개의 직군으로 나눠지고 각 직군에서 세분화된 직업으로 피플 애널리스트와 피플 사이언티스트가 파생되고 있습니다. 데이터 애널리스트의 직무는 데이터의 시각화, 분석, 해석을 통해 인사이트를 발견하고 보고하는 데 중점을 둡니다. 반면 데이터 사이언티스트의 직무는 데이터를 활용할 수 있는 문제 식별과 새로운 데이터 수집, 실험 설계, 통계 분석과 같은 업무를 포함하고 있습니다. 물론 대부분의 기업에서는 피플 애널리스트라는 용어가 포괄적인 의미로 사용되고 있으며 피플 애널리스트의 업무가 피플 사이언티스트의 역할 범위를 포함하는 경우도 많습니다.

그럼에도 저자들은 향후 용어의 구분이 명료하게 이뤄져야 한다고 생각하기에 전문가적 입장에서 해당 용어를 구분하여 사용할 것을 제안합니다. 이 책에서도 마찬가지입니다. 다만 독자의 혼란을 줄이기 위해 가급적 피플 애널리스트라는 용어를 사용하되, 사이언티스트 직무를 구분하는 기업이나 팀에 소속되어 있거나 데이터 사이언스 업무가 부각되는 역할을 수행하는 경우에는 피플 사이언티스트라는 용어를 허용합니다. 또한 대학교 과정명, 기업 팀명, 기업 내 직함 등은 그대로 사용합니다.

왜 우리는 이 책을 쓰기로 하였는가

이 책은 다음 질문에 대한 답입니다.

"피플 애널리틱스가 뭔지는 좀 알겠는데요. 그럼 어떻게 활용하고, 어떻게 적용하고, 어떻게 학습하고, 무엇보다 어떻게 커리어로 성장할 수 있을까요?"

사실 이 질문은 HR 실무자들, 새롭게 HR 분야에 발을 들이는 사람들, HR에서 데이터 분석을 공부하는 학생들, 비즈니스에서 직원과 관련된 데이터 분석 활용에 관심 있는 리더, 경영자, 그리고 비즈니스 전반의 이해관계자들이 자주 하는 질문이기도 합니다.

2022년 세계 최대 비즈니스 전문 소셜 네트워크 플랫폼인 링크드인LinkedIn에서 꼽은 '미국에서 지난 5년간 가장 떠오르는 직업' 2위에 'HR 애널리스트'가 꼽혔습니다. 이 직업은 도대체 무엇을 하기에 최근 갑자기 시장의 수요와 사람들의 관심이 높아진 걸까요? 'HR 애널리스트' 또는 '피플 애널리스트people analyst'라고 불리는 이 직업은 왜 계속해서 수요와 공급의 불일치가 일어나고 기업들은 전문 인력이 부족하다고 하소연하고 있을까요? 피플 애널리틱스는 데이터 분석만 할까요? 분석 외에 어떤 일들을 할까요? 피플 애널리스트가 되기 위해 어떻게 준비해야 할까요? 향후 이 분야에서 일하게 된다면 어떤 모습을 기대할 수 있을까요?

최근 수년간 비즈니스, 특히 HR 분야에서 데이터 분석과 활용에 관심이 높아지고 적용 분야가 확장되면서 피플 애널리틱스가 무엇인지 조금은 알고 있거나 들어봤다는 사람이 많아지고 있습니다. 국내 HR 실무자들을 대상으로 조사한 바에 따르면, 2023년을 기준으로 10명 중 9명은 피플 애널리틱스가 무엇인지 충분히 이해하고 있으며 자신의 동료들에게 설명할 수 있다고 답한 바 있습니다. 하지만 HR 관련 데이터 분석을 직접 경험한 사람은 많지 않습니다. 이에 우리는 피플 애널리틱스를 직접 수행하는 사람들이 피플 애널리틱스 이야기를 스토리텔링으로 전하면 좋겠다고 생각했습니다. 그러기 위해 데이터 분석에 대한 전문적인 이야기를 줄이고, 각자가 걸어온 분석가로의 삶을 이야기하려고 합니다.

그래서 이 책은 HR 및 직원 관련 데이터를 분석하는 방법이 아니라 피플 애널리틱스를 하는 전문가인 '사람(분석가, 애널리스트, Analyst)'에 초점을 맞추고 있습니다. 이들은 과연 어떤 커리어로 성장했을까요? HR 실무를 배경으로 출발한 사람도 있고, 학계에서 연구자로 시작한 사람도 있고, 양쪽을 모두 경험한 사람도 있습니다.

이 책은 피플 애널리틱스라는 공통된 주제 아래 다양한 관점에서, 다양한 산업군에서, 다양한 국가에서 일하고 있는 다양한 사람들의 이야기라고 할 수 있습니다.

우리가 이 책을 집필하기 위해 함께 모인 이유는 피플 애널리틱스의 생태계를 확대시키기 위함입니다. 우리는 2022년에 피플 애널리틱스 리서치 협회PARI, People Analytics Research Institute라는 커뮤니티를 구성하여 HR 분야에서 데이터 분석에 기반한 의사결정으로 더 나은 비즈니스 가치를 창출하고 피플 애널리틱스를 활성화한다는 비전을 추구하고 있습니다. 구체적인 활동으로 국내외 피플 애널리틱스 분야에서 활발히 활동하는 연구자와 실무 전문가 간 지식을 공유하는 세미나 모임과 구성원 간 연구 협력 등을 수행하고 있습니다. 2023년 10월에는 제1회 피플 애널리틱스 콘퍼런스를 개최하여 많은 사람과 직접 만나 지적 교류를 하는 시간을 가졌습니다. 이 책의 출간도 이런 활동의 연장선에 있습니다. 피플 애널리스트로 발돋움하고자 하는 사람들에게 먼저 그 길을 걷고 있는 우리가 어떤 여정을 거쳐 왔는지 전달하고 피플 애널리스트라는 직업도 다양한 커리어가 있음을 소개하고자 합니다.

피플 애널리틱스라는 분야는 아직 공고히 구축되어 있지 않고 계속 변화하면서 만들어지고 있습니다. 단적인 예로 피플 애널리틱스, HR 애널리틱스, 혹은 인력 애널리틱스workforce analytics 등 용어가 의미하는 범주가 통일되어 있지 않고 사람들의 인식 또한 아직 명확하지 않다는 점을 들 수 있습니다. 이러한 상황을 고려하여 1장은 피플 애널리틱스의 개념과 배경 등을 명료하게 이해할 수 있는 중요한 관점들을 설명합니다. 2장과 3장은 피플 애널리스트로 일하는 각 저자들이 활동하고 있는 지역적 배경과 산업군을 소개하고, 어떻게 커리어를 시작하게 됐는지 이야기합니다. 4장은 피플 애널리틱스에 발을 내딛으려는 이들이 어떻게 공부하고 커리어를 다져갈 수 있는지를 실제 사례를 들어 소개합니다. 5장은 피플 애널리틱스 분야가 향후 어떻게 변화할 것인지에 대한 견해를 담았습니다.

이 책은 장별로 다른 맛을 느낄 수 있습니다. 12명이 공저한 책이기에 각자 살아온 이야기도 다르고 과거와 배경, 그리고 관점도 조금씩 다릅니다. 이에 각 저자의 글쓰기 스타일을 가능한 한 있는 그대로 살리려 했습니다. 예를 들어 박은연 님과 같이 현업에서 다양한 회사를 경험하며 축적한 인사이트를 바탕으로 조언하는 형식의 글은 마이크로소프트에 피플 애널리스트로 취업하기까지 여러 상황을 겪었던 김민송 님의 글과는 다른 맛이 있습니다. 또한 같은 학계에 있다고 하더라도 한국에 있는 이중학 님과 미국에 있는 윤승원 님, 그리고 영국에 있는 저(이재진)의 글은 서로 다른 관점을 비교해가며 읽을 수 있을 것입니다. 피플 애널리틱스라는 용어가 낯설던 시절 국내에서 외로이 이 분야를 개척해온 어승수 님과 조영찬 님의 이야기는 맨땅에서 피플 애널리틱스를 해나가야 하는 독자에게 의미 있는 가이드라인이 될 것입니다.

이 외에도 글로벌에서 학계와 실무 사이의 피플 애널리스트 커리어를 개척해 나가는 이피어나 님과 여러 분야를 넘나들며 치열하게 피플 애널리스트 커리어를 쌓아가는 김다혜 님, 그리고 해외와 국내를 오가며 자신만의 피플 애널리스트 커리어를 만들어 나가는 이상석 님의 이야기는 해외 커리어에 관심 있는 분들에게 많은 도움이 될 것입니다. 인적자원관리**HRM** 및 인적자원개발**HRD** 커리어에서 데이터 분석으로 영역을 확장하고 있는 윤명훈 님과 정보영 님의 이야기 역시 HR 커리어를 기반으로 일하는 많은 독자에게 값진 인사이트가 되리라 생각합니다.

우리가 경험한 성공과 실패의 이야기와 선택의 갈림길에서 했던 고민이, 피플 애널리틱스라는 같은 방향을 바라보고 나아가려는 사람들에게 등불이 되고 피플 애널리틱스의 활성화에 마중물이 되기를 바랍니다.

2024년 4월

저자들을 대표해서 이재진

차례

1장 피플 애널리스트는 누구인가 • 19

3장 어떻게 피플 애널리스트가 되는가 • 167

1장
—
피플 애널리스트는
누구인가*

* 이중학

1. 피플 애널리스트는 무슨 일을 하는가 🔍

조직 내 인사부서의 일하는 방식이 크게 변했다

사이먼 시넥Simon Sinek은 사람의 뇌가 부정 개념을 이해하지 못함을 증명하기 위해 여러 가지 사례를 활용한다. 가령 '코끼리는 생각하지 마.'라는 문장을 예시로 뇌가 부정 개념을 이해하지 못하고 오히려 관련 개념이 더욱 강조됨을 보여준다. 과연 그럴까? 우선 이 사례에는 중요한 전제조건이 있다. 바로 우리 모두 '코끼리'에 대한 명확한 상 혹은 개념을 공유하고 있다는 것이다. 전 세계 어디서든 '코끼리'는 종류에 따라 다르지만 '코가 길고 네 다리로 걷는 몸집이 큰 동물' 같은 공통의 이미지가 있다. 우리 뇌가 무엇인가를 인지하기 위해서는 우선 명확한 상 혹은 개념이 정립돼 있어야 한다. 이에 비로소 그 대상에 대한 긍정 혹은 부정 판단을 할 수 있다.

최근 피플 애널리틱스PA, People Analytics에 관심이 매우 높다. 코로나19가 우리 삶의 양식을 크게 바꾸었듯이 조직 내 인사부서가 일하는 방식도 큰 변화를 맞이하고 있다. 디지털 전환DX, Digital Transformation 흐름에 맞춰 인사부서 역시 발 빠르게 인공지능과 머신러닝을 업무에 활용하고 있다. 구체적으로 기존의 단순 반복 업무를 자동화해서 대체하고 채용과 보상 등 영향력이 크고 중요성이 높은 분야에 기술의 힘을 빌리기 시작했다. 동시에 국내외 피플 애널리틱스 사례 역시 많이 공유됨에 따라 리더와 실무자의 관심도 올라가고 있다. 그러나 관련 분야 사람들조차 피플 애널리틱스, HR 애널리틱스, 비즈니스 애널리틱스 등 각기 다른 용어를 사용하고 있으며 업무 범위 역시 상이하게 인식하고 있다.

그렇다면 이 책에서 이야기하려는 피플 애널리틱스는 무슨 일을 하는 것으로 정의할 수 있을까? 우선 학계의 정의를 보면 여러 논문에서 '기술 기반Technology-based'이란 표현을 많이 쓰고 있다. 피플 애널리틱스가 본격적으로 조직에 도입되고 활용된 계기는 인공지능, 머신러닝, 빅데이터 등의 적용에 있다. 기술이 피플 애널리틱스에 중요한 요소가 된 것으로 추론할 수 있다. 물론 기존에 사람이 할 수 없던 빅데이터 분석과 예측모델링이 머신러닝과 딥러닝이 도입되면서 가능하게 된 것은 상당히 긍정적이다. 그러나 피플 애널리틱스를 이야기하는 데 관련 기술이 너무 큰 관심을 받는 것은 바람직하지 않다고 생각한다.

디지털 전환은 코로나19로 인해 전 세계적으로 더욱 가속화되고 있다. 2021년 발표된 한 연구에 따르면 미국 기업이 한 해에 디지털 전환에 투자한 돈이 1.3조 달러(한화 1,500조 원)가량이라고 한다. 그런데 디지털 전환에 성공한 기업은 10%도 되지 않는다고 한다. 실패율을 90%로 놓고 계산하면 약 1,300조 원 이상이 손실로 귀결됐다는 것이다. 물론 실패를 통해 향후 성공 가능성을 높일 수있지만 일차로는 실질적 성과 창출을 이뤄내지 못했다. 그렇다면 디지털 전환에 실패한 주요 원인이 무엇일까? 여러 연구 중 타브리지Tabrizi 연구팀(2019)[1]은 『하버드 비즈니스 리뷰』에서 기술에 지나치게 집착하고 투자한 것이 디지털 전환에 성공하지 못한 원인이라고 주장한다.

디지털 전환 정의에서 가장 많이 활용되는 블룸버그(2018) 정의에 따르면 디지털 전환은 3단계를 거친다.

1단계	아날로그를 디지털로 바꾸는 디지털화Digitization
2단계	인공지능, 머신러닝 등 첨단기술을 이용해서 일하는 방식을 바꾸는 디지털 변화Digitalization
3단계	기술을 이용해서 일하는 방식과 비즈니스 모델을 바꾸는 디지털 전환Digital Transformation

결국 주요 방점은 디지털이 아니라 '전환'에 있다. 그러므로 디지털 전환에 성공하기 위해 기술에만 신경썼다면 궁극적인 목적인 '일하는 방식과 비즈니스 모델의 전환'에 실패했을 가능성이 크다.

피플 애널리스트는 조직과 사람의 문제를 해결한다

피플 애널리틱스 역시 마찬가지다. 첨단기술이 피플 애널리틱스의 시작과 활성화에 도움이 되지만 결국 우리는 조직과 사람 문제를 해결하기 위해 피플 애널리틱스를 실행하고 연구한다. 나는 데이터 애널리스트data analyst라는 직업이 어떻게 시작됐고 발전해가는지를 알기 위해 한국과 미국에서 활동하는 데이터 애널리스트를 대상으로 2023년 초부터 인터뷰를 진행하고 있다. 2023년 1월까지 약 15명의 데이터 애널리스트를 비대면으로 개별적으로 만나 한시간 넘게 데이터 애널리스트란 직업에 대해 깊은 대화를 했다.

주요한 질문 중 하나는 데이터 애널리스트에 대한 각자의 정의를 내려달라는 것이었다. 나 역시 관련된 업무로 직장생활을 12년 넘게 했고 여러 데이터 분석 경험이 있기 때문에 나름 내린 정의가 있었다. 15명이 모두 똑같은 표현을 쓰지는 않았지만 공통으로 '문제 해결자'로서 역할을 중요하게 보고 있었다. 몇 분의 이야기를 옮겨오면 이렇다.

"기업에서 근무하는 데이터 애널리스트는 기본적으로 회사에서 주는 문제를 스스로 정의하고 데이터로 해결하는 사람이라고 생각합니다."

"데이터 애널리스트는 회사가 가진 비즈니스 문제를 통계적인 답변으로 해결하는 사람입니다."

"조직 내 어떤 문제를 데이터 관점으로 해석하고 정의한 후 답변하는 사람입니다."

이런 관점에서 나는 피플 애널리틱스란 일을 정의함에 기술을 지나치게 강조하는 것에 동의하지 않는다. 내가 정의하는 피플 애널리틱스는 포괄적인 측면에서 '조직 구성원들을 위해 목적에 맞게 데이터 분석을 하는 것objective-driven data analysis for people in an organization'이다. 조직에서 데이터 애널리스트의 일이 '문제를 정의하고 데이터 분석을 통해서 해결하는 것'이라면 피플 애널리틱스의 초점 역시 사람이어야 한다.

내가 내린 정의에서 목적은 '설명'과 '예측'으로 구분된다. 사회과학자들에게는 이론을 기반으로 한 설명이 중요하다. 특히 논문을 쓰기 위해 주로 활용하는 가설 검정에서 가설은 연구자의 경험과 이론을 기반으로 다른 연구자와 실무자에게 쉽게 설명될 수 있어야 한다. 그러나 교과서에 자주 등장하는 가설 검정만이 데이터 분석의 전부가 아니다. 적절한 시기의 설문만으로도 조직에 도움이 되고 설명 가능한 분석이 될 수 있다. 방법이 무엇이든 설명을 목적으로 한 피플 애널리틱스는 이론과 사전 경험으로 조직에서 사람과 관련된 일이 왜 일어나는지를 일반화해서 조직과 구성원에게 이해시킬 수 있어야 한다.

피플 애널리틱스의 또 다른 주요한 목적인 예측은 설명과는 달리 미래에 일어날 수 있는 개별 사건을 현재 데이터로 미리 내다보고 대응하기 위해 실행된다. 정리하면, 설명은 다수의 조직에 적용될 수 있는 '왜'를 설명해야 하는 연구자들에게 더 주목받고 있고 예측은 개별 조직의 구체적 실행을 위한 분석으로서 현장 실무자들에게 더 주목받고 있다. 조직 구성원들을 위해 설명과 예측이란 목적에 맞게 데이터를 분석하는 것이 피플 애널리틱스라고 한다면 이를 수행하는 피플 애널리스트는 어떤 역량을 갖고 있어야 하는가?

2. 피플 애널리스트가 갖춰야 할 역량은 무엇인가 🔍

조직의 문제를 질문으로 바꾸고 정의한다

흔히 과학으로 번역되는 사이언스Science를 어떻게 정의할 수 있을까? 위키피디아(한글판)에서는 '사물의 구조, 성질, 법칙 등을 관찰 가능한 방법으로 구한 체계적이고 이론적인 지식의 체계'로 정의한다. 과학은 크게 세 가지로 구분된다.

첫째, 물리학, 화학, 생물학, 지질학 등 자연과학. 둘째, 인간과 인간의 문화에 관심을 가지거나 인간의 가치와 인간만이 지닌 자기표현 능력을 바르게 이해하기 위한 인문과학. 셋째, 인간 행동과 그들이 이루는 사회를 연구하는 사회과학.

사이언스를 기반으로 하는 피플 애널리틱스는 사회과학의 일부로 볼 수 있으며 사람, 조직, 사회를 대상으로 한다. 그리고 '과학적 방법'을 활용해서 특정 목적을 달성한다. 과학적 방법이란 체계적이고 객관적인 방법으로 검증 가능한 질문에 대해 연구하는 방법을 의미하기도 하며 연역과 귀납을 바탕으로 한다. 검증 가능한 질문, 즉 연역과 귀납이란 단어가 사이언스를 수행하는 데 중요한 방법이라는 것이다.

피플 애널리스트 역시 조직 구성원들을 위해 설명 또는 예측이라는 목적에 따라 데이터 분석을 수행하는 사람이라고 하면 '(검증 가능한) 질문'과 '연역과 귀납'이란 방법론이 기본이 돼야 한다. 우선 풀어야 할 질문이 무엇인지 생각해보자. 데이터 애널리스트가 조직 내 문제를 해결하는 사람으로 정의할 수 있다고 했는데 조직은 풀어야 할 문제를 데이터 애널리스트에게 질문 형식으로 주지 않는다.

예를 들어 A사에 높은 이직률이 중요한 문제로 대두됐다고 하자. 대표이사와 인사부서장은 실무자에게 높은 이직률이 문제니 해결방안을 가져오라고 문제를 던진다. 그렇다면 이를 피플 애널리스트가 풀어야 할 질문으로 바꾸면 어떻게 돼야 할까? 순차적으로 여러 가지 답변이 가능할 것이다. 우선 "누가 그만두는가?" "그들이 가진 공통점이 있는가?" "언제 그만두는가?" "특정한 이벤트를 중심으로 그만두는가?" "어느 부서에서 그만두는가?" 등 꼬리에 꼬리를 무는 질문을 던지고 정의를 내리면서 문제를 해결해나갈 것이다. 그러므로 조직의 문제를 어떻게 질문으로 바꾸고 정의할 수 있는지가 결국 피플 애널리스트에게도 가장 중요한 역량 중 하나다.

연역과 귀납의 방법으로 데이터를 해석한다

다음으로 연역과 귀납에 대해 생각해보자. 연역은 우리가 이미 알고 있는 경험과 이론에서 새로운 판단과 주장을 만드는 과정이다. 앞서 제시한 가설검정이 대표적인 연역 방법의 하나다. 예를 들면 최근 MZ세대 이직률이 높다는 문제를 해결하기 위해 연역 방법을 쓴다면 기존 이론을 활용해서 가설을 세우고 이를 확인해볼 수 있다.

경제가 고도로 성장하던 1980~2000년 초반까지 한국 기업과 구성원들 사이에는 암묵적으로 평생직장이라는 심리적 계약이 공고하게 체결되어 있었다. 조직을 위해 충성하면 평생 안정된 생활이 보장된다는 믿음이 회사(사용자)와 구성원 모두에게 있었기 때문에 부조리함이나 야근 등을 참고 넘길 수 있었다. 그러나 평생직장이란 심리적 계약이 쉽게 깨지는 것을 본 이후 세대는 회사가 안정을 추구하는 곳이 아니라 성장의 발판이며 미래를 준비하는 곳이라는 새로운 심리적 계약을 회사와 맺기 시작했다. 이에 성장에 도움이 되는 리더와 조직문화에서는 근속이 길 것이지만, 그렇지 않으면 쉽게 이직을 결심할 것이다. 이런 현상은 '심리적 계약Psychological Contract' 이론으로 가설화하고 검정할 수 있다. 이렇듯 하나의 문제를 이론과 경험으로 정의하고 가설화하는 것이 대표적인 연역 방법이다.

반면 귀납은 특수한 개별적 사실이나 현상으로 일반적인 결론을 끌어내는 방법이다. 보통 개별적 사실과 사례가 먼저 나오고 결론이 뒤에 나오는 미괄식 형식을 띤다. 인간의 다양한 경험, 실천, 실험 등의 결과를 일반화하는 것도 귀납 방법이다. 데이터 사이언스 분야에서 최근 많이 활용되는 베이지안 통계Bayesian Inference가 대표적인 귀납적 연구 방법으로 볼 수 있다. 본서가 전문적인 통계 서적이 아니므로 간단히 정리하면 통계에 주요한 철학으로 빈도주의와 베이지안주의가 있다. 빈도주의Frequentism는 확률을 사건의 빈도로 보는 관점이고 베이지안Baysian은 확률을 사건 발생에 대한 믿음 또는 척도로 바라보는 관점이다. 빈도주의에 근거하여 가설검정을 수행하려면 이론과 특정 숫자 이상의 샘플이 필요하다.

그러나 코로나19같이 한 번도 겪어보지 못한 일을 해결하거나 아주 소수의 샘플밖에 없을 때 베이지안 통계를 활용할 수 있다. 가령 에이즈 환자를 위한 약을 개발해서 임상실험을 하려고 하는데 실험에 응할 대상자 숫자가 턱없이 부족한 상황이다. 이 경우 연구자는 본인이 그동안 임상과 연구를 하며 쌓은 선행 경험을 통해 실험약의 효과를 사전 확률로 설정하고 실험을 지속하면서 정교화할 수 있다. 이 밖에도 나는 퇴임 임원의 특성을 알아보기 위해서 베이지안 통계를 활용한 적이 있다. 이는 상대적으로 부족한 이론과 샘플 숫자를 보완하기 위한 방법의 하나였다. 이처럼 피플 애널리스트도 귀납을 통해서 과학적 방법을 수행할 수 있다.

사람에 대한 이해와 소통 능력이 필요하다

피플 애널리스트에게 '질문'과 '연역과 귀납'이 과학적 방법으로 필요한 것은 알겠는데 역량으로 구체화하면 무엇이 될까? 우선 데이터 사이언스 영역부터 나의 연구 결과로 살펴보자. 애널리스트 업무를 내 경험과 선행 연구를 바탕으로 '프로그래밍' '통계지식' '배우려는 욕구·호기심' '비판적 사고' '데이터 마이닝' '시각화와 디자인' '비즈니스 이해' 등 7가지 역량으로 세분화한 뒤 초급, 중급, 고급으로 수준을 나눴다. 그리고 수준별로 어떤 역량이 데이터 애널리스트에게 중요한지를 307명에게 설문하여 분석했다.

분석 결과 프로그래밍 역량은 모든 수준에서 차이가 통계적으로 유의한 반면 통계지식, 배우려는 욕구·호기심, 비판적 사고, 데이터 마이닝, 시각화와 디자인 역량은 초급과 중급 간 차이가 있었고 중급과 고급 간 차이는 없었다. 비즈니스 이해 영역은 초급과 중급 간 차이가 없었고 초급과 고급 간 차이가 있었다. 정리하면 데이터 사이언스 역량에서 수준별로 역량 차이가 분명한 것은 프로그래밍 역량이었고, 초급과 고급 차이가 통계적으로 유의한 것은 비즈니스 이해 역량이었다. 그리고 중급과 고급으로 가기 위해서는 통계지식, 배우려는 욕구·호기심, 비판적 사고, 데이터 마이닝, 시각화와 디자인 역량이 중요함을 알 수 있었다.

그렇다면 피플 애널리스트는 다른 특성을 보일까? 2021년 매카트니McCartney 연구팀이 미국, 영국, 호주, 캐나다, 이스라엘 5개국 110개 기업의 채용공고를 분석하고 12명의 전문가를 대상으로 한 결과에 따르면 6가지 역량이 중요하다고 제시했다. 컨설팅, 기술적 지식, 데이터 활용 능숙도와 분석 능력, HR과 비즈니스 지식, 연구와 발견 능력, 스토리텔링과 소통 능력이다. 조직 내 문제를 발견하고 해결할 수 있는 컨설팅, 데이터 이해 및 HR 관련 지식, 소통 능력이 주요한 역량이라는 것이다.

이는 내가 캘리포니아주립대학교 스티븐 김 교수와 함께 진행한 연구 결과와도 흡사하다. 나와 스티븐 교수는 피플 애널리틱스를 위해 가장 중요한 역량으로 사회과학, 통계학, 컴퓨터 과학 분야의 역량 3가지를 강조했다. 그중에서도 사람에 대한 이해와 통계학(회귀분석)이 중요하다고 주장했다. 결국 피플 애널리스트와 데이터 애널리스트에게 중요한 역량은 유사하다. 문제를 발견하고 질문으로 정의할 수 있는 역량, 이를 데이터로 분석해서 해석할 수 있는 역량, 사람에 대한 깊은 이해를 바탕으로 소통할 수 있는 역량, 문제 해결을 위한 실행 역량이다. 이러한 역량이 필요한 피플 애널리틱스 영역의 업무는 어떻게 진행될까?

3. 피플 애널리스트의 업무는 어떻게 진행되는가 |Q

피플 애널리스트의 업무는 6단계로 진행된다

독자들의 이해를 돕기 위해 피플 애널리틱스 영역의 업무 진행 과정을 요리 진행 과정과 비교해 설명하겠다. 토마토 파스타를 만든다고 가정해보자.

요리를 하기 위해서는 우선 재료가 필요하다. 파스타, 토마토소스, 올리브 오일, 양파, 양송이버섯, 치즈, 파슬리, 소금, 후추 등이 필요하다. 양파, 양송이버섯, 파슬리 등을 씻고 먹기 좋은 사이즈로 썬다. 면은 포장지에 표기된 삶는 시간을 참고하여 끓는 물에 삶는다. 재료가 준비되면 조리법에 따라 요리한다. 불에 달군 팬에 올리브 오일을 붓는다. 양파와 양송이버섯을 넣고 볶다가 토마토소스를 넣고 약불에 조린다. 삶은 면을 넣고 맛이 배도록 뒤섞는다. 불을 끄고 소금과 치즈로 간을 맞춘 후 잘게 썬 파슬리와 후추를 뿌린다. 그릇에 보기 좋게 담는다. 이렇게 만든 토마토 파스타를 한입 먹으면 "짜다" "싱겁다" "맛있다" "행복하다" 등 다양한 반응이 나올 것이다.

피플 애널리틱스 과정도 이와 비슷하다. 우선 구체적인 분석을 위한 문제(=음식)를 정한다. 가령 조직 내 퇴사율이 큰 문제로 대두됨에 따라서 퇴사 원인을 찾아야 하는 상황이라고 가정하자. 이를 위해서 인사 부서에서는 구성원의 행정 정보(예: 나이, 성별 등), 진단 정보(예: 리더십, 조직 몰입 등), 행동 정보(예: 이메일, 커뮤니케이션 로그값 등) 등을 모은다. 그다음 퇴직자를 예측하기 위한 문제(=요리)로 분석 목적을 정하고, 그에 맞게 데이터를 전처리한다.

이후 의사결정나무(=조리법)에 따라서 분석하고 나온 결과를 보기 좋고 이해하기 쉽게 시각화한다(=플레이팅). 조직의 리더, 의사결정자, 분석가는 도출된 분석 결과를 가지고 조직 내 퇴사 확률이 높은 인재에 대한 대응 방향을 토론하고 문제를 방지할 제도를 마련한다(=식사). 이렇게 데이터 분석은 일반적으로 6단계의 업무 진행 과정을 거친다.

문제 정의부터 결과 보고까지 전 과정을 알아보자

데이터 분석의 6단계는 '문제 정의 및 계획' '데이터 수집 및 결합' '데이터 정제 및 전처리' '데이터 탐색' '데이터 분석' '결과 보고'로 진행된다. 각 단계를 좀 더 구체적으로 알아보자.

- 1단계 문제 정의 및 계획

프로젝트 시작 전에 애널리스트는 인사관리자와 협력해 문제를

데이터 분석의 6단계

6단계	결과 보고
	⇧
5단계	데이터 분석
	⇧
4단계	데이터 탐색
	⇧
3단계	데이터 정제 및 전처리
	⇧
2단계	데이터 수집 및 결합
	⇧
1단계	문제 정의 및 계획

정의하고 목표를 설정한다. 예를 들어 이직률이 높다는 문제를 발견했다고 가정하면 문제의 원인과 추세를 파악하고 이직률을 낮추기 위한 전략을 수립하는 것을 목표로 정한다. 이를 위해 필요한 데이터와 분석 기법을 결정하고, 일정과 예산을 계획하여 프로젝트를 시작한다.

• 2단계 데이터 수집 및 결합

인사 데이터를 수집하기 위해 다양한 데이터 소스를 참조한다. 이러한 데이터에는 인사관리 시스템에서 얻은 인적 정보, 성과 데이터, 연봉 정보, 교육 이력 등 기본 데이터가 포함된다. 또한 직원 만족도 설문조사, 면접 기록, 이메일 및 커뮤니케이션 로그 등의 추가 데이터를 활용할 수 있다. 모든 데이터를 통합하여 분석을 위한 통합 데이터세트를 생성한다.

• 3단계 데이터 정제 및 전처리

수집한 데이터는 오류, 결측값, 이상치 등이 존재할 수 있으므로 데이터 정제 및 전처리 과정이 필요하다. 결측값을 적절한 방법으로 채우고 이상치를 검출해 처리한다. 또한 변수 간의 관계를 고려하여 새로운 파생 변수를 생성하거나 기존 변수를 변환하여 분석에 사용할 수 있는 형태로 만든다.

- 4단계 데이터 탐색

데이터 전처리가 완료되면 데이터를 탐색하여 변수 간의 관계, 데이터의 분포, 이상 패턴 등을 확인한다. 이 과정에서 통계적 기술, 그래프, 시각화 도구 등을 활용하여 데이터의 특성을 파악하고 분석 방향을 설정한다. 예를 들어 이직률과 직무 만족도, 성과, 연차 등 변수 간의 관계를 확인하여 이직 위험군을 선별하는 기준을 설정할 수 있다.

- 5단계 데이터 분석

데이터 탐색 결과를 바탕으로 회귀분석, 의사결정나무, 클러스터링 등 다양한 분석 기법을 사용하여 인사 문제에 대한 해결책을 도출한다. 예를 들어 이직률과 관련된 변수들을 기반으로 로지스틱 회귀 모델을 만들어 이직 위험군 직원을 예측할 수 있다. 또한 클러스터링을 사용하여 이직 위험군 직원들의 공통 특성을 파악하고 개선 방안을 제안할 수 있다.

- 6단계 결과 보고

분석 결과와 도출된 인사이트를 정리하여 이해하기 쉬운 언어와 시각화 도구를 사용해 관리진에게 보고한다. 보고서에는 문제점, 원인, 해결책 등이 명확하게 제시되어야 한다. 구체적인 실행 계획과 예상되는 효과도 함께 설명해야 한다. 예를 들어 이직 위험군 직원들의 특성을 바탕으로 맞춤형 교육 및 멘토링 프로그램을 제안하고 이를 실행함으로써 이직률을 낮출 수 있는 기대 효과를 경영진에게 소개한다.

정리하면 데이터 분석 과정은 문제의 정의 및 계획 수립, 데이터 수집 및 결합, 데이터 정제 및 전처리, 데이터 탐색, 데이터 분석, 결과 보고의 6단계로 구성된다. 이를 통해 인사 문제를 발견하고, 문제를 해결하기 위한 데이터 분석 방법을 결정하여 실행하는 것이 가능하다. 또한 데이터 분석 결과를 적절하게 시각화한 보고서로 정리하여 경영진과 공유함으로써 인사 문제를 해결하는 데 도움을 줄 수 있다. 모든 피플 애널리틱스 업무 진행 과정이 늘 6단계를 준수하는 것은 아니지만 데이터 분석 과정은 피플, 마케팅, 재무 등 분야와 상관없이 유사한 형태를 띠고 있다.

4. 피플 애널리틱스는 업무에 어떻게 활용되는가 |Q

최적의 인재 선발과 교육 프로그램 개발에 활용된다

피플 애널리틱스가 인사에서 어떻게 활용되는지를 구체적으로 알아보도록 하자. 인사의 세부 기능을 구분하는 방법은 여러 가지다. 여기서는 채용, 교육 및 개발, 평가 및 보상, 유지로 나눠서 살펴보겠다.

첫째, 채용 과정에서 피플 애널리틱스는 최적의 인재를 찾고, 과정을 개선하는 데 활용된다. 예를 들어 지원자들의 이력서와 면접 결과를 분석하여 채용된 인재들의 공통 특성을 파악할 수 있다. 이를 통해 기업은 채용 기준을 개선하고 이력서 선별 과정에서 더 효율적으로 지원자를 선별할 수 있다. 또한 채용 과정에서 편견과 차별을 최소화하기 위해 편향되지 않은 지표를 활용하여 공정한 평가를 진행할 수 있다. 가령 한 기업이 다양한 배경과 역량을 지닌 인재를 공정하게 채용하려 해도 이력서와 면접 과정에서 관계자의 편견과 차별이 나타날 수 있다. 이러한 문제를 해결하기 위해 피플 애널리틱스를 도입할 수 있다. 먼저 이력서에서 편향되지 않은 지표를 선택해 지원자를 평가한다. 이를 위해 기업은 이력서 정보 중 성별, 나이, 사진, 출신 학교와 같은 개인정보를 제외하고 학력, 경력, 자격증, 어학 능력, 프로젝트 경험 등과 같은 직무 관련 경험과 역량에 초점을 맞춘 평가 척도를 개발한다.

이렇게 무관한 정보를 배제함으로써 관계자들이 지원자의 직무 관련 역량에만 집중할 수 있게 된다. 또한 면접 과정에서도 편향을 최소화하기 위해 구조화된 면접Structured Interview 방식을 쓸 수 있다. 구조화된 면접은 지원자들에게 일관된 질문을 하고 정해진 평가 기준에 따라 점수를 매기는 방식이다. 이를 통해 면접관의 주관적인 판단을 줄이고 지원자들을 공정하게 평가할 수 있다. 또한 면접관을 교육하여 평가 기준을 명확히 이해하고 객관적으로 평가할 수 있는 능력을 향상할 수 있다.

둘째, 피플 애널리틱스는 교육 및 훈련 프로그램의 효과를 측정하고 개인별 맞춤형 교육 프로그램을 개발하는 데 사용된다. 직원들의 역량, 학습 스타일, 직무 성과 등을 분석하여 교육 프로그램의 효과를 평가하고 개선할 수 있다. 또한 분석 결과를 바탕으로 개인별 역량 개발 계획을 수립해 직원들의 성장을 지원한다. 이를 통해 조직의 전체적인 역량 향상과 높은 성과를 달성할 수 있다. 가령 직원들의 업무 성과를 측정하기 위해서는 핵심성과지표KPI, 프로젝트

완료율, 고객 만족도 등 다양한 지표를 활용하여 데이터를 수집하고 분석함으로써 교육 프로그램이 실제로 직무 성과에 긍정적인 영향을 미치는지 평가할 수 있다.

직원의 성과를 평가하고 조직을 유지하는 데 활용된다

셋째, 피플 애널리틱스는 직원들의 성과를 공정하게 평가하고 적절한 보상 체계를 구축하는 데 도움이 된다. 다양한 성과 지표를 분석해 직원들의 업무 성과와 그에 따른 보상 간의 관계를 명확히 할 수 있다. 이를 바탕으로 동기부여와 직원 만족도를 높이는 보상 정책을 수립하고 실행할 수 있다. 또한 직원들의 업무 성과와 연계된 핵심성과지표KPI를 설정하여 목표 달성에 따른 보상을 제공함으로써 경쟁력 있는 보상 체계를 구축할 수 있다. 더불어 직원들의 지속적인 성과 향상을 위한 피드백 제공에도 자연어 분석이 활용될 수 있다. 가령 엔씨소프트는 데이터 분석 사례를 대중에게 공유하기 위해 단비danbi라는 블로그를 운영하고 있다. 단비 블로그에 소개된 사례 중에서 성과 평가 결과를 분석하는 데 자연어 처리 기술을 활용한 경우가 있다.

평가 제도는 직원의 성과와 능력에 따라 등급을 매기는 부분과 피드백을 하는 부분으로 구성된다. 엔씨소프트 분석팀은 자연어 처리 기술로 피드백 부분을 분석했다. 피드백 데이터는 여러 가지 평가 방식을 통해 모았는데 상사와 직원뿐만 아니라 동료들 사이에서 주고받는 피드백도 포함했다. 분석을 하기 전에 먼저 데이터에서 이름이나 개인정보를 지워서 숨겼다. 이렇게 전처리한 피드백 데이터를 문장 단위로 나눠서 감정을 분석했다. 성과가 좋은 동료와 개선이 필요한 동료에게 한 피드백이 얼마나 다른지 알고 싶었기 때문이다. 따라서 긍정적 피드백과 부정적 피드백을 구분하고 평가 등급에 따라 비교해보았다.

분석팀이 사용한 감정 분석모델은 문장의 긍정과 부정이 0에서 1 사이의 값으로 표현되므로 긍정과 부정을 구분하는 기준을 정한 다음 평가 등급별로 긍정적 피드백과 부정적 피드백의 비율을 비교했다. 성과가 가장 높은 1등급 직원은 부정적 피드백보다 긍정적 피드백이 약 46배 많았다. 이 결과를 통해 평가자들이 각 등급의 차이를 얼마나 잘 알고 있는지도 알 수 있었다. 예를 들어 1등급과 2등급의 긍정과 부정의 차이는 크지 않았지만 2등급에서 3등급으로 갈 때 차이가 커졌다. 이런 결과는 평가 등급이나 보상 방식을 개선할 때 유용하게 활용되었다.

평가 등급별 부정 피드백 대비 긍정 피드백의 비율

평가 등급	비율
1	46.32
2	34.73
3	17.25
4	1.28
5	0.31

넷째, 피플 애널리틱스는 이직률을 낮추고 조직의 인재 유지를 돕기 위해 활용된다. 직원들의 이직 원인과 패턴을 파악하기 위해 이직률, 직무 만족도, 근속 연수 등 다양한 데이터를 분석할 수 있다. 이를 바탕으로 조직 내 인력 유지를 위한 개선 방안을 도출하고

실행할 수 있다. 예를 들어 이직 위험군 직원들에게 추가적인 역량 개발 기회를 제공하거나 이직률이 높은 부서의 업무 환경 개선을 위한 정책을 수립할 수 있다. 또한 직원 유지를 위해서는 리더십과 조직문화에 대한 변화도 긴밀하게 살펴야 하는데 피플 애널리틱스가 이에 기여할 수 있다.

나는 다른 여러 연구자와 함께 코로나19가 국내 여러 조직에 영향을 주었을 것이라고 가정하고 코로나19 이전과 이후에 조직에서 요구되는 리더십이 어떻게 다른지를 텍스트 마이닝을 통해서 밝혀냈다. 구체적인 분석 방법으로 토픽 모델링이라는 자연어 처리 방법론을 활용했다. 국내 기업의 구성원 1,000여 명을 대상으로 코로나19 이전과 이후의 리더십과 조직문화 변화에 관한 설문 답변을 분석해서 결과를 공개했다. 코로나19 이전에는 구성원들이 리더들에게 내재적 또는 외재적 보상과 수평적 조직문화 조성을 기대했다.

하지만 코로나19를 지나면서 구성원들의 기대와 요구사항이 크게 변화했다. 그들은 이제 리더들에게 심리적 안정감, 빈번한 소통을 통한 팀원들 간 연결성 강화, 불확실한 미래에 대한 명확한 방향성 제시를 요구하고 있다. 이처럼 피플 애널리틱스는 조직이 처음 겪는 상황에서 맞닥뜨리는 새로운 문제를 풀어가기 위해 조직에 축적된 여러 데이터를 활용하여 문제를 새롭게 정의하고 해결책을 제시할 수도 있다.

5. 피플 애널리스트 커리어는 어떻게 전개될까　Q

피플 애널리스트는 수평적 확장성이 넓다

앞으로 피플 애널리틱스 커리어의 방향성은 어떻게 전개될까? 한때 '21세기 가장 매력 있는 직업'으로 뽑혔던 데이터 사이언티스트 중 97%가 번아웃을 느끼고 있고 79%는 업계를 떠날 것을 고려하고 있다고 한다.

2012년 『하버드 비즈니스 리뷰』에서 가장 섹시한 직업으로 천명된 이후 10년 만에 무슨 일이 일어난 것일까? 데이터 사이언티스트가 번아웃을 느끼는 가장 중요한 원인으로 바로 데이터 인사이트에 대한 높은 수요, 지속적으로 벌어지는 스킬 격차 등을 들 수 있다. 365데이터사이언스에 따르면 데이터 사이언티스트의 평균 재직기간은 1.7년에 불과하며 소프트웨어 개발자의 평균 재직기간인 4.2년에 비해 훨씬 짧다. 이런 변화와 경향성은 향후 피플 애널리스트 커리어에서도 비슷하게 나타날 수 있다.

앞서 언급한 데이터 애널리스트 직업에 관한 연구를 위해 현직 데이터 애널리스트를 인터뷰하면서 향후 커리어 방향성에 대해 물어보았는데 공통으로 나온 대답이 있다. 바로 커리어 확장성에 대한 고민이다. 조직 구성원의 커리어는 크게 전문가 경로와 리더 경로로 구분할 수 있다. 전문가 경로는 개인 기여자로 사람 관리에 대한 요구를 받지 않으며 개인이 하나의 직무만 잘 수행하면 된다. 리더 경로는 개인 능력의 향상보다는 동료를 성장시키고 조직을 관리하면서 사다리를 타듯이 승진하여 커리어를 관리한다. 전통적으로 한국에서는 리더 경로기반의 경력 관리가 일반적이었다. 그런데 조직 성장 둔화와 특수 직군(IT 및 DT) 종사자의 필요 증가에 따라 전문가 경로도 강화되고 있다.

데이터 애널리스트 직무는 전문가 경로로서 기능하면 될 것 같지만 생각보다 여러 제한 조건이 있다. 앞선 나의 연구와 『하버드 비즈니스 리뷰』에서도 밝혔듯이 데이터 애널리스트에게 중요한 역량이면서 큰 도전 요인은 바로 새로운 기술에 대한 끊임없는 학습이다. 새로운 알고리즘과 기술이 등장하면 학습해서 적용하는 능력이 필수적이다. 그런데 사람은 나이가 들면서 새로운 기술을 받아들일 수 있는 속도와 능력이 자연스럽게 저하된다. 이는 데이터 애널리스트를 인터뷰하면서도 공통으로 느낀 어려움이자 커리어 고민의 시작이기도 했다.

동시에 데이터 애널리스트 직군은 영업 직군이나 재무 직군처럼 모든 회사와 산업에 광범위하게 존재하지 않는다. 다시 말해서 리더 자리가 얼마 되지 않는다는 것이다. 그에 따라 데이터 애널리스트의 커리어 가시성이 떨어진다는 문제가 있다. 내가 인터뷰한 실리콘밸리의 여러 피플 애널리스트 역시 인사부서 리더와 다르게 특수 직군처럼 일부 자리만 존재하므로 리더로의 승진 가능성이 없다는 점을 토로한 적이 있다. 피플 애널리스트와 데이터 애널리스트가 갖는 커리어 확장 면에서 여러 고민이 존재한다. 그럼에도 데이터 애널리스트는 향후 재무, 기획, 마케팅 등 다양한 직무로 이동해서 전문성을 쌓을 수 있다는 점에서 수평적 확장성이 넓다는 강점이 있다. 피플 애널리스트 역시 데이터 분석 역량을 갖추고 있으므로 다른 직무로 이동하든지 아니면 전통적인 인사 영역에서 능력을 펼쳐 커리어를 확장할 것이라고 긍정적으로 내다보기도 했다.

피플 애널리스트는 매력적인 직무이자 전문 분야다

그렇다면 미래 피플 애널리스트는 어떤 직업군처럼 진화하게 될까? 사회학 연구에서 직업 전문화 지표가 있는데 하나의 직업이 어떻게 사회에서 인정받거나 퇴보하는지를 보여준다. 대표적으로 의사라는 직업은 과거 자격증이 없던 시절에는 동네에 경험이 많은 사람이 수행하다가 차츰 중요성과 영향력이 커지면서 정부에서 관리하는 자격 과정과 일정 기간의 수련을 거쳐야 가질 수 있는 일이 됐다. 이렇듯 하나의 직업은 시간을 거치면서 요건과 자격 등이 변하게 된다. 나와 인터뷰한 여러 데이터 애널리스트들은 자신들의 직업이 변호사나 회계사처럼 향후 전문 직종으로 인정받을 수 있다고 입을 모았지만 어떤 조건과 과정이 필요한지에 대한 이견은 컸다.

가령 로스쿨처럼 전문 대학원 졸업자 수를 국가가 조정하면서 전문성을 인정해주는 것이 좋다는 의견과 현재 데이터 애널리스트는 고졸임에도 혼자 연습해서 고급 인력이 된 사람도 많기 때문에 일련의 시험을 통해서 자격을 인정해줘야 한다는 의견 등 다양했다. 피플 애널리스트 역시 가속화되는 디지털 전환 시대에서 수요가 계속 증가할 것이고 전문화 과정 역시 데이터 애널리스트와 비슷할 것이다. 사람에 대한 이해 역량, 데이터 분석 역량, 문제해결 역량 등은 단기간에 쌓기는 쉽지 않은 역량이지만 오랜 기간 준비하고 수련하면 가능하기 때문이다.

피플 애널리틱스라는 용어에 대한 정리, 피플 애널리틱스라는 일에 대한 학계와 나의 정의, 피플 애널리틱스를 수행하기 위해 필요한 역량, 피플 애널리틱스 업무와 프로세스, 그리고 향후 커리어 방향성에 대해 여러 연구 결과와 데이터, 개인 경험을 소개했다. 첫 번째 단락에서 나는 '코끼리는 생각하지 마.'라는 사례를 들며 우리 함께 하나의 주제로 소통하기 위해서는 명확한 공통의 개념이 필요하다고 강조한 바 있다. 이처럼 피플 애널리스트가 하나의 직업군으로 인식되기 위해서는 우선 명확하게 정의하고 그다음으로 어떻게 직업으로 발전할 수 있는지에 관한 논의가 필요하다. 그제야 비로소 피플 애널리스트 직업에 대한 긍정적 평가든 부정적 평가든 할 수 있을 것이다.

현재까지 내가 실무와 학계에서 경험한 피플 애널리틱스는 상당히 매력적인 직무이자 직업이다. 개인적으로 이 일을 더욱 매력적으로 느끼게 된 것은 이 책을 쓰기 위해 함께한 여러 필자와 소통하면서 성장할 수 있었던 커뮤니티 때문이었다. 독자 여러분도 곧 우리와 함께 성장하고 토론하기를 바라며 앞으로 전개될 여러 글을 기대하고 봐주시길 바란다.

2장

어떻게 피플 애널리스트는
일하는가

1. 피플 애널리스트는 현업에서 무엇을 하는가*

왜 사람은 숫자로 표현할 수 없는가

나는 대학에서 세무학을 전공했다. 회계의 세상에서는 모든 것이 돈, 즉 숫자로 표현된다. 이 얼마나 간단한 세상인가! 세상의 모든 재화의 가치는 값을 매겨서 비교하면 되는 것이다. 회계에서 사람은 투자가 아니라 비용이다. 인건비라고 한다. 공정한 가치를 매길 수 없기 때문이다. 에드 마이클스 등이 쓴 『인재전쟁』이라는 책이 베스트셀러가 됐지만 회계에서 인적자원Human Resources은 관심사가 아니었다.

그러다 우연히 인적자원회계Human Resource Accounting를 알게 됐

---

* 윤명훈

다. 인적자원회계는 전통적인 회계 관습에서 보고되지 않는 조직의 인적자원을 인식하고 측정하고 보고하려는 시도다. 기업은 회계장부에서 인적자원을 인식하고 보고하지 않고 있으나 외부감사인은 인적자원의 가치를 보여주지 못한다는 사실에도 불구하고 그 기업의 현재 재무 상태를 충실히 나타낸다고 보증한다. 물론 이 분야의 연구는 주류가 아니었고 매우 더디게 진행되고 있었다. 반면에 나는 사람에 관심이 생기기 시작했다. 아니, 정확히 말하면 사람의 가능성을 숫자로 표현하는 일에 관심을 갖기 시작했다.

HRD가 성과 내는 데 도움이 되는가

나는 대기업 HRD 담당자로 커리어를 시작했다. 신입사원 시절은 그저 재미있기만 했다. 입담 좋은 전문 강사들의 얘기를 들으면서 무언가 사람들에게 도움을 주는 일을 하고 있다는 생각이 들었다. 사람을 육성하는 것처럼 중요한 일은 없다고 생각했다. 보람되게도 내가 바로 그 일을 하고 있다고 생각했다. 그러나 HRD 부서를 바라보는 직원들의 일반적인 생각은 조금 다르다는 것을 알게 됐다.

사내 인적자원 개발 프로그램에 비관적인 구성원들은 생각보다 많았다. 가장 큰 이유는 성과와 무관하다는 것이었다. 특히 "업무 때문에 바빠 죽겠는데 자꾸 쓸데없는 교육을 받으라고 한다."라는 핀잔을 들을 때마다 보통 속이 상하는 게 아니었다. 사람들은 HRD의 기여를 신뢰하지 못했는데 실제로 입증하지 못하고 있었다. 이를 만회하기 위해 철 지난 '콩나물시루'로 교육 효과를 설명해야 할 때는 너무 궁색해서 쥐구멍에 숨고 싶었다. 콩나물시루에 물을 부으면 물이 그냥 모두 흘러내린다. 콩나물시루는 바닥에 물이 빠지는 구멍이 있어서 아무리 물을 퍼부어도 물 한 방울 고이는 법이 없다. 그런데 물이 그냥 흘러버린다고 해서 헛수고를 하는 것은 아니다. 콩나물은 조금씩 자라 어느새 무성하게 자라 있다. HRD는 매일 콩나물 시루에 물을 붓는 일과 같아서 잘 드러나지는 않아도 효과가 있다는 뜻이다.

비즈니스의 언어는 '숫자'다. 비즈니스의 중요한 정보는 모두 숫자로 표현되어 있다. 숫자에는 의견이 없고 팩트만 있다. 다툼의 여지가 없고 간명하다. 그래서 모든 경영자는 숫자를 좋아한다. HRD 부서가 성과를 설명하지 못하는 이유는 수치화하지 못했기 때문이다. 좋든 싫든 모든 비즈니스 활동은 성과를 수치화된 데이터로 증명해야 한다. HRD 분야에서 어떻게 데이터를 보여줄 수 있을지 관심을 가지기 시작한 것은 당연한 일이었다.

어떻게 리더십 진단 데이터를 만드는가

데이터를 활용할 수 있는 영역을 찾기 시작했다. 가장 먼저 눈에 들어온 것은 리더십 진단이었다. 당시 회사에서는 매년 임원 또는 팀장 등 직책자를 대상으로 1~2일 정도 리더십 교육을 진행했다. 교육의 목적은 리더로서 기업의 미션과 핵심가치를 구성원에게 전파하고 변화 관리, 조직의 성과 창출, 부하직원 육성, 사람 관리 등을 잘 수행하도록 하는 데 있었다.

그런데 이런 교육은 직원 입장에서 그냥 듣기 좋은 말이거나 회사의 맥락이 담겨 있지 않아서 어디선가 들어본 것 같은 뻔한 내용이라는 피드백이 많았다. 각자 본인의 현재 수준이나 회사 전체의 수준을 모르다 보니 본인이 잘하고 있는지 아닌지를 알기가 어려워서 '더닝크루거 효과'가 심각했다. 더닝크루거 효과란 능력이 부족한 사람은 자신의 능력을 과대평가하고 능력이 뛰어난 사람은 자신의 능력을 과소평가하는 현상이다. 결과적으로 최하위권과 최상위권을 포함한 많은 사람이 자신이 중간쯤 되는 줄 아는 오류를 말한다.

이런 문제를 어떻게 개선해야 할지 고민하면서 리더십을 진단하는 측정 문항을 개발했다. 일반적으로 리더십 진단은 탁월한 리더가 보이는 행동을 토대로 리더십 모델을 정립하여 설계한다. 나도 그런 프로세스에 따라 여러 회사의 CEO와 경영진, 고성과 리더, 선별된 팔로어 등을 인터뷰한 후 회사의 핵심가치, 비전, 미션을 분석해서 측정 문항을 구성했다. 그리고 데이터를 수집하기 위해 보편적으로 사용하는 5점 척도를 활용해 높은 리더십 수준과 낮은 리더십 수준을 파악하여 피드백을 제공하기로 했다. 이와 같은 리더십 진단 방식은 점수가 높을수록 효과적인 리더십으로 인식한다. 즉 리더십 행동이 나타나는 빈도가 높고 강도가 클수록 효과적인 리더십으로 인식하고 이를 토대로 리더의 강약점을 피드백하는 방식이다. 리더십을 진단하는 목적은 리더의 강점과 개발 필요점을 명확히 제시해 변화와 개발 기회를 제공하기 위함이다. 그런데 리더십 진단의 응답 결과를 보고 나니 문제가 있었다.

5점 척도에서 대체로 4, 5점이 반복되는 상향 관대화 경향이 나타난 것이다. 관대화 오류가 발생하면 리더 간, 각 리더십 요인 간 차이가 불명확해져 분석과 피드백을 하기가 어렵다. 이를 해결하기 위해 측정방식을 바꾸기로 했다. 기존 5점 척도는 균형 척도여서 통상적으로 중앙에 있는 3점을 중심으로 상위인 4, 5점은 높은 수준으로, 하위인 1, 2점은 낮은 수준으로 응답한다. 이럴 경우 대체로 4점 또는 5점를 중심으로 응답하는 경향이 있다. 이를 해결하기 위해 불균형 척도를 적용했다. 보통 수준을 3점이 아니라 2점에 위치시키고 그 이상의 높은 수준을 더 세분화해 적용한 것이다. 불균형 척도를 적용하니 평균을 낮추고 각 개인 간 편차가 크게 벌어져 관대화를 완화하는 효과가 있었다. 마지막으로 데이터를 어떻게 활용할 것인가의 문제가 남았다.

리더십 비교치로서 평균을 제시하면 평균보다 높은 사람들은 쉽게 만족하는 경향이 있다. 그러다 보니 더 높은 리더십 발휘를 위한 자극이 평균 이하의 낮은 리더에게는 효과적이나, 평균 주변이나 그 이상인 리더에게는 자극이 되기보다 안심하게 하는 효과가 있었다. 강점을 더 강화하지 못하는 결과를 낳을 수 있는 것이다. 이러한 맥락에서 리더십 결과를 제시할 때 평균이 아니라 상위 수준을 기준치로 제시했다. 즉 리더십의 비교로 상위 10% 리더가 보이는 탁월한 리더십 수준을 제시하여 자신의 리더십 진단 결과를 리뷰할 때 더 탁월하게 발휘할 부분에 대해 고민하게 하고 개발 자극을 극대화하려는 것이다. 이 프로젝트는 리더십 교육 장면에서 꽤 큰 효과가 있어서 참가자들은 자신을 돌아볼 기회를 얻었다.

아쉬운 점도 있었다. 리더십 진단 설계부터 결과까지 이에 대한 가설을 세움으로써 파악하고자 하는 정보를 미리 규명했어야 했다. 즉 해당 정보가 축적 관리될 수 있도록 해야 필요 정보를 확보할 수 있어 더 유의미한 분석이 가능했을 것이라는 아쉬움이었다. 예를 들어 임원의 성과평가를 주기적으로 진행하지 않아 고성과자를 식별하기 어려웠다. 대기업은 HR이 기능별로 분리되어 있어서 HRD 담당자인 나는 평가데이터와 보상데이터를 얻는 것에 한계가 있었다. 표본 수가 많고 데이터를 모으기에는 수월했지만, 굉장히 많은 사람의 합의와 경영진의 지원이 절실했다.

90년대생이 온다 그리고 70년대생은 운다

MZ세대는 2020년대 초반을 기준으로 20대 후반에서 40대 초반에 해당하는 밀레니얼 세대(M세대)와 10대 초반에서 20대 중반에 해당하는 Z세대를 묶어 부르는 신조어다. 사실은 중장년층 관점에서 요즘 젊은이들을 고상하게 부르는 단어에 가깝다. 특히 패션, 유통, 광고 업계에서 이 용어가 범람하기 시작하며 일종의 유행어가 됐고 사회 문화 전반적으로 확대됐다. 특히 『90년생이 온다』라는 책이 베스트셀러가 되면서 기업에서는 MZ세대를 이해하는 필독서가 됐다. 기성세대가 새로운 세대를 이해하려는 움직임은 여러 회사에서 나타났다. 나는 아무도 시키지 않았지만 회사에서 세대 간 인식 차이를 분석해야겠다고 마음먹었다. 피플 애널리틱스에 대한 경영진의 관심과 지원을 얻어낼 기회라고 생각했기 때문이다.

팀장과 팀원을 대상으로 설문을 실시했다. 세대 차이를 얼마나 느끼는지 5점 척도로 체크한 뒤 어떤 상황에서 주로 느끼는지 주관식으로 물어보았다. 직장생활의 중요 가치나 서로에게 기대하는 역할 등을 추가로 수집했다. 세대 차이를 느끼는 상황을 분류하기 위해 토픽 모델링Topic Modeling을 활용했다. 토픽 모델링은 기계학습 및 자연어 처리 분야에서 토픽이라는 문서 집합의 주제를 발견하기 위한 통계적 모델의 하나로 텍스트 본문의 숨겨진 의미 구조를 발견하기 위해 사용되는 텍스트 마이닝 기법이다. 토픽 모델링은 맥락상 의미가 유사하다고 보는 단어들을 주제별로 묶을 수 있다. 특정 토픽에 관한 문서가 주어졌을 때 어떠한 단어가 타 단어들과 비교해 자주 등장할 것이라고 기대할 수 있다. 쉽게 말하면 주제를 구성하는 토픽을 선별할 수 있다. 적절한 토픽의 수와 키워드를 다소 자의적으로 결정하는 측면이 있지만 세대 차이를 느끼는 맥락을 정리하기 좋은 방법이라고 판단했다.

설문 결과를 분석해보니 재미있는 점이 많았다. MZ세대인 팀원들보다 팀장들이 세대 차이를 크게 느끼고 있었다. 특히 팀장의 나이와 뚜렷한 상관관계가 있었다. 팀장들은 주로 '주저 없이 자유롭게 의견 표현을 할 때' '회사보다 개인이 우선할 때' '신조어나 트렌드를 말할 때'의 3가지 토픽으로 정리할 수 있었다. 팀원들은 '라떼는~으로 시작하는 옛날이야기를 들을 때' '과거의 일하는 방식을 고수할 때' '트렌드나 유행을 잘 모른다고 느낄 때' '회식, 휴가, 연차 사용 등에 대한 시각차를 느낄 때'의 4가지 토픽으로 구분했다. 직장생활에서 중요한 가치로 팀장은 '자아실현'과 '금전적 보상'을 비슷하게 응답한 반면에 팀원들은 압도적으로 '금전적 보상'의 응답이 높았다는 점도 흥미로웠다. 이렇게 회사에서 나타나는 세대차에 관한 분석 보고서를 정리해서 경영진에 보고하고 사내에도 공유했다. 이 프로젝트는 새로운 데이터 프로젝트로도 연결됐다.

디지털 전환의 경쟁력은 데이터에서 시작한다

데이터 분석에 대한 긍정적인 이미지를 만들었는데도 분석할 데이터가 부족했다. HR 데이터의 종류는 크게 3가지로 나눈다. 첫째, 인사행정 데이터. 성별, 나이, 학력, 인사고과, 보상, 급여, 근태 등과 관련된 데이터다. 둘째, 설문 데이터. 리더십 진단, 조직문화 진단 등과 관련된 데이터다. 셋째, 행동 데이터. 구성원의 이동이나 행동을 관찰하여 수집하는 데이터다.

대기업에는 많은 담당자가 있고 내가 모든 영역의 인사 데이터에 접근할 수가 없어 데이터 컨센서스를 만들기가 쉽지 않았다. 다른 인사 부서에서는 데이터 열람을 귀찮아하거나 월권처럼 받아들이기도 했다. 데이터 분석을 계속해보고 싶은 욕심이 있지만 여러 가지 벽이 있는 환경에서 답답함을 느끼던 차에 생각지 않은 기회가 찾아왔다. 전체 그룹의 디지털 전환 전략을 담당하는 부서가 신설되어 그곳으로 이동하게 된 것이다.

당시 디지털 전환은 기업뿐만 아니라 사회 전반적으로 큰 화두였다. 특히 전통적인 기업들은 쿠팡이나 카카오와 같이 디지털로 무장한 회사들이 부상하자 큰 위기감을 느꼈다. 회사는 자동화와 지능화 등 디지털 중심 기업으로 변화하려는 목표를 세웠다. 우리 팀에서는 회사가 디지털 기업으로 전환하기 위한 여러 가지 전략을 수립했고 그중에서도 핵심을 데이터로 꼽았다.

이마트와 쿠팡의 가장 큰 차이는 데이터다. 쿠팡은 어느 지역에서 어떤 상품이 누구에게 많이 팔리는지, 특정 상품을 구매한 사람이 다음에 어떤 상품을 구매하는지 등을 분석해서 앞으로 어떤 상품이 어디에서 누구에게 팔릴 것인지를 예측한다. 그리고 미리 상품을 매입해 창고에 보관해두고 주문 즉시 배송할 준비를 한다. 이렇게 데이터를 기반으로 정교한 소비 예측이 가능하기 때문에 빠른 배송이 가능하고 창고에 재고를 쌓아두지 않아 비용의 효율화를 꾀한다. 즉 두 기업의 차이는 서비스와 사업에 데이터를 어떻게 활용하느냐다. 디지털 비즈니스는 다양한 종류의 데이터를 측정하고 수집해 사업에 활용함으로써 상품 기획과 마케팅을 하고 사업을 효율화하고 개선하면서 진화한다. 철저히 데이터 중심의 의사결정과 사업 체계를 가지고 있다.

우리 팀은 열띤 논의 끝에 기업의 디지털 전환에서 가장 중요한 핵심이자 첫 시작은 바로 데이터라고 결론 내렸다. 인공지능과 클라우드 외에 그 어떤 기술을 사용하든지 그 기업의 디지털 전환 경쟁력의 핵심은 바로 데이터였다. 어떤 데이터를 어디에서 얼마나 수집하고 어떻게 분석해 사업에 활용할 것인지가 바로 디지털 전환의 핵심인 셈이다. 그래서 가장 먼저 우리 기업은 어떤 데이터를 수집하고 있는가 추적했다. 그간 우리가 쌓은 기업 경영활동 과정에서 축적된 데이터는 무엇이었고 그 데이터를 어디에서 어떻게 축적했으며 어떻게 활용해 왔는지를 진단하는 것이었다.

문제해결을 데이터로 하는 문화가 필요하다

데이터를 잘 활용하는 회사가 되기 위해서는 기술 외에도 회사의 시스템과 문화가 뒷받침되어야 한다. 이미 사내에는 많은 데이터가 쌓이고 있었다. 전사적 자원관리ERP, 고객관계 관리CRM, 공급망

관리SCM 등의 기업 내 인트라넷과 IT 시스템에 데이터가 있기 때문이다. 문제는 이렇게 축적된 데이터가 체계적으로 수집되지 않고 기준 정보가 일관되지 않아 정작 분석에 사용하기가 어려웠다. 하지만 이 문제는 비교적 쉬운 문제에 속했다. 시간과 돈으로 해결할 수 있는 문제이기 때문이다. 더 어려운 문제는 데이터로 의사결정을 하는 문화인 데이터 컬처를 만드는 것이었다.

데이터 컬처에서는 합의나 위계가 아니라 데이터를 근거로 의사결정을 한다. 데이터 컬처가 있는 조직은 느리게 움직이는 합의 문화와 무조건적인 계층 문화보다 더 나은 의사결정을 할 가능성이 크다. 데이터 컬처는 구성원 입장에서도 장점이 많다. 사내 정치가 지배하거나 암묵적 합의를 추구하는 문화에서 일하기보다는 논리적인 데이터가 결정하는 합리적인 회사에서 일할 수 있기 때문이다. 의사결정 배경의 데이터와 분석 결과를 공유하는 투명한 환경에서 구성원은 업무에 몰입하여 계획을 실행할 수 있다. 데이터 기반 의사결정 문화를 만들기 위해서는 양쪽에서의 변화가 필요했다. 하향식으로는 경영진의 공감대가 필요했고, 상향식으로는 구성원이 실무에서 데이터를 해석하고 분석하려는 '데이터 리터러시'를 향상해야 했다.

데이터 리터러시는 데이터를 읽고 작업하고 분석하고 판단할 수 있는 능력을 말한다. 데이터 리터러시가 높은 직원은 여러 기술과 도구를 사용해 데이터를 분석하고 정확한 결론을 도출하여 이해관계자를 설득한다. 데이터를 적절하게 시각화하고 데이터를 사용한 스토리텔링에도 능하다. 모든 구성원이 데이터 리터러시가 향상된다면 데이터를 사용하여 조직의 성공을 위한 더 나은 결정을 내릴 수 있다. 따라서 우리 팀은 데이터 리터러시 향상을 위해 몇 가지 변화를 만들기 시작했다.

1단계로 회사의 경영진을 비롯한 리더들이 공통된 데이터 기반 의사결정 모델을 공유하고 구성원들에게 요구하면 문화가 바뀔 수 있다고 판단했다. 고위 경영진을 대상으로 데이터 기반 의사결정이란 무엇인지 소개하고 그 성공 사례를 적극적으로 공유해 관심을 늘려나갔다. 2단계로 데이터에 접근하는 시스템을 정비했다. 근본적이고 중요한 데이터는 시스템 통합작업을 했으며 데이터 웨어하우스와 같은 인프라를 구축해나갔다. 시간이 오래 걸리는 작업이었다. 3단계로 BI 도구를 통해 해결할 수 있는 분석 과제는 별도 트랙으로 분리하여 빠르게 구현했다. 자료 공유만 하던 비효율적인 일부 회의는 대시보드로 대체했다. 4단계로 직원 교육도 빼놓을 수 없었다. 아무리 시스템이 좋고 인프라가 개선되어 모든 직원에게 데이터 접근이 편해졌다고 해도 직원이 데이터를 사용하지 않는다면 바뀌는 것이 없었다. 직원들에게 데이터 활용 능력이 회사의 성공에 얼마나 중요한지 이해시켜야 했다. 데이터 수집 및 분석 방법을 주제로 정규 교육 프로그램을 운영했다. 고객 데이터를 다루는 마케터를 대상으로 하는 교육과정과 분석 과제는 실무에 바로 활용할 수 있도록 설계했다. 일부 과제는 곧바로 업무에 적용되어 성과를 보이기도 했다.

데이터에 기반한 의사결정 사례를 만들어 보여준다

우리는 변화의 불씨를 만들어야 했다. 전략을 수립하고 시스템을 개선하고 구성원을 교육하는 것만으로는 부족했다. 롤모델이 될 수 있는 작고 빠른 승리Small Quick Win 과제를 발굴해서 도전해야 했다. 데이터에 기반한 의사결정 사례를 만드는 것이었다. 마침 급식 사업을 하는 계열사에서 식수 예측을 고민하고 있다는 얘기를 듣게 됐다. 단체 급식 업체에서 식수의 정확한 예측은 효율적인 급식 생산과 고객 만족도 향상을 위해 필요하다. 급식소에서 실시하던 기존의 식수 인원 예측은 주로 영양사가 본인의 경험을 토대로 한 직관에 의존하고 있었다. 데이터를 기반으로 예측력을 높여 집단 급식소의 잔반량을 줄이고 질 높은 고객 서비스를 제공할 필요가 있었다.

식수 예측은 간단한 문제가 아니었다. 제공되는 음식의 메뉴가 다양하고 한 식단에도 여러 반찬 등이 포함되어 있으며 메뉴 이외에도 예측 시 고려해야 할 대상이 다양하여 매우 어려운 문제였다. 식수 예측 모델링을 위해 기계학습 및 기계학습을 적용한 예측에 관한 문헌 외에도 음식 서비스 분야 및 집단 급식에서 수요 예측에 관한 문헌을 공부했다. 식수 예측을 위해 한 건설사 직원 식당에서 제공한 메뉴, 식사 가능 인원, 날씨, 영양사가 예측한 식수, 실제 식수 등 5년 치 데이터로 연구를 진행했다. 기존 데이터를 살펴보니 영양사가 예측한 식수와 실제 식수 간에 상당한 오차가 있어 경제적 손실이 있었다. 분석 모델은 후진 단계적 선택법Backward Stepwise Selection, 라쏘 회귀LASSO Regression, 능형 회귀Ridge Regression, 랜덤

포레스트**Random Forest**를 사용했다. 결과는 절반의 성공이었다. 기존 오차율 15% 수준보다 낮은 7~8% 수준의 예측 모델을 만들 수 있었지만, 현장에서 기대하는 수준인 5% 수준에는 맞출 수 없었다. 과거 문헌 연구에서는 거의 다루지 않았지만 구내식당에서 한 끼에 다양한 코스를 운영하는 점도 예측을 어렵게 했다.

지금 돌아보면 데이터 분석에만 초점을 맞춰 진행한 것이 아쉽기도 하다. 식수 인원 예측을 가장 잘 예측할 수 있는 데이터는 당일 출근자 수인데 급식사업자와 고객사가 다른 회사이다 보니 정보를 실시간으로 공유받기가 쉽지 않다. 그래서 최근 3주간 동일 요일 식수 인원의 가중평균 같은 시계열 변수를 사용하게 된다. 데이터 분석에만 매달리지 말고 고객사와 데이터를 공유하는 것에도 노력을 쏟았다면 더 효과적이었을 것이다. 예를 들어 고객사와 음식물 쓰레기 처리 비용의 절감액을 나누거나 사회적 역할을 강조하여 협의를 끌어내는 방법이 있었을 것이다. 정교하고 어려운 데이터 분석보다 문제를 해결하는 것이 더 중요하다는 교훈을 얻은 프로젝트였다.

데이터를 어떻게 확보해서 활용할 것인가

나는 쿠팡의 HR 전문가조직**CoE, Center of Excellence**에서 전사의 인사평가와 승진을 담당했다. 그동안 HR 내에서 인적자원개발**HRD** 분야의 데이터를 주로 다뤘다면 이제 인적자원관리**HRM** 데이터를 다루게 된 것이다. 쿠팡은 피플 애널리틱스팀이 별도로 있어서 그 팀과 데이터 작업을 협업할 수 있었다. 2021년에 쿠팡은 직원 수가 이미 대기업이었지만 아직 스타트업의 문화를 가지고 있었다. 쿠팡의 리더십 원칙 중에 수평적인 소통을 잘 드러내는 '지위 없는 영향력Influence without Authority'이라는 항목이 있다. 쿠팡의 리더들은 데이터와 인사이트에 근거해서 사람들을 설득하고 공감대를 형성해야 한다. 지위가 아니라 지식이 권위가 되는 환경을 만들어야 한다. 또한 옳은 결정을 위해 권위를 앞세우는 것은 용납되지 않으며 논리적인 반대는 항상 환영받는다.

상사의 의견을 지식과 데이터에 기반해 반대할 수 있는 문화, 낮은 직급의 사원도 임원이 참석한 회의를 이끌 수 있는 문화, 그것이 쿠팡의 일하는 방식이고 그 핵심에 데이터가 있었다. 모두가 데이터를 중요하게 생각했다. 한국 대기업에서는 의사결정을 위해 데이터가 중요하다는 것부터 설득해야 했지만 이곳에서는 이미 데이터가 중요했다. 그래서 쉽게 다음 단계로 나아갈 수 있었다. HR 전환은 전반적인 HR 기능의 효과와 효율성을 향상하기 위해 전통적인 HR 관행, 프로세스, 시스템을 변화시키는 과정을 의미한다. HR 전환의 목표는 HR 관행을 조직과 직원의 변화하는 요구에 맞추고 비즈니스의 전반적인 목표와 전략을 지원하는 것이다.

쿠팡에서는 글로벌 1위 인사관리 솔루션인 워크데이Workday를 사용했다. 워크데이는 클라우드 기반으로 설계, 개발된 HR 서비스형 소프트웨어HR SaaS로 채용, 온보딩, 경력 개발, 급여, 보상, 교육, 근태 관리 등 전 영역에 걸쳐 기능을 제공한다. 디지털 전환에서 HR 전환은 빠질 수 없는 요소다. 워크데이는 디지털 워크플레이스를 구현해 구성원들에게 사람에 관한 다양한 데이터를 시각화해서 제공할 수 있다. 따라서 구성원들의 디지털 민첩성과 데이터 활용 능력을 개발하고 유지하는 데 활용할 수 있다.

워크데이와 같은 인적자본관리HCM 솔루션을 활용한 HR 전환은 여러 장점이 있었다. 첫째, HR 프로세스의 효율성과 자동화를 통해 오류와 수동 작업이 줄어들었다. 둘째, 향상된 데이터 관리 및 보고 기능을 통해 HR 지표와 트렌드를 더 잘 파악할 수 있었다. 셋째, HR부서와 구성원 간 커뮤니케이션과 협업 프로세스를 간소화했다. 넷째, 구성원의 셀프 서비스 옵션이 많아져 구성원 스스로 인사 정보를 요청하고 관리할 수 있었다. 넷째, 시스템을 통해 HR 규정과 정책을 준수하도록 유도할 수 있었다. HR 전환은 HR 기능을 더 효과적이고 효율적으로 향상함으로써 팀과 조직 전체에 가치를 제공할 수 있었다.

쿠팡에서 맡게 된 첫 프로젝트는 매년 초 진행하는 전사 승진 프로세스를 개선하는 것이었다. 쿠팡에서는 직원이 지닌 역량과 전문성을 평가하여 레벨을 부여하는 잡레벨링Job leveling 제도를 운영하고 있었는데 승진 심사를 통해 재평가했으며 변경에 따라 보상에 반영했다. 승진하려면 매니저의 추천과 특정 자격을 갖춘 동료의 피드백이 필요했다. 후보자에 대한 HR 비즈니스 파트너HRBP와 성과관리팀의 리뷰, 조직별 조정calibration과 승인 의사결정, 승진자는 물론 그의 매니저와의 커뮤니케이션 등의 과정을 거쳐야 했다. 기존에는 시스템 밖에서 메일링을 통해 진행되던 승진 프로세스를 대부분 워크데이를 기반으로 진행되도록 프로세스를 설계하고 운영하는 과정이었다. 쿠팡에서 인사평과와 승진 등의 성과관리제도는 회사 창립 이래로 한 번도 제도의 형태를 그대로 유지한 적이 없을 만큼 자주 바뀌었다. 그만큼 불확실성에 놓여 있는 승진 프로세스를 표준화하고 체계를 갖추어야 했다.

현재의 프로세스를 수십 개의 단계로 분류해 각 조직의 HR 비즈니스 파트너, 워크데이시스템팀과 해당 스태프들이 함께 논의하며 불필요한 과정을 제외하고 또 추가적으로 필요한 과정을 더하기도 했다. 몇 달 동안 워크데이 시스템을 테스트하며 프로세스를 간소화하고 사용자 관점에서 불편한 요소를 정리하는 것은 기존 HR에서는 해보지 못했던 경험이다. 데이터 확보의 관점에서 시야를 넓힐 수 있었다. 시스템 관점에서 HR 프로세스는 결국 필요한 데이터를 어떻게 확보할 것인가, 그것을 의사결정에 어떻게 활용할 것인가라는 두 가지 어젠다로 좁힐 수 있었다. 시스템을 사용하는 사용자 관점에서 최소한의 시간을 들여 손쉽게 데이터를 입력하도록 설계할 수 있을지 골몰했고 승진 의사결정에 활용하도록 리포트를 구성했다. 또 어떤 데이터를 노출하고 어떤 데이터를 숨길 것인지 검토했다.

이러한 과정들은 HR 데이터 분석 과정에만 머물러 있던 시야를 확장하는 데 큰 도움이 됐다. 구성원의 HR 데이터를 효율적으로 수집, 저장, 분석하고 실행과 의사결정으로 전환하는 프로세스를 설계할 수 있었다. 결과적으로 시스템을 통해 체계를 더 단단하게 만들고 구성원과 HR의 효율적인 운영모델을 만들 수 있었다. HR 데이터는 의사결정을 돕기도 하지만 프로세스 설계 관점에서도 중요하다는 것을 깨닫게 된 프로젝트였다.

데이터가 흐르는 조직이 되어야 한다

HR 테크 산업을 선도하는 기업 원티드랩의 피플팀장으로 합류하게 됐다. 원티드랩은 채용 플랫폼 '원티드' 출시 후 인공지능 시장의 개화와 함께 2018년 본격적으로 '채용 AI 매칭' 서비스를 시작했다. 기업은 보상금이 걸린 채용공고를 원티드에 게시하면 원티드의 인공지능 알고리즘이 기업에는 적합한 지원자를 제시하고 지원자에게는 자신의 역량에 맞는 채용공고를 추천하는 것이 주요 비즈니스 모델이다. 기업 입장에서는 헤드헌팅 대비 낮은 수수료를 채용 시에만 지불하게 되어 채용 관련 비용이 줄어드는 동시에, 채용공고에 적합한 지원자를 단기간에 여러 명 추천받을 수 있어 채용 프로세스의 효율성이 높아진다. 지원자 입장에서도 자신에게 맞는 공고를 추천받아 합격률을 높이고 구직에 드는 시간과 비용을 줄일 수 있다. 원티드는 채용 광고와 헤드헌팅 위주였던 채용 시장에서 둘의 단점을 보완한 차별화된 비즈니스 모델로 시장에 빠르게 안착했다.

원티드랩의 핵심 경쟁력인 인공지능 매칭을 가능하게 하는 건 데이터다. 구성원들 역시 데이터의 중요성을 잘 알고 있었다. 원티드랩은 자사의 일하는 방식인 '원티드웨이**Wanted Way**'에 '실행 즉시 데이터로 소통한다'는 항목을 통해 데이터의 중요성을 공식적으로 밝히고 있다. 모든 스타트업이 그렇듯 원티드랩 역시 시간은 항상 부족하고 풀어야 하는 문제는 많다. 이럴 때 빠른 의사결정을 도와주는 것이 '데이터'다. 실제로 중요한 의사결정을 내리기 전에는 "그래서 데이터는 어때?"라는 질문을 주고받는다.

제품 업데이트, 마케팅 활동, 신사업 기획, 제품 판매 등 모든 방면에서 어떤 액션을 하는 것이 최고의 성과를 낼 수 있을지 먼저 데이터 시뮬레이션을 거친 후 결정을 내린다. 데이터가 흐르는 조직이 되기 위해 많은 구성원이 직접 데이터에 접근하여 데이터를 분석하는 경우가 많았다. 당연히 HR 의사결정에서도 데이터가 중요할 수밖에 없었다. 스타트업에서 일하면서 어쩌면 대기업이 HR 데이터에 관심이 없는 이유는 이미 자원이 풍부하고 실패 리스크가 크지 않아서 그럴지도 모르겠다는 생각이 들었다.

데이터를 모으는 프로세스의 완성도를 높여야 한다

그동안 다양한 회사에서 조직문화 진단이나 조직몰입 설문을 진행했을 때 가장 어려웠던 점은 문항 수가 많다는 것이었다. 설문조사는 대개 넓은 영역을 다루다 보니 많은 문항으로 구성된 경우가 많았다. 그렇다고 문항 수를 줄이다 보면 적은 수의 문항에 절대 적지 않은 내용을 담다 보니 질문이 추상적으로 되는 경우도 있었다. 이런 경우 설문조사 결과를 통해 구체적인 내용을 파악하기 어려웠다. 결국 많은 문항으로 인해 설문에 대한 피로가 높아지고 참여는 저조해졌다. 또 설문 내용이 어렵거나 추상적인 경우에도 응답에 대한 흥미를 잃게 할 수 있으며 결과 분석도 제한적이다. 원티드랩에서는 고객 만족도 조사 방식인 eNPS[1] 방식을 활용하여 구성원의 몰입도를 측정하고 있다. '이 회사를 당신의 친구에게 추천하시겠습니까?'라는 질문을 통해 회사에 대한 몰입 수준을 체크하는 것이다. 그동안 채용 서비스를 제공하며 채용 결정에 믿을 만한 사람의 추천이 가장 중요하다는 것을 발견했다. 따라서 eNPS를 통해 우리 회사를 얼마나 타인에게 추천하는지가 회사의 건강도를 나타내는 대표 지표라고 설정했다. 90% 이상의 구성원들이 eNPS 방식 조사에 자발적으로 참여하고 있어 신뢰도가 높아지고 있다.

공간 디자인에도 데이터를 활용할 수 있다

스타트업은 공간이 중요하다. 사무환경은 그곳을 방문하는 사람들에게 기업 이미지를 가늠할 수 있는 가장 직접적인 시각적 요소다. 그동안 사무환경은 단순히 일하는 공간으로만 생각해왔으나 회사의 문화, 신념, 역량을 표현하는 브랜딩 전략이 될 수 있다. 하루 대부분의 시간을 보내는 사무환경이 만족스럽다면 자연스레 회사에 대한 만족도로 이어지고, 근속하는 이유가 될 것이고, 회사의 이미지 향상과 인재 유치에도 큰 효과가 있다. 원티드랩의 공간 역시 여러 고민을 통해 설계됐다. 특히 정문과 라운지 공간을 통해 '우연한 마주침'을 극대화하려고 노력했다.

구성원들이 정문 외에 후문 개방을 요청한 적이 있다. 그동안 '우연한 마주침'을 위해 후문을 사용하지 않았다. 파일럿 테스트 기간 동안 후문 개방 후에도 '우연한 마주침'이 유지되는지 분석했다. 정문과 후문의 출입증 태깅 데이터를 통해 출퇴근 시간, 점심시간의 이동 인원을 유추했는데 다행히 후문 개방 후에도 정문의 이동 인원에 유의미한 감소가 없었다. 후문 이동 데이터의 대부분은 10분 내 다시 태깅되는 경우가 많았다. 10분 안에 나갔다가 다시 들어오는 왕복 이동이었고 의도대로 후문은 화장실 용도로 사용하고 있음을 알 수 있었다.

데이터를 활용한 효과 추적은 새로운 시설물을 구입할 때도 적용된다. 예를 들어 냉장고에 사물인터넷 센서를 부착해 구성원들이 어느 시간에 주로 이용하는지, 간식을 언제 구매하는 것이 좋은지 등을 검토한다. 모션데스크 구입 후에도 센서를 부착하여 실제 이용 횟수와 추가 구매 여부를 검토한 적이 있다. 물론 대단한 분석은 아니지만 작은 일이라도 데이터를 통해 결정하려고 노력한다.

데이터로 대기업과 스타트업의 차이를 안다

스타트업에서 HR 데이터 분석을 하면서 대기업과 다른 몇 가지 차이점을 느낄 수 있었다.

첫째, 대기업은 규모가 크고 HR 데이터 분석이 복잡하다. 한번 시작한 데이터 과제는 여러 컨센서스를 통해 시작된 것이므로 분석 결과를 어떻게든 만들어야 하는 상황이 생기기도 한다. 반면에 스타트업은 규모가 작고 팀 구성이 단순하기 때문에 데이터 분석이 상대적으로 간단하며 불필요한 분석 작업은 가볍게 건너뛰면 된다.

둘째, 스타트업이 대기업보다 데이터 분석 주제가 조금 더 명확하다. 스타트업은 초기 성장 단계에 있기 때문에 HR 데이터 분석을 통해 적절한 인재를 채용하고 유지하는 것이 매우 중요하다. 대기업의 경우, 성장 전략이 다양하며 눈앞에서 필수불가결한 HR 데이터 분석 과제를 찾기가 어렵다.

셋째, 대기업은 더 많은 인력과 예산을 갖추고 있어 데이터 분석 도구와 전문가를 활용하여 정교한 분석을 수행할 수 있고 더 깊이 있는 인사이트와 가치를 창출할 수 있다. 스타트업은 자원이 제한되어 있어 간단한 도구와 기법을 사용해 데이터 분석을 수행하게 된다. 분석가를 별도로 고용하는 일은 비현실적이기 때문에 개개인이 데이터 역량을 갖춰야 한다. 따라서 창의적인 방법을 통해 가치를 창출해야 하며 가용한 데이터를 최대한 활용해야 한다.

넷째, 민첩성에서 차이가 있다. 스타트업은 빠르게 변화하고 적응할 수 있는 조직 구조를 가지고 있어서 HR 데이터 분석 결과를 빠르게 실행에 옮길 수 있다. 하지만 대기업은 규모와 복잡성으로 인해 분석 결과를 실행에 옮기는 데 더 오랜 시간이 걸릴 수 있다.

대기업에서 HR 데이터로 새로운 일을 기획할 때 가장 어려운 점은 해결할 문제가 뚜렷하지 않다는 것이었다. 그러나 스타트업은 해결해야 할 HR 과제가 너무나 많다. 대기업에서 HR이 당연하게 하던 일도 스타트업에서는 하나하나 데이터를 기반으로 논리적으로 설득해야 한다. 규모, 성장 전략, 문화, 리소스, 민첩성, 직원 경험 등 여러 요소에서 대기업과 스타트업은 차이가 있다. 데이터로 말하는 스타트업 HR 리더에게 일상의 업무는 새로운 도전이다. 하지만 조금 더 가시적인 결과와 피드백을 보면서 일하고 싶다면 스타트업 HR에서 일하는 것도 HR 데이터 분석가로서 커리어를 개발하기 좋은 방안일 것이다.

2. 무늬만 공학도에서
피플 애널리스트로 성장해가다*

많은 사람에게 도움을 주고 싶었다

눈이 소복이 내려앉던 어느 날 당시 초등학생이었던 나는 가족과 함께 괌으로 이민을 떠났다. 그날 김포국제공항에 많은 친척분이 배웅하러 나오셨다. "민송이는 나중에 어른이 되면 어떤 일을 하고 싶어?" 지금은 고인이 되신 이모부께서 물어보셨다. "저는 에디슨처럼 발명가가 돼서 많은 사람에게 도움을 주고 싶어요."

오래전 일이지만 이모부와 대화를 나눴던 이 장면은 유난히 선명하게 기억에 남아 있다. "그래 좋아. 가서 씩씩하게 지내고 열심히 공부해서 많은 이들에게 도움을 주는 사람으로 커라!" 이후 발명가

---

* 김민송

의 꿈은 바뀌었지만, 소방 공무원, 응급의학과 의사, 교사 등 사회에 공헌할 수 있는 직업을 동경하며 성장해온 것 같다.

학창 시절 공부에 흥미를 느꼈지만 이과와 문과 중 어느 성향으로도 기울지 않았고 특별히 선호하거나 싫어하는 과목도 없었다. 미국 대학입시를 준비할 때도 고교 선배들이 미국에서 성공하려면 상대적으로 고액 초봉에 취업도 잘되는 공대로 진학하라는 조언을 해서 큰 고민 없이 공학 계열로 지원했다. 그 무렵은 마침 닷컴버블이 절정으로 향하던 시기였다. 매년 최고 시청률을 보장하는 「슈퍼볼」에 체감상 80% 이상이 ○○닷컴 광고였을 정도로 IT 분야가 강세였고 자연스럽게 공학 계열 전공도 학부생들 사이에서 인기였다.

그러나 나는 대학 첫 학기 전공 수업부터 고전했다. 고등학교에서 곧잘 하던 수학과 기초과학이 너무 어려웠다. 특히 필수과목 중 하나인 물리학 강의에서 배웠던(배웠다고만 기억하는) 양자역학, 입자물리학, 편미분방정식 같은 고난도 과목들은 아무리 노력해도 내 머리로 소화하는 데 한계를 느꼈다. 당시 나는 이런 수업을 듣고 실생활에서 어떻게 사용할지 이해할 수 없었고 불만 상승과 자신감 하락을 동시에 겪었다.

내가 다녔던 대학은 공학부로 입학하여 2학년 2학기에 전공을 선택하는 시스템이었다. 입학 당시에는 화학공학 또는 전기전자공학과를 생각했지만 화학공학은 고교 때 나름 열성적으로 공부했던 화학과 너무 달랐고 전기공학은 사투를 벌이며 간신히 통과한 물리학과 연관이 깊어 지원하지 않았다. 그 무렵 다른 학부로 전과를 고려하게 됐는데 일화가 있었다. 우리 모교의 아이스하키팀은 뛰어난 실력과 오랜 전통으로 인기가 많았다. 시즌티켓을 구매하기 위해 나를 포함하여 같은 기숙사 공대생 여덟 명이 의기투합해서 사나흘 간 교대로 돌아가며 24시간 내내 자리를 지켰다.

밤이 되어 체육관에 있는 불편한 간이침대에서 잠을 청하며 '나는 올 연말에도 싱글로 보내는 것인가?' 또는 '용돈을 모아 내년 봄 방학에는 따듯한 플로리다로 놀러 갈까, 아니면 멕시코로 가볼까?' 이런 고민을 하고 있었다. 그런데 옆에서 "C++ 메모리 관리는 이렇고, 포인터 옵티마이제이션은 저렇고" 하며 대화를 나누던 친구들이 아예 침대에서 일어나 자바Java 언어와의 차이점에 대해 열정 넘치는 토론을 이어가는 것이 아닌가. 그때 깨달았다. '아…… 잘못 왔다. 내가 있을 곳은 공대가 아니었어.'

나는 시즌티켓을 확보한 후 사회과학 계열로 전과하는 방법을 검색하기 시작했다. 그러다가 산업공학ORIE, Operations Research & Industrial Engineering이 응용통계학, 경영학, 경제학 등과 학문적 연관성이 높다는 것을 깨달았다. 흥미를 느껴 더 자세히 찾아보았다. 산업공학은 통계와 확률을 기반으로 대규모 산업 데이터를 관리하고 분석하며 경영, 경제, 사회 계열 분야와 연결되는 실용적인 학문이란 걸 알게 됐다. 게다가 생물, 화학, 물리 등의 기초과학 수업과 실험을 더 이상 하지 않아도 되는 것을 확인하고 나서 주저 없이 지원했다.

우리 대학의 산업공학 커리큘럼은 IT 산업, 금융, 재무 분야에 특화되어 있었고 공학, 상경, 사회 계열을 융합한 매력적인 학문이었다. 또한 연구실에서 밤새우며 코딩과 실험을 하던 다른 공학과 친구들보다 산업공학과 학생들은 실리콘밸리나 뉴욕에서 출장 온 벤

처캐피털 파트너의 특강을 정장 차림을 하고 듣는 기회가 있었고 경제, 경영, 호텔학 학생들과 회계, 재무, 거시경제, 조직론 수업을 들었다.

상황이 이러다 보니 일부 전기전자공학과나 기계공학과 친구들은 나에게 무늬만 공학도인 "ORIE(Oh Really, It's Engineering?)"라면서 장난스럽게 이야기했다. 다행히도 나는 경영, 통계, 컴퓨터 사이언스 등 다방면의 실용적인 학문을 공부하는 게 재미있었고 학부 졸업 후 가능한 취업경로도 적성에 맞았다. 또한 데이터를 분석하여 실생활에 여러모로 응용할 수 있는 점도 내 성향과 일치했다.

교육학과 데이터 분석을 응용해보고 싶었다

졸업을 앞둔 나는 부푼 희망을 안고 취업을 준비했다. 당시 아메리칸항공과 페덱스의 운항노선 분석팀, 하얏트호텔 리스크 관리팀에 지원해서 최종 인터뷰 단계까지 갔다. 그런데 마침 닷컴버블이 빠지며 불안정해진 경제 상황이 9·11 테러 사건으로 급속히 악화됐다. 특히 항공·여행업계는 직격탄을 맞았다. 항공사와 호텔 분야 신규 채용이 동결되면서 취업 기회가 사라져 졸업 후 부모님이 계신 괌으로 돌아갔다.

경기 침체가 계속되자 관광여행 산업이 절대적인 비중을 차지하고 시장 규모마저 작은 괌은 취업하기에 더 불리한 환경이었다. 경제 상황을 주시하면서 우선 사업을 하시는 지인을 도와드리기로 했고 목표를 취업 대신 대학원 진학으로 수정했다. 그러던 어느 날 고등학교에서 역사 교사로 재직 중이던 고교 동창이 학교에 수학 교사 자리가 났다며 인터뷰를 권유했다. 한때 교직에도 관심이 많았고 대학원 진학을 준비하는 동안 좋은 취업 기회가 될 것 같아 인터뷰를 봤는데 교사 자격 프로그램을 함께 이수하는 조건으로 합격했다. 교사의 관점에서 수업을 준비하며 고교수학을 다시 공부한 것이 학창 시절에 배웠던 수학을 새롭게 보는 계기가 됐다. 곰곰이 생각해보니 나는 학생 때 단지 주어진 과제를 빨리 끝내고 높은 성적만을 노렸던 것 같다. 그리고 학부 초반에 수강했던 물리와 수학에서 고전했던 이유도 성적 지상주의 학습 방법이 한몫했기 때문이라고 봤다. 이런 생각을 하게 되자 수업 시간에 집중하지 못하거나 어려워하는 제자들에게 이런저런 경험담을 들려주며 동기를 부여하려고 노력했다. 수업을 준비하며 방정식, 삼각함수, 확률, 미적분의 기본을 다시 공부했다. 이때 다져놓은 기초수학이 대학원 공부와 현재 업무에까지 긍정적인 영향을 끼치고 있다.

교직 생활은 계획에 없었으나 동료 교직원과 제자들과의 관계도 좋았고 방과 후 축구부 코치로 함께 운동하며 보람찬 시간을 보냈다. 그러나 이제는 나의 궁극적인 목표에 집중하기로 했다. 대학원에 진학해서 어릴 적부터 동경해온, 많은 사람에게 이바지할 수 있으면서 동시에 산업공학을 전공하며 연마한 통계학과 데이터 분석을 실천할 수 있는 분야를 찾는 것이었다. 교사로서 많은 보람을 느꼈던 교육학과 데이터 분석을 널리 응용할 수 있는 분야를 알아본 끝에 교육정책학 석사과정에 지원하기로 결정했다. 그동안의 경력을 정리해 자기소개서를 작성하고 GRE 시험을 준비하여 지원했고 학업을 위해 다시 미국 본토로 향했다.

학술 연구보다 현업 프로젝트를 하고 싶었다

내가 진학한 교육정책학 석사과정은 학생의 커리어 목표와 학업 관심도에 따라 수업 방향을 계획할 수 있었다. 나는 데이터 분석과 통계학을 기반으로 한 교육정책 평가와 연구에 관심이 많았다. 교사로서 바라본 교육학의 주요 핵심 중 하나는 교사와 학교 리더의 역량과 양질의 수업이었는데 뛰어난 교육자를 양성하고 수준 높은 학교를 유지하기 위해 맞춤형 정책과 행정력이 필수 요소라고 생각했다. 그래서 연구방법론, 프로그램 평가, 교육통계, 교육측정, '정책 수행 과정의 명과 암' 세미나 등으로 커리큘럼을 짰다.

즐거웠던 석사과정은 금방 지나갔다. 학위를 마친 나는 바로 미국 뉴저지에 위치한 공공정책 연구소에 정책분석가로 취업했다. 이 연구소는 주로 미연방 노동부, 보건복지부, 교육부의 정책 수립 방향을 지원하고 수정 방안을 제시하는 프로그램을 평가하고 연구하는 곳이었다. 이곳에서 나는 많은 조언을 아끼지 않았던 훌륭한 멘토와 열정 넘치는 동료들과 협업하며 대학원에서 공부한 이론을 현업에서 수행하는 것을 배웠다. 특히 이 연구소에서 습득한 가장 중요한 스킬은 SQL을 활용하여 데이터 전처리와 관리를 하는 방법이었다.

학부와 석사과정을 거치며 여러 코딩 언어와 데이터 분석 프로그램을 경험했으나 연구소에서 처음 접한 SQL은 초보가 배우기에 수월했고 데이터를 관리하는 데 매우 효율적이었다. 피플 애널리스트로 일하는 지금도 거의 매일 사용하는 중요한 프로그램 중 하나다. 연구소에서 뛰어난 동료에게 많은 가르침을 받았으나 내가 영향력 있는 연구원으로 성장하기 위해 박사학위가 필요하다는 것을 곧 깨달았다. 내 계획과 생각을 직속상관이었던 수석연구원과 본부장님에게 말씀드렸고 3년간의 연구소 생활을 뒤로하고 교육측정평가학 박사과정에 진학했다.

박사과정을 하기로 결심한 이유는 관심 분야의 연구주제를 정하고 주도적으로 수행할 수 있는 책임급 이상의 연구원이나 대학교수가 되고 싶었기 때문이다. 또한 많은 보람을 느끼며 근무했던 교사 경력을 떠올리며 젊은 연구보조원이나 대학원생을 멘토링하고 양성하는 것을 꿈꿨다. 그러나 박사과정에서 바라본 교수님들의 일상은 내 예상과 조금 달랐다. 종신교수직tenure 심사를 앞둔 조교수들은 연구 실적에 대한 부담으로 수업, 멘토링, 관심분야 연구에 많은 시간을 할애하기 어려웠다. 또한 정년을 보장받은 교수들도 연구 펀딩 확보, 논문 발표, 새로운 연구주제 탐색을 끊임없이 해야 했다. 나는 이론을 검증하며 학술적 가치에 기여하는 논문을 꾸준히 발표하는 것보다 프로젝트를 맡아 빠르게 의사결정을 하고 적절한 방법을 찾아 목표를 달성하는 것에 더 흥미를 느꼈다. 점차 학회 참여와 논문 출간은 뒷전으로 미루고 학계에서 현업으로 커리어 전환을 원하는 대학원생들이 함께하는 스터디그룹에 가입했다. 이 스터디그룹에서 다양한 경영 사례를 공부하고 실전 인터뷰를 연습하면서 취업을 준비했다.

마침내 HR 그리고 애널리틱스와 운명적으로 만나다

박사과정 3년 차를 마무리하는 여름방학을 앞두고 10주간 풀타임 인턴을 할 수 있는 기회가 생겼다. 채용공고를 살펴보니 어느 시 단위의 공공기관에서 공교육 행정과 공교육 정책, 교직원 채용, 커리어 개발을 담당하는 HR 부서에서 근무할 데이터 애널리스트를 구하고 있었다. HR 분야의 학업과 커리어 경력은 없었다. 하지만 교육 행정과 정책을 다루는 기관이라는 점과 다량의 HR 관련 데이터를 관리하고 분석하여 의사결정권이 있는 고위 행정직 리더에게 직접 발표할 기회가 있다는 점이 매력적이었다. 정책연구소에서 맡았던 업무와 흡사한 면도 있고 HR이라는 채용, 평가, 보상, 육성, 조직문화에 걸쳐 광범위한 인력 개발을 하는 업무가 흥미로웠다. 또 데이터 분석을 통해 사람을 발전시키는 데 기여할 수 있는 점도 끌렸다.

나는 곧바로 지원하여 두 차례 인터뷰를 했다. HR 관련 경력은 없으나 정책연구원 경험과 교육행정 프로그램 평가 역량은 피플 데이터 분석을 하는 데 많은 연결고리가 있다고 설득했다. 그리고 예전 연구소에서 수행했던 교육행정 프로그램 평가 프로젝트를 예시로 HR에서 다루는 커리어 육성과 조직문화 개선의 연관성을 설명했다. 다행히 인턴을 제안받았고 방학 첫 주부터 업무를 시작했다.

나중에 알게 된 사실인데 팀에서는 처음에 직무 경험이 없는 나를 인터뷰에서 스크리닝만 해볼 생각이었다고 했다. 그러나 2차 인터뷰에 나온 임원 면접관이 내가 업무를 사전에 잘 조사하고 파악해 내 경력과 연관을 잘 지었고 열의를 보인 점을 높이 평가했다고 한다. 이때 나는 꼭 맞는 실무 경력이 부족하더라도 지원하는 역할에 관해 꼼꼼한 사전 조사와 기존 경험을 연관 지을 수 있는 부분을 논리적으로 설명하면 채용될 수 있다는 것을 깨달았다.

출근하고 내게 주어진 첫 업무는 리텐션 관리였다. 당시 직면한 주요 사안 중 하나가 해당 교육구 초임 교사들의 빠른 이직이었다. 교직을 떠난 다수의 교사 인력이 다른 업종으로 전업을 했다. 기관에서 나를 전담하는 멘토와 이야기를 나눠보니 이직하는 초임 교사 중 상당수가 임용 후 3년 이내에 떠났지만 3년을 넘기는 경우 오히려 기대 근속연수가 길어진다고 했다. 그동안 다양한 인센티브 등으로 대응하는 해결 방안을 시행했으나 효과적이지 못했다. 그래서 데이터를 수집하고 분석하여 문제점을 찾아 주도적으로 해결 전략을 수립할 수 있는 애널리스트를 고용한 것이었다.

당시 그 기관에서는 피플 애널리틱스 부서가 따로 없었고 시니어 애널리스트 한 명이 모든 데이터 관련 업무를 담당하고 있었다. 막상 업무를 시작해보니 많은 데이터가 정리가 안 된 상태로 분산되어 있었고 분석이 필요할 때마다 다른 부서에 연락해서 협조를 요청하는 비효율적인 시스템이었다. 또한 SQL, R 같은 프로그램을 능숙하게 사용하는 직원이 HR 부서에는 거의 없었다. 좀 더 알아보니 연구개발 부서, 프로그램 평가 부서, IT 부서에는 전문 애널리스트가 많았으나 HR 부서와는 교류가 적었다.

초기 업무를 파악하고 나서 가장 먼저 착수한 작업은 고용 단계부터 퇴사까지 모든 피플 데이터를 중앙화하는 것이었다. 간단한 분석 작업을 하더라도 분리된 정보를 취합하는 데 불필요한 시간을 소비하는 것을 줄이기 위해 데이터 저장소를 지정해 정리했다. 그리고 데이터 중앙화 작업을 하는 김에 가능한 많은 정보를 관계형 데이터베이스로 구축하여 추후에 SQL 쿼리로 쉽게 관리할 수 있도록 정형화했다.

조기 이직률을 예측하는 아주 기본적인 통계 모델도 만들었다. 이를 위해 초임 교사들의 배경을 독립변수로 정리하고 조기 이직률의 상관분석과 이항 로지스틱 회귀분석을 응용하여 기본적인 조기 이직 확률을 예측해보았다. 이 모델에서 종속변수는 취업 후 3년 이내로 이직한 교사 그룹과 3년 이상 경력이 있는 그룹으로 나누었다. 또한 학력, 통근시간, 수업과목, 사회봉사 활동 여부, 교사 양성 프로그램 종류, 성별, 인종 등 다양한 정보를 독립변수로 포함하여 조기 이직 확률과 연관성을 살펴보았다. 데이터를 정리하며 분석한 결과 조기 이직 그룹과 유의미한 관계를 가지는 독립변수를 파악했다.

이를 바탕으로 초임 교사들의 채용 방식, 초기 온보딩, 커리어 개발 과정을 새롭게 개설하거나 보완하는 방안을 제시했다. 어느덧 10주간의 짧은 인턴 기간을 마무리할 때가 돼 결과 리포트를 발표했고 이후 실행할 만한 권고사항을 추가했다.

목적 달성 결과:

1. 분리되어 있던 다량의 피플 데이터를 관계형 데이터베이스로 정형화한다.

2. 조기 퇴사를 예측하는 기본 모델을 개발하고 분석 결과로 도출한 인사이트를 활용해 능동적으로 사전 대응할 방안을 제시한다.

사후관리 추천사항:

1. 기본적인 예측모델을 지속적으로 발전시켜 더욱 고도화된 조기 이직 예측 시스템을 구축한다.

2. 단기적으로 주 단위 혹은 월 단위의 랜덤 샘플링으로 펄스 서베이(Pulse Survey, 짧은 주기로 시행하는 사내 설문)를 실행하여 교직원의 업무 만족도, 몰입감, 다양성과 포용D&I, 워라밸 정서를 측정하고 업무환경을 향상하기 위한 정보로 활용한다.

3. 장기적으로 관계형 데이터베이스를 발전시켜 기본적인 종합 데이터 웨어하우스를 구축하고 가능하면 데이터베이스, 데이터 레이크, 데이터 웨어하우스, 데이터 엔지니어링까지 활용하는 종합 시스템을 설립한다.

이후 많은 시간이 흘러 HR 부서에는 탄탄한 피플 애널리틱스팀이 구성됐다. 이 팀은 현재 클라우드 기반의 기술을 활용하여 채용 파이프라인을 예측하면서 교사, 교직원, 행정 직원 등 다양한 직무에 적합한 온보딩 프로그램을 제공하여 조기 이직 비율을 줄여나가는 데 기여하고 있다.

나는 그 어떤 기업과 조직이라도 전략적인 방향과 임팩트를 행사하는 것은 사람이고 조직에서 사람이 어떤 가치를 창출하는가에 관한 연구와 분석을 하는 피플 애널리틱스가 매우 중요하며 잘 맞는 분야였다는 것을 깨달았다. 금융상품의 공정가치를 분석하고 포트폴리오 리스크를 관리하는 금융공학 연구나 생산 관리 또는 정보시스템을 최적화하는 산업공학 연구와 거시적인 느낌이 강했던 공공

정책 연구 등에 비해 다각도 분석을 통한 인사이트로 사람과 조직에 직접적인 영향을 줄 수 있는 피플 애널리틱스는 그동안 내가 찾던 최상의 분야였다.

HR 부서에서 인턴을 하며 부수적으로 얻게 된 점이 하나 더 있었다. 졸업 논문 주제 방향을 명확하게 정리할 수 있었다는 것이다. 미국 대학원의 지도교수들은 대부분 제자들의 논문 주제를 선정하는 데 적극적으로 개입하지 않고 토픽을 제안하지도 않는다. 주로 "자네는 무엇이 관심 있나?"로 시작한 대화는 돌고 돌아 "자네가 하고 싶은 주제를 다 정리해서 보내면 검토하겠네."와 같이 끝난다. 그러나 막상 생각을 정리한 내용의 피드백은 항상 "이 주제가 왜 중요한가?" "현실성이 있을까?" "이미 다른 곳에서 연구하고 있을 텐데?"라는 대답으로 돌아오는 경우가 흔하다. 초·중·고교 과정부터 학부와 대학원까지 정해진 수업을 따라가는 것에 익숙한 학생들 중 상당수가 이 시점에서 큰 장벽을 경험한다.

나 역시 이러한 장벽을 경험했고 한동안 소홀히 했던 논문 주제 선정을 마무리해야 했다. 여름 인턴 경험을 토대로 협업과 상호관계성으로 발전하는 조직 네트워크에 관심이 생겼다. 그래서 조직 네트워크 분석을 활용해 미국 전역에서 이중 언어 커리큘럼으로 전환하려는 20여 개의 초등학교 교사, 교장, 교육행정 리더가 함께 학습하고 정보를 나누는 실천공동체를 평가하는 것으로 연구주제를 확정했다. 특히 네트워크 분석은 당시 교육계에서 막 주목하기 시작한 연구방법이었는데 아직 널리 적용되지 않았다. 연구에 집중하지 않고 계속 딴 짓을 하는 제자를 미덥지 않아 하시던 지도 교수님도 인턴 경험을 통해 교육계에서 주목하는 연구주제를 찾은 것을 반기시며 적극적으로 지원해주었다. 나는 박사학위 논문에 박차를 가하며 졸업 후 피플 애널리스트로 전환하기 위해 차분히 준비했다.

피플 애널리스트에 지원해서 마침내 합격하다

사실상 공채 개념 없는 미국 기업들은 학부를 마치고 막 커리어를 출발하려는 졸업생을 상대로 하는 '유니버시티 리크루팅university recruiting' 외에는 대부분 경력직 또는 수시 채용을 한다. 나는 졸업을 1년 정도 남겨둔 시기에 본격적으로 HR 애널리스트 직무로 지원 준비를 시작했다. HR 애널리스트 포지션을 알아보면서 많은 기업이 '피플 애널리스트'라는 명칭으로 채용공고를 게시하는 것을 확인했다. 현업에서는 피플 애널리스트와 HR 애널리스트를 자주 혼용하고 지역과 국가에 따라 교차로 사용하기도 한다. 미국에서는 많은 기업이 좀 더 세부적으로 인사 이슈에 초점을 맞추는 분야를 HR 애널리틱스라고 하고 기업과 조직에서 사람과 연관 있는 전반적인 비즈니스 이슈를 다루는 분야를 피플 애널리틱스라고 나누는 것으로 보인다.

나는 한때 교사와 정책 분석가로 일한 경력이 있고 박사과정 중 연구한 기간을 인정받아 경력직으로 지원했다. 당시 회사명, 직무 타이틀, 마감일을 엑셀 파일에 기록하고 이력서와 자기소개서를 맞춤형으로 꼼꼼히 작성했다. 학부를 졸업할 무렵과는 달리 미국 경제는 호황세였고 에스앤피 500S&P 500 지수를 비롯한 주요 증시도 수년째 우상향하고 있었다. 낙관적인 경제 상황과 체계적인 취업 준비로 자신감이 충만하여 취업문을 두드렸으나 지원한 기업들로부터 아무런 연락이 없었다. 처음에는 지원서를 작성하는 요령이 부족했나 싶어 모든 원서마다 심혈을 기울였는데도 20여 개를 넘어가는 동안 아무 소식이 없었다.

예상과 다른 방향으로 상황이 흐르자 나는 고심 끝에 지원 반경을 넓혀 인적자원정보 시스템**HRIS**, 비즈니스 인텔리전스 애널리스트 등 다방면으로 접수했으나 허사였고 130여 군데를 지원하는 동안 단 두 곳에서만 연락이 왔다. 그마저도 리크루터와 짧은 스크리닝 통화를 한 뒤 다시는 연락을 받지 못했다. 심지어 지원했던 대부분의 기업에서 서류 탈락 여부를 알리는 최소한의 자동 이메일 회신이나 문자조차 없었다. 마치 블랙홀로 빠져드는 느낌이 들었다. 인터뷰를 받을 가능성이 1% 미만인 상황에서 이력서와 자기소개서를 작성하는 것 자체가 고통이었다.

비록 여름방학 인턴이었지만 나름대로 임팩트 있는 피플 애널리틱스 경험에다 대학원생들과 함께한 케이스 스터디와 인터뷰 준비로 다져진 자신감은 차츰 바닥으로 떨어졌다. 매우 당혹스러운 현실을 받아들이기 어려웠지만 마음을 다잡고 새로운 방안을 찾았다. 우선 함께 취업 스터디를 했던 대학원생들 중 뉴욕에 본사를 둔 대기업 HR 부서에서 근무한 경력이 있는 친구에게 상황을 설명하며 이력서 리뷰를 부탁했다. 당시 나는 장기간 이어지는 취업 실패로 깊은 패배의식에 빠져 주변 네트워크를 활용할 생각을 하지 못했다. 돌이켜 보면 어리석었지만 인터뷰 기회조차 받지 못하는 상황이었으므로 현실에서 도피하고자 하는 마음이 컸다.

그 친구는 흔쾌히 내 이력서를 리뷰했고 학교 앞 카페에서 커피 한 잔으로 나를 위로하며 상세하게 피드백을 하고 팁을 전수했다. 그때 친구가 전수한 내용을 피드백, 지원 전략, 인터뷰 전략으로 나누어 간략하게 정리해본다.

1. 피드백

피드백의 핵심은 정책 연구 배경이 있는 교육학 박사가 기업과 HR에 관심을 가지는 이유가 잘 드러나지 않는다는 것이었다. 그 당시에는 몰랐지만, 대기업일수록 ATS**Applicant Tracking System**라고 하는 소프트웨어를 이용해 자동으로 지원자를 선별하는 경우가 많다. ATS는 많은 이력서를 빠르게 스캔하여 채용공고와 매칭률을 확인하고 자체적으로 설정한 기준에 따라 인터뷰 여부를 결정한다. 그런데 피플 애널리스트로 지원했던 여름 인턴 인터뷰 과정에서 효과적으로 설명했던 기존 경력과의 연관성이 이력서상에 충분히 서술되지 않았던 것이다. 아마도 나는 피플 애널리틱스 또는 HR 직무와 경력이 맞지 않은 지원자로 분류되어 서류가 채용담당자 데스크에 오르기 전 단계에서 제외됐을 가능성이 크다.

2. 지원 전략

나는 친구의 피드백을 토대로 지원 전략을 세우고 이력서를 수정했다. 먼저 이력서를 작성할 때 지원하려는 채용공고와 직무기술서 **JD**의 키워드를 파악하여 이력서 전면에 간결하게 배치했다. 친구는 리크루터들이 대부분 20초 이내로 빠르게 훑어보는 경우가 많으니 키워드를 눈에 띄는 위치에 배치하는 것이 중요하다고 말했다.

　네트워킹 또한 놓칠 수 없는 주요 전략 중 하나였다. 링크드인을 활용해 관심 있는 회사와 직무에서 학교 동문이나 이전 직장에서 근무한 경력이 있는 사람들을 탐색했다. 그리고 링크드인 이메일을 통해 간략하게 자기소개를 하고 인포메이셔널 콜informational call[3]을 요청했다. 연락한 사람 중 60% 이상이 회신했고 15분에서 길게는 한 시간가량 통화하며 회사의 문화, 고용 방식, 인터뷰 분위기를 파악할 수 있는 좋은 기회를 얻었다. 이 방식으로 네트워킹한 사람 중 의외로 많은 사람이 자발적으로 내 이력서를 채용부서에 전달하며 추천했다. 이는 고용 청탁이 아니다. 기업 입장에서는 항상 좋은 인력을 확보하기 위해 많은 시간과 노력을 기울이며 네트워크를 통해 기본적인 서류 심사와 스크리닝 인터뷰를 할 기회를 찾는다. 이러한 매칭은 기업과 구직자 모두가 윈-윈을 할 수 있는 하나의 방법이며 미국 기업의 경력직 고용시장에서 흔하게 이뤄진다.

　내 경험상 현업에서 10년 이상 근무하며 느낀 점은 네트워킹은 취업 목적을 위한 단기적 수단이 아니라 장기적 인적자산으로서 가치가 크다는 것이다. 특히 동종업계 사람들과 네트워킹을 잘 활용하면 새로운 아이디어를 떠올리거나 트렌드를 파악하여 기존 업무 방식을 효율적으로 개선하거나 확장할 수 있다. 코로나19 이후 화상 회의 플랫폼 등이 발전하며 지역별 경계에 대한 개념이 많이 바뀌었고, 나 역시 최근 수년간 미주 지역 외에도 한국, 동남아시아, 유럽, 호주 등에서 활약하는 피플 애널리틱스 전문가들과 교류하며 많은 영감을 받고 있다.

3. 인터뷰 전략

서류 심사 통과 이후를 대비해 인터뷰 전략도 보완했다. 내 경력에서 가장 취약한 부분은 피플 애널리틱스의 실제 경험이 부족한 것이기 때문에 피플 애널리틱스에서 활용할 수 있는 역량을 찾아 연결하는 것이 중요했다. 그래서 이전 HR 인턴십 인터뷰 경험을 떠올려 통계분석, 설문조사 연구, 프로그램 평가 등의 경험을 기반으로 HR 업무에 맞춰 노동정책과 교육 관련 데이터를 활용하여 인사이트를 제시하려고 준비했다. 또한 과거에 해결한 문제를 구체적인 예시로 들어 HR 조직에서 다루는 주요 현안에 대해 어떻게 대응할 수 있는지도 제안하기로 했다.

이 무렵 인터뷰를 준비하는 과정도 좀 더 체계화된 전략을 사용했는데 ① 리스트봇 주의, ② STAR 방법, ③ 예상 질문을 구조화해 정리하는 것이었다.

① 리스트봇 주의

인터뷰에서 삼가야 할 것 중 하나로 리스트봇Listbot이 되지 않는 것이다. 인터뷰에서 자신의 경력을 열거하듯이 답변하는 것은 면접관에게 기계적이거나 지루한 인상을 줄 가능성이 크기 때문에 반드시 피해야 하는 화법이다.

② STAR 방법

인터뷰에서는 과거 경력을 설명하게 하거나 문제해결 방식을 확인하기 위해 행동면접behavioral interview 질문을 자주 사용한다. 행동면접 질문은 주로 "이전에 X 프로젝트에 참여했을 때 Y 상황에서 어떻게 해결했나요?"와 같은 방식인데 STAR 방법을 사용하면 효과적으로 답변할 수 있다. STAR는 상황Situation, 과제Task, 행동 Action, 결과Result의 머리글자를 딴 것이다. S는 상황 배경을, T는 문제와 목표를, A는 자신이 취한 해결 방식을, R은 결과물을 이야기하는 것이다. STAR의 장점은 타임라인을 따라 일목요연하게 이전 경험을 전달할 수 있다는 것이다.

상황	이야기의 맥락(시간, 장소, 역할, 관계자 등)
과제	도전, 목표, 문제
행동	자신이 취한 행동(해결 방식)
결과	결과물(영향 또는 요점)

③ 예상 질문을 구조화하기

행동면접에서 나올 수 있는 모든 질문을 예측하고 대비하기는 어렵다. 다만, 행동면접 질문은 크게 5가지 카테고리로 분류할 수 있다. 이는 갈등 해소, 리더십 역할 또는 팀워크 스킬, 난제 극복, 장점 또는 개인 성과, 단점 또는 실패 경험이다. 물론 5가지 카테고리에 모든 질문이 속하지 않을 수 있지만, 각 카테고리에 속한 경험을 한두 가지씩 정리해두면 답변을 준비하는 데 큰 도움이 된다.

행동면접 질문 5가지 카테고리

1. 갈등 해소	동료, 상사, 거래처 등과의 어려운 상황에 대처하고 해결하는 역량을 검증함
2. 리더십 또는 팀워크 스킬	팀에서 어떤 역할을 하는지 팀원으로서 조직력 또는 리더십 역량을 검증함
3. 난제 극복	과거 경험 중 매우 어려웠던 상황을 어떻게 극복했는지 검증함
4. 장점 또는 개인 성과	우리가 아니라 나의 장점과 성과를 낸 경험을 검증함 (리스트봇 주의)

5. 단점 또는 실패 경험	단점과 실패를 어떻게 보완하고 극복하는 노력을 하는가를 검증함

인터뷰 도중 면접관의 구체적인 질문에는 두괄식(연역식) 답변을 하는 것이 좋다. 긴장되는 인터뷰 상황에서 단도직입적으로 핵심 답변이나 주장을 먼저 내놓기는 쉽지 않을 수 있다. 그래서 대부분의 지원자는 서론으로 시작하여 이유와 근거를 제시하고 결론을 내리는 귀납식 답변을 하는 경우가 많다. 그러나 면접관은 바쁜 시간을 할애하여 한정된 시간에 많은 지원자를 만난다. 따라서 자신이 하려는 말이나 주장을 먼저 제시하는 것이 더 효과적이다. 긴장되는 상황에서 귀납식으로 이야기하면 두서없는 답변이나 의도했던 말을 명확하게 전달하지 못할 가능성이 생긴다. 면접관은 이런 경우에 지원자의 말에 집중하기 어렵고 이는 최종 결정에 영향을 미칠 수 있다.

두괄식 답변 대 귀납식 답변

인터뷰 마무리 단계에서 면접관이 지원자에게 질문이 있는지 묻는 경우가 많다. 이런 경우를 대비해 미리 질문을 준비해서 적극적

으로 질문하는 것이 좋다. 예를 들어 "합격하여 출근하면 제가 담당하게 될 첫 업무는 무엇인가요?"와 같이 질문을 하고 돌아오는 답변에 대해 "그 업무에 대해서는 제가 가장 적합하다고 생각합니다. 그 이유는……"과 같이 대화를 이어 한 번 더 면접관의 관심을 끌 기회를 만들 수 있다. 또 하나 고려할 방법은 인터뷰 중 대화를 나눴던 흥미로운 주제나 면접관이 중요하다고 소개한 부분을 메모해 두고 그 부분을 더 자세히 설명하거나 확인하는 것도 좋은 인상을 남길 수 있다. 이는 깊은 관심과 몰입을 보여주는 것으로 평가받을 수 있기 때문이다.

우연인지 아니면 전략적으로 대비한 결과인지 인과관계를 증명할 수 없다. 하지만 새로운 전략대로 지원한 후 얼마 지나지 않아 1년가량 정체되어 있던 취업 과정이 활기를 되찾았다. 겨우 한 달 사이에 아마존, 테슬라, 마이크로소프트와 같은 빅테크 기업의 피플 애널리틱스팀뿐만 아니라 위스콘신대학교 경영학부, 게이츠 재단 같은 대학과 재단의 연구원으로 인터뷰 제안이 몰려왔고 스크리닝 단계를 넘어 최종 인터뷰까지 신속하게 진행됐다. 그 결과 팀 규모가 크고 좋은 업무환경과 조건을 제시한 마이크로소프트에 입사하기로 했다.

마이크로소프트에서 피플 애널리스트로 출발하다

마이크로소프트의 피플 애널리틱스 조직은 공식적으로 HRBI**HR Business Insights**라는 이름으로 알려져 있으며 4개 팀으로 구성되어 있다. 첫 번째로 내가 속해 있는 어드밴스드 애널리틱스 앤드 리서치**AA&R, Advanced Analytics and Research** 팀은 산업심리학, 응용통계학, 사회과학 계열을 전공한 데이터 과학자와 애널리스트로 구성돼 있다. 이 팀은 에저 클라우드**Azure Cloud**를 활용하여 기계학습과 고급 분석 모델을 개발하고 가설에 기반한 연구를 수행한다. 또한 직원 청취 시스템**Employee Listening System**을 구축하고 운영하여 데일리 시그널스**Daily Signals**(펄스 진단), 임플로이 시그널스**Employee Signals**(전사적 설문), 리더십 시그널스**Leadership Signals**(임원 대상 설문) 등을 조사하고 분석한다. HR 라인 애널리틱스팀은 다양한 HR 라인 조직에 데이터 컨설팅과 리포트를 제공한다. 전문가조직**CoE, Center of Excellence** 애널리틱스팀은 회사 내 각종 전문가조직 센터의 분석 결과와 프로그램을 관리한다. 이 두 팀은 대부분 MBA 학위 소지자, 경영 컨설팅 경력자, 또는 HRM·HRD 출신으로 구성되어 있다. 가장 최근에 설립한 애널리틱스 앳 스케일 팀은 주로 프로그램 매니저로 이루어져 있다. 회사 전체의 HR 데이터 수집 기능 솔루션과 데이터 저장소**Data Lake** 구축 및 운영을 담당한다. 이 팀은 상대적으로 마케팅, 세일즈, 재무 경력자와 IT나 HR 외부 출신이 많다. 이러한 다양한 배경을 가진 구성원을 포함한 4개 팀은 매일 협업하여 '사람'과 관련된 문제를 다루고 있다.

HR 비즈니스 인사이트**HRBI**에서 내 역할은 채용, 커리어 개발, 다양성과 포용성**D&I, Diversity & Inclusion** 관련 프로그램을 혼합 방법 **Mixed Methods**으로 평가하는 것이다. 최근에는 하이브리드 업무환경 평가와 직원 웰빙 향상에 대한 연구도 수행하고 있다. 과거에는 미국 기업들이 인종과 성별 등 몇몇 다양성 이슈에 초점을 두었다. 반면 최근에는 조화, 참여, 차이에 대한 포용성이 경쟁력을 극대화하는 요소로 강조되고 있다. 다양한 아이디어와 경험, 스킬 등의 배경이 있는 인재들을 포용하는 조직문화에서는 뛰어난 성과와 창의적인 발전을 기대할 수 있다. 예를 들어 마이크로소프트는 포용성이 높은 조직을 구축하기 위해 매니저로서 처음 일을 시작하는 직원들에게 무의식적 편견Unconscious Bias과 관련된 교육을 한다. 다양한 배경의 팀원을 관리하기 위해서는 열린 소통을 통해 무의식적 차별과 편견을 최대한 줄이고 포용하는 것이 중요하다. 내 역할은 이러한 교육 효과를 평가하고 다양성과 포용성D&I 프로그램을 지속적으로 개선하는 것이다.

또한 데일리 시그널스와 임플로이 시그널스를 활용해 직원들의 업무 만족도와 몰입도를 분석하기도 한다. 마이크로소프트는 코로나19 여파로 2020년 3월부터 2022년 4월까지 25개월간 원격근무를 한 이후 현재 하이브리드 업무로 전환했다. 데일리 시그널스를 통해 알아본 결과 원격근무 기간에 직원의 워라밸 만족도가 2019년 대비 낮아졌다는 점을 확인했다. 이에 임플로이 시그널스에서는 몰입도에 대한 초점을 스라이빙thriving으로 전환했다. 스라이빙은 직원이 '의미 있는 일을 수행할 수 있는 에너지와 자율적 권한이 부여된 상태'라고 정의할 수 있다. 활력energized, 자율 권한empowered, 의미 있는 일meaningful work의 3가지 요소를 측정하여 파악한다.

이렇게 측정한 결과 스라이빙되어 있지 않은 직원들의 공통점은 배제감이었다. 배제감에는 협업이 원활하지 못해 생기는 불만, 의사결정에서 소외되는 느낌, 사내 정치와 관료주의에 대한 거부감 등이 포함된다. 반면에 스라이빙된 직원들은 동료와의 협력적인 환경, 자율성과 유연성이 있는 포괄적인 기업문화, 개발과 복지 지원에 대해 긍정적으로 답했다. 이렇게 얻은 인사이트를 바탕으로 여러 HR 부서의 리더들은 기존에 실시하던 프로그램의 목적을 수정하거나 새로운 정책을 도입하여 더 원활한 업무환경을 조성하기 위해 노력한다.

피플 애널리스트로 근무한 지 어느덧 8년 차로 접어들며 국내외에서 자주 문의를 받는다. 특히 피플 애널리틱스에 관심 있는 학부, 대학원생, 피플 애널리틱스팀 도입을 구상 중인 기업의 인사담당자가 많다. 우여곡절 많은 내 커리어 전환과 성장을 떠올리며 가능하면 이런 분들과 최대한 대화를 나누려고 노력한다. 주로 "피플 애널리스트가 되기 위해서는 무엇을 공부해야 하나요?" "어떤 커리어 배경이 필요한가요?" "어떤 스킬을 키워야 하나요?" 등의 질문을 받는데, 앞서 소개한 내 커리어를 정리하는 것으로 질문에 대한 답변을 대신한다.

A₁: 학업·전공

경영학이나 데이터를 자주 접하는 전공을 선택하면 초기에 유리한 면이 있을 수 있다. 그러나 학부 레벨에서는 전공 여부와 상관없이 데이터 분석 경험을 자주 하는 것이 더 중요하다. 또한 꼭 피플 애널리틱스가 아니라도 HR 직무나 비즈니스 애널리틱스_{BA, Busi-}

ness Analytics, 금융 또는 재무 관련 업무로 시작하는 것도 좋다.

A₂: 커리어 경력

앞서 소개한 나의 좌충우돌 경험담에서도 확인할 수 있지만, 피플 애널리틱스에 대한 관심과 열정이 중요하다. 더불어 데이터를 자주 접하고 분석하여 소속 조직과 기업에서 의사결정을 돕는 업무를 한다면 피플 애널리틱스로 전환될 가능성을 높이는 것이다. 물론 이미 HR이나 비즈니스 인텔리전스**BI** 또는 비즈니스 애널리틱스 **BA** 직군에 있는 경우는 현재 업무와 피플 애널리틱스와의 연관성을 잘 연결하면 기회는 충분하다.

A₃: 스킬

핵심적인 세 가지 역량을 기르는 것에서 시작하자.

첫째, 논리적이고 구조화된 사고력을 기르자.

둘째, 커뮤니케이션 역량을 기르자. 특히 기술적 배경이 없는 고객, 고위 임원, 이해당사자 등에게 자칫 너무 기술적일 수 있는 인사이트를 쉽게 설명하고 일목요연하게 정리할 수 있는 역량이 중요하다.

셋째, 초급 통계학과 데이터를 다루는 프로그램의 기초를 공부하자(내가 속한 팀에서 가장 많이 사용하는 프로그램은 SQL, 엑셀, 파이썬, R이다). 고급 데이터 분석과 프로그램 사용은 본인의 적성과 관심 분야에 맞춰 단계적으로 발전해도 늦지 않다. 고급 스킬을 학습하겠다며 피플 애널리스트의 꿈을 미루지 말자.

3. 어떻게 일에서 의미를 찾고 일할 수 있을까*

마음이 이끄는 대로 점을 찍어나가다 당도하다

사람은 내게 항상 궁금하고 애틋한 존재다. 정현종 시인의 시 「방문객」의 시구 '사람이 온다는 건 실은 어마어마한 일이다 / 그는 그의 과거와 현재와 그리고 그의 미래와 함께 오기 때문이다 / 한 사람의 일생이 오기 때문이다'처럼 한 사람 한 사람이 품고 있는 일생과 마음의 깊이는 언제나 우주만큼 광활한 미지의 세계로 느껴진다.

사람들이 하고 싶어 하는 이야기가 늘 궁금했던 나는 학창 시절 내내 친구들 사이에서 고민을 잘 들어주는 친구로 통했고 나중에는

---

* 이피어나

상담 훈련을 받고 상담 센터에서 자원봉사를 하기도 했다. 그런 저변에는 이를 통해 사람들의 행복에 보탬이 되고 싶다는 단순한 소망이 있었다.

"나중에 커서 뭐가 되고 싶어?"라는 질문에 대한 나의 답변이 피플 사이언티스트였던 적은 한 번도 없었다. 그도 그럴 것이 내가 어렸을 때 그런 직업은 없었다. 그저 사람에 대한 궁금증을 좇다 보니 심리학을 공부하게 됐고 사람들이 삶에서 행복과 의미를 찾길 바라는 마음을 키워가다 보니 일하는 사람들의 행복과 성장을 위한 연구를 하는 피플 사이언티스트라는 직업을 갖게 됐다. 마음이 이끄는 대로 점을 찍어나가다 당도하게 된 지금의 일이 무척 마음에 든다.

피플 애널리틱스는 아직도 역동적으로 만들어지고 있는 신생 분야이기 때문에 이 분야에 몸담고 있는 사람들 모두가 저마다 다른 이유와 커리어를 거쳐 지금의 자리에 오게 됐을 것이라 짐작한다. 그중 한 사람으로서 사람이 재밌고 궁금하고 좋아서 사람 연구를 하다가 여기까지 오게 된 내 이야기를 하려고 한다. 앞날이 막막하던 대학원 시절 진로를 탐색하던 경험과 피플 사이언티스트로 일하며 발굴한 '사람 덕후'의 가슴을 콩닥거리게 한, 일하는 사람들에 대한 생생한 인사이트를 소개하고 싶다. 내 이야기를 통해서 사람에 대한 따뜻한 호기심을 가진 더 많은 이들이 피플 애널리틱스의 세계에 발을 들이기를 바란다.

사람에 마음이 끌려 심리학을 공부하다

사람을 이해하는 일에 항상 마음이 끌렸던 내가 심리학을 공부하게 된 건 아주 자연스러운 일이었다. 고등학교 때 처음 심리학 책을 읽으며 그동안 일상에서 알아차려 오던 현상들에 이름이 있고 머릿속 나만의 가설들이 이미 수많은 학자가 연구한 이론이라는 걸 알게 됐다. 그때 내가 꼭 뛰어들어야 하는 세상을 향한 문이 열린 듯한 느낌을 받았다. 그리고 대학교에 진학하고부터 쭉 사회심리학을 공부하고 연구해왔다. 학부 논문을 쓰며 심리학을 깊이 파고들면서 누구나 마음가짐에 따라서 자신의 잠재력을 조금 더 실현할 수 있고, 조금 더 만족스럽고 의미 있는 삶을 살 수 있을 것이라는 믿음이 생겼다. 어떤 심리적 장벽이 개인이 더 큰 성취를 하는 데 걸림돌이 되는지, 어떻게 하면 그런 심리적 장벽을 뛰어넘을 수 있는지가 궁금해졌다.

이러한 질문들을 품고 심리학 박사과정을 시작했다. 스탠퍼드대학교에서 성장 마인드셋 연구의 대가인 캐롤 드웩 교수님의 지도를 받으며 여성들이 커리어에서 경험하는 심리적 장벽에 관해 연구했다. 이를 통해 발견한 것은 남성보다 여성이 새로운 일을 시작하거나 진급을 하기 위해 더 많은 준비와 노력이 필요하다고 느낀다는 사실이었다. 더 주목할 만한 점은 조직이 개인의 타고난 능력이 아니라 학습과 성장을 중요시한다는 점을 분명히 했을 때 이러한 남녀 간의 차이가 사라졌다는 것이다. 조직의 가치와 그로부터 비롯되는 문화가 개인의 가능성을 제한하는 심리적 장벽을 낮춰준다는 것을 연구를 통해 확인하며 조직문화의 힘에 대해 더 큰 관심을 가지게 됐다. 박사과정 마지막 연차에는 스탠퍼드의 젠더 연구센터인 클레이먼연구소에서 논문 연구를 이어갔다. 이곳에서 실리콘밸리의 다양한 기업들과 현장 연구가 이루어지는 것을 접했다. 이론으로만 남겨지는 게 아니라 현장에 바로 적용할 수 있는 산업계에서의 연구에 호기심이 생겼다.

그래서 박사과정 졸업을 1년 정도 앞두고 진로 탐색을 다시 했다. 학부 때는 심리학에 마음이 끌려 대학원에 진학하기로 했다. 하지만 박사과정 이후에는 학계보다는 실생활에 더 밀접한 영역에서 연구를 이어가고 싶다는 생각이 점점 강해졌다. 미래의 불확실성이 조금씩 초조함으로 다가올 즈음 졸업 후의 진로를 다양하게 탐색하고 싶다는 취지로 교내 커리어 교육센터에서 제공하는 진로 탐색 관련 수업과 워크숍에 모조리 참가했다. 일차적인 동기는 재밌으면서도 의미 있는 일을 찾는 것이었고 이차적인 동기는 이러한 수업들이 어떻게 사람들이 그런 일을 찾도록 도와주는지 그 방법론을 배우는 것이었다.

심리학 연구와 분석으로 사람들의 행복에 기여하고 싶다

'커리어 불확실성 탐색하기' '박사생들을 위한 길' 등 다양한 프로그램과 커리큘럼이 있었다. 그중 나의 진로 탐색을 혁신적으로 바꾼 수업은 스탠퍼드 라이프디자인랩의 '커리어 디자인하기'였다. 스탠퍼드 디스쿨Disign School과 디자인 컨설팅 회사 아이디오 창립자인 데이비드 켈리가 정립한 디자인 싱킹 방법론을 진로 탐색 과정에 적용하는 워크숍 형태의 수업이었다. 이 수업에서 특히 프로토타이핑 개념이 내 관점을 크게 바꾸었다. 제품개발 과정에서는 본 제품을 만들기 전에 특정 아이디어를 작은 규모로 실현해보는 목적으로 프로토타입(시제품)을 만든다. 이를 통해서 완제품을 만들지 않고도 짧은 시간과 최소의 노력으로 아이디어를 테스트할 수 있다. 비슷한 맥락으로 커리어 프로토타이핑은 관심 있는 직업을 작은 행동을 통해 가능한 한 쉽고 빠르게 경험해보고 그 직업이 내게 잘 맞는지 테스트하는 과정이다.

커리어 프로토타이핑의 한 예는 인턴십이다. 학계가 아니라 회사에서 실무를 하는 게 나와 잘 맞을지 알아보기 위해 수많은 여름 인턴십에 지원했지만 수백 대 일의 경쟁률을 뚫지 못하고 번번이 탈락하고 말았다. 그때 마침 교내 커리어 교육센터에서 리서치 인턴을 뽑는다는 소식을 듣게 됐다. 영리기관인 회사에서 일하는 것과는 다른 경험이겠지만 학계가 아닌 환경에서 연구하는 게 나와 잘 맞을지 실험해볼 수는 있겠다는 생각이 들었다. 마침 커리어 교육센터가 '의미 있는 일' 중심으로 리브랜딩을 하는 시기였고, 학부생들이 어떤 일들을 의미 있게 느끼는지에 대한 설문 데이터를 분석하는 일이 주요 업무라는 게 더욱 흥미로웠다.

3개월간의 인턴십 경험은 긍정적이었다. 어느 정도 경계가 분명한 일이 주어졌을 때 얻게 되는 확실성이 내 성향과 잘 맞았다. 다음 학기에 새로 편성될 커리어 프로그램의 방향성이 내 분석에서 도출된 인사이트를 통해 정해졌다는 사실도 꽤 신나는 일이었다. 그다음 학기에는 6개월간 학부 중심의 대학 교수진과 함께하는 멘토링과 섀도잉 프로그램에 참가했다. 이를 통해 나는 종신직으로 교육자의 길을 걷는 것보다 다양한 문제들을 접할 수 있는 학계 밖의 일에 마음이 더 끌린다는 것을 다시금 깨달았다. 학계 밖에서 길을 찾고 싶은데 그게 구체적으로 어떤 일인지는 아직도 모호했다. 정보를 나누고 조언을 듣기 위해 박사생 친구들과 새로 만난 사람들에게 산업체에서 취직 기회를 찾고 있다고 얘기했다. 심리학을 활용한 연구와 분석을 하고 사람들의 행복에 기여를 하고 싶으니 관련된 기회가 있으면 꼭 알려달라는 이야기를 끊임없이 했다. 내 이야기를 씨앗처럼 뿌려놓으면 언젠가는 꽃이 피듯 좋은 기회가 찾아올 거라는 희망으로 가끔씩 몰려오는 막막함을 지워냈다.

가슴을 뛰게 한 피플 애널리틱스를 만나다

캠퍼스 내 다양한 워크숍과 강연들을 찾아다니던 어느 날, 행복을 주제로 한 강연이 끝나고 그날의 연사와 이야기를 더 나누게 됐다. 그녀는 내 이야기를 듣더니 구글의 피플 애널리틱스팀에 대해 알아보라는 말과 함께 그 팀에서 운영하는 리워크re:work라는 이름의 블로그를 알려줬다. 구글의 피플 애널리틱스팀은 데이터와 연구를 통해 효과적으로 기능하는 팀 문화를 만들고 구성원의 능력을 최대로 발휘할 수 있도록 인사팀을 지원하는 연구부서다. 개인이 일에서 찾는 의미, 생산성의 상관관계, 팀의 효율성에서 가장 중요한 문화적 요소 등 심도 깊은 주제를 연구한다는 점이 특히 눈길을 끌었다. 블로그 포스트를 읽을수록 고등학교 때 처음 심리학 책을 읽었을 때처럼 가슴이 뛰었다.

피플 애널리틱스에 대해 더 알아봐야겠다고 마음먹고 링크드인을 통해 나의 네트워크를 총동원했다. 커리어 프로토타이핑의 또 다른 좋은 방법은 정보 수집을 목적으로 한 인포메이셔널 인터뷰informational interview다. 내가 관심 있는 분야에서 일하고 있는 사람들과 인터뷰(또는 커피챗)를 하며 해당 분야, 회사, 업무 등에 관한 정보를 모으는 것이다. 졸업 논문 작업을 하면서 틈틈이 다양한 직종에서 커리어를 쌓고 있는 심리학 박사들을 만나 직장 생활 이야기를 들었다. 한번은 30분의 만남을 위해 왕복 네 시간이 걸리는 샌프란시스코에 다녀오기도 했다. '이렇게 해서 과연 결실이 있을까?'라는 의문이 생길 때마다 결과와 무관하게 이 과정이 엄청난 배움의 경험이 될 거라고 마음을 다잡고 모든 만남을 귀하게 생각했다.

정보 수집 인터뷰를 하며 내 진로 옵션을 하나씩 지워나갔다. 내 전략은 상대방이 나와 비슷한 성향의 사람인가를 파악하는 것이었다. 왜 학계를 떠나 산업체에서 일하기로 마음먹었는지, 다양한 포지션들 중 지금의 일을 택한 이유가 무엇인지, 지금 하는 일에서 가장 마음에 드는 혹은 어려운 부분이 무엇인지를 물었다. 이런 질문의 답에 내가 더 크게 공감할수록 나와 비슷한 인생관이나 가치관을 가진 사람이므로 그 사람이 현재 만족하는 직업군이 나와도 잘 맞을 확률이 높다는 뜻으로 받아들였다.

예를 들어 이런 식이다. 데이터 사이언티스트인 제임스는 복잡한 통계분석과 모델링을 좋아하고 대학원 재학 중에도 연구보다 데이터 작업을 더 즐겼다고 했다. 반면에 피플 사이언티스트 애나는 사람의 행동과 동기에 관련된 일을 하고 싶었기 때문에 구성원 몰입도 분석이나 성장 마인드셋을 바탕으로 한 교육 프로그램을 개발하는 일이 보람차다고 말했다. 나는 제임스보다 애나의 이야기에 더 공감했다. 애나의 입장에 나를 대입했을 때 나도 저런 일을 재밌게

할 수 있겠다는 생각이 들었다.

그렇게 진로 탐색을 하던 중 후무Humu라는 신생 스타트업에 관한 기사를 읽게 됐다. 구글에서 10년간 최고인사책임자CHRO를 지내며 피플 애널리틱스팀을 만들고 실리콘밸리에 구성원 복지를 중요시하는 조직문화 바람을 일으킨 라즐로 복이 창립한 회사였다. 회사 웹사이트에 접속한 나는 대문에 걸려 있는 짤막한 슬로건에 마음을 빼앗겼다. "더 좋은 직장과 일을 만듭니다. 과학과 머신러닝, 그리고 약간의 사랑으로."

기회는 한꺼번에 찾아오는 걸까? 거짓말같이 며칠 뒤 연구실 동료가 말했다. "피어나, 혹시 후무라는 스타트업 들어봤어? 친구가 거기서 일하는데 지금 채용 중이래. 관심 있으면 연결해줄게." 나는 주저 없이 소개를 부탁하고 후무 직원과 짧은 커피챗을 한 다음 이력서와 자기소개서를 보냈다. 여러 단계의 인터뷰를 통과하여 마지막 임원 면접에서 CEO 라즐로를 만났다. 그는 왜 학계를 떠나 스타트업에서 일하는 모험을 하고 싶은지 물었다.

나는 그동안의 여정을 이야기했다. 일하는 여성의 심리적 장벽과 기업의 성장 마인드셋을 파고든 박사 연구, 커리어 교육센터에서 일의 의미에 대한 설문 데이터를 분석한 경험, 행복하고 의미 있는 일을 찾아가는 디자인 싱킹 방법론을 배운 경험 등 그간의 경험이 이 일을 하기에 적임자임을 보여준다고. 후무에서 일하지 않더라도 분명히 어딘가에서 더 좋은 직장과 일을 만드는 일을 하고 있을 거라고 내 포부를 호기롭게 말했다. 며칠 뒤 후무로부터 합격 통지를 받았다. 내가 어디로 향하고 있는지 모른 채 찍어나간 점들이 마침

내 이어지고 결실을 맺은 순간이었다.

행동과학연구의 넛지로 구성원의 행동 변화를 이끈다

당시 후무는 설립된 지 1년이 조금 지났고 팀원이 30명이 채 되지 않는 초기 단계의 HR 서비스형 소프트웨어**HR SaaS** 스타트업이었다. 내가 함께한 2년 동안 후무는 업계 베테랑인 구글 출신 공동 창업자들의 지휘 아래 3배에 가까운 성장을 하고 고객 회사를 넓혀 가며 인게이지먼트 3.0 시대의 선두주자로서 언론의 조명을 받았다. 후무의 자동화된 프로덕트는 6개월에 한 번 고객사 조직 구성원들의 업무 몰입도를 측정하는 설문조사를 시행하고 그 결과를 분석하여 몰입과 근속 의향에 가장 큰 영향을 끼치는 요소를 찾아냈다. 설문 결과에 따라 후무 프로덕트는 구성원들에게 짧고 간단한 행동 제안인 '넛지'를 이메일이나 사내 메신저를 통해 일정 기간 동안 보냈다. 이렇게 행동과학연구에 입각한 넛지를 통해 구성원들의 행동 변화를 도모하는 것이 후무가 다른 업체들과 차별되는 부분이었다.

나는 피플 사이언티스트로서 다양한 고객사의 구성원 몰입 데이터와 특히 내 연구 분야를 살려 남녀 혹은 다양한 인종 간 조직 경험의 차이를 분석하는 일을 주로 담당했다. 데이터 분석뿐만 아니라 설문 개발, 실험 설계, 넛지 콘텐츠를 위한 문헌조사와 같은 다양한 연구 활동이 업무의 범주에 있었기 때문에 나를 비롯한 다른 팀원들의 경우 분석가라는 뜻의 애널리스트보다는 과학적 연구자를 의미하는 사이언티스트라는 직함으로 불렸다.

나는 학술 연구자에서 산업 연구자로 커리어를 전환한 후 후무에서의 모든 경험을 성장의 기회로 여겼다. 학계에서 갖게 된 오래된 습관과 일하는 방식을 고수하지 않았다. 후무의 업무에서 내게 새롭고 낯설게 여겨지는 부분에 집중하며 산업 연구 방식을 배우는 데 전념했다. 2년이라는 기간이 길지 않게 느껴질 수도 있지만 한 스타트업이 문을 닫을 수도 있고 상장할 수도 있는 시간이다. 그 기간 동안 나는 농축된 성장과 다양한 경험을 통해 산업 연구자이자 피플 사이언티스트로서 탄탄한 기반을 다졌다.

후무에서의 커리어
: 학계의 울타리 밖에서 연구하기

후무의 피플 사이언스팀은 내 예상보다 더 학구적인 팀이었다. 대부분의 팀원들이 사회심리 또는 산업조직심리 석사학위나 박사학위를 갖고 있었다. 기업 간 전자상거래**B2B** 회사의 특성상 다양한 조직들을 위한 솔루션을 개발해야 했기 때문에 한 산업군에만 적용되는 모범 사례에 의존하기보다는 이론적인 측면에서 문제에 접근했다. 그래서인지 후무에서 팀 미팅은 대학원 시절 연구실 미팅과 닮은 구석이 많았다. 매니저의 효율성을 설명하는 가장 중요한 심리적 구성개념들에 대해 토론하기도 했다. 또 고객사에 발표하기 전에 미리 분석 결과를 공유하고 피드백을 주고받기도 했다. 이런 팀 분위기 덕분에 산업체로의 커리어 전환이 매끄러울 수 있었다.

나는 계량적 분석에 강점을 지닌 팀원이었다. 고객사의 후무 설문 데이터를 분석하고 넛지의 효과성을 측정하기 위한 무작위 대조 실험을 설계하기도 했다. 특히 설문 데이터 이외에 근속연차나 직급과 같은 HR 데이터, 인구통계 데이터 또는 고객사가 제공한 생산성 데이터를 활용해서 고급 인사이트를 도출하는 것이 내 특기였다. 분석에 사용하는 소프트웨어나 통계모델은 박사과정 때와 크게 다르지 않았다. 하지만 데이터가 나에게 주어진다는 점은 달랐다. 실험을 통해 데이터를 직접 수집하지 않아도 된다는 사실이 편리하게 느껴진 반면 중요한 변수라고 생각되는 데이터를 직접 수집할 수 없었다. 그러다 보니 분석이 제한적이라는 단점이 있었다. 재밌게도 이런 제약은 내가 더 통찰력 있는 분석가로 성장할 수 있는 기회가 됐다. 한정된 데이터를 더 창의적으로 활용하고 기발한 가설을 통해 인사이트를 도출하는 데 집중하게 됐기 때문이다.

한 예로, 고객사의 설문 결과에서 남녀 차이를 분석하던 중 '우리 회사에선 진급의 기회가 모두에게 동등하게 주어진다'는 항목에 여성이 남성보다 더 낮은 점수를 매겼다는 것을 알게 됐다. 이를 설명하기 위해 다양한 변수들을 테스트하던 중 각 구성원의 직속 상사가 1년간 몇 번 바뀌었는지를 변수로 설정해봤다. 상사의 잦은 변화는 팀의 불안정성을 의미하고 직원 몰입도를 떨어트리는 요인으로 알려져 있다. 흥미롭게도 이 변수와 구성원의 성별은 유의미한 상호작용을 하고 있었다.

남성은 상사의 변화를 겪어도 이 항목에 대한 점수가 동일한 반면에 여성은 상사의 변화를 자주 겪을수록 진급 기회의 공평성에 대해 더 부정적인 의견을 보였다. 직속 상사가 바뀌면 새롭게 관계를 쌓고 그간 본인의 실적에 대해 적극적으로 알리는 것이 중요하다. 많은 학술 연구에서 여성이 남성보다 자기 홍보 활동을 어려워하는 것으로 나타났다. 마찬가지로 그 고객사에서 상사의 변화를 자주 겪은 여성들에게 진급을 위한 자기 홍보 과정이 남성들보다 더 큰 심리적 장벽으로 작용했을 가능성이 있었다.

산업체에서 일하며 깨닫게 된 것은 연구자로서 내게 흥미로운 결과보다 결정권자의 입장에서 유용한 인사이트를 보여주는 것이 중요하다는 사실이었다. 분석 결과를 바탕으로 새로운 매니저의 할 일 목록에 '팀원들과의 개별 커리어 면담 추가하기'를 제안했다. 팀원들의 지난 성과와 앞으로의 계발 분야를 파악하는 일을 새로운 매니저가 할 일에 추가함으로써 구성원들의 자기 홍보 부담을 줄이고 이를 통해 남녀 간의 격차를 줄일 수 있다는 취지의 제안이었다. 또 승진 심사 과정을 재검토해 편향성이 생길 수 있는 부분을 찾고 시정하길 권장했다. 그 고객사는 나의 제안을 받아들여 심사 과정에서 자기 추천 제도를 폐지했고, 6개월 후 해당 설문 항목의 남녀 격차는 유의미하게 줄어들었다.

후무에서의 커리어
: 작은 스타트업에서 주어진 큰 도전-업계 최고의 다양성과 포용성 솔루션 개발기

후무에서 이룬 가장 뜻깊은 성취는 다양성과 포용성D&I, Diversity & Inclusion에 중점을 둔 신규 프로덕트 개발을 이끈 일이다. 피플 사이언스팀의 팀장이자 공동 창업자인 제시 위즈덤Jessie Wisdom이 일대일 미팅에서 새 고객사가 자사의 조직문화가 얼마나 포용적인지 진

단하고 이에 관련된 넛지 솔루션을 원한다고 말했다. "피어나, 다양성과 포용성에 대해서는 네가 우리 팀 최고 전문가야. 네가 이 프로젝트를 맡는 게 어때? 네가 상상할 수 있는 최고의 다양성과 포용성 솔루션을 만들어봐." 내 전문성을 신뢰하는 게 느껴지는 제시의 제안은 흥분되면서도 긴장되는 도전이었다. 당시 후무는 따로 프로덕트 매니저PM를 두지 않고 다양한 부서의 팀원들이 프로젝트팀을 구성하고 협업에 기반하여 프로덕트를 개발했다. 다양성과 포용성에 관한 전문 지식이 중요한 프로젝트였기에 관련 분야를 연구했다는 이유로 PM 경험도 없는 내가 덜컥 개발을 이끌게 된 것이다.

'내가 이 일을 잘할 수 있을까?'라고 자문할 새도 없이 프로젝트가 빠르게 진행됐다. 나는 문헌조사를 통해 조직의 포용적 문화를 가장 잘 설명할 수 있는 개념적 모델을 만들고 프로덕트의 중심이 될 다양성과 포용성 설문 설계 및 분석을 하는 개발 1단계의 '캡틴'이 됐다. 실제 프로덕트를 만드는 개발 2단계는 엔지니어링팀의 동료와 공동 팀장을 맡았다. 디자인, 사용자 경험ux 리서치, 엔지니어링, 고객 성공팀과 영업팀 등 다양한 부서의 팀원들이 모여 프로젝트팀을 구성했다. 이 프로젝트에서 얻은 가장 값진 경험은 바로 이런 다양한 전문성을 가진 팀원들과의 협업이었다. 나는 내게 익숙한 데이터와 이론 중심의 관점을 비롯하여 엔지니어링, 디자인, 비즈니스 등의 다양한 관점들 사이에서 타협점을 찾아 전반적인 사용자 경험과 비즈니스 효과를 고려한 균형 잡힌 솔루션을 개발하는 데 초점을 맞췄다.

예를 들면 나는 구성원 모두가 볼 수 있는 대시보드에 다양성과 포용성 실문 결과와 함께 조식 내 성별과 인종 등의 다양성 지표를 시각화해서 다양성에 대한 이해를 높여야 한다고 제안했다. 이론적으로는 경쟁 업체들과 차별되는 진보적인 아이디어였지만 고객 성공팀과 영업팀은 다양성 데이터의 민감한 속성 때문에 실제 기업에서 이런 정보를 구성원들에게 공개하는 것을 부담스럽게 생각한다는 사실을 상기시켰다. 한편 엔지니어링팀은 자동화와 확장성이라는 키워드를 확실하게 인식시켰다. 설문 분석 과정의 모든 결정과 이론적 가설을 알고리즘화한 덕분에 기존에 두 시간이 걸린 분석이 우리 프로덕트에서는 10초 만에 자동적으로 이루어져 결과적으로 100여 명의 매니저들이 본인의 팀을 위한 맞춤형 리포트를 받아볼 수 있게 됐다. 이러한 기술적인 협업을 경험하고 난 이후 나는 데이터 분석을 할 때 반복적인 분석을 최소화하고 확장 가능한 솔루션 개발을 우선시하는 좋은 습관을 들이게 됐다.

총 10개월의 개발 기간을 거쳐 후무의 첫 다양성과 포용성 프로덕트가 성공적으로 출시됐다. 100여 편의 학술 연구가 뒷받침하는 포용성 모델을 기반으로 한 다양성과 포용성 설문, 자동화된 데이터 분석 시스템, 사용자 인터페이스ui를 갖춘 대시보드, 그리고 포용적인 행동을 제안하는 넛지 라이브러리까지 '최고의 다양성과 포용성 솔루션'이라는 도전에 대한 내 해답은 여러 팀원들의 전문성이 모여 만들어졌다. 다양성과 포용성 프로덕트는 후무의 제품 라인 중 가장 높은 가격으로 책정됐고 내가 후무를 떠날 때까지 파트너십을 맺은 여러 기업에서 약 1만 5,000명의 구성원들이 이용했다. 대학원을 갓 졸업하고 이렇게 비중 있는 프로젝트를 이끈 것은 초기 스타트업이 아니었다면 경험하기 어려운 기회였을 것 같다. 책임이 큰 만큼 결정을 내리는 일 하나하나가 긴장됐다. 내가 잘하고 있는 게 맞는지 의문을 품은 날들도 많았다. 하지만 프로젝트를 마치고 보니 미숙하고 어려웠던 영역들이 어느새 내 역량의 일부가 되어 있음을 확인했다.

핀터레스트에서의 커리어
: 사람 중심의 피플 애널리틱스팀

후무에서 일한 지 약 2년이 됐을 무렵 나에게 새로운 기회가 생겼다. 2019년에 기업공개IPO를 하며 실리콘밸리의 유니콘 대열에 합류한 비주얼 검색엔진 서비스인 핀터레스트에서 피플 리서치 사이언티스트로 일할 기회가 생긴 것이다. 학계에서 업계로의 커리어 전환을 하고 이제 좀 더 본격적으로 피플 애널리틱스 업무를 하고 싶던 내게 반가운 도전이었다. 많은 배움과 성취가 있었던 첫 직장을 뒤로하고 핀터레스트의 피플 인사이트 앤 애널리틱스팀에 합류했다. 피플 인사이트 앤 애널리틱스팀은 구성원 데이터 분석과 연구를 통해 HR 프로그램 관리자와 리더들에게 인사이트를 제공하고 있다. 조직문화와 구성원 몰입을 넘어 더 넓은 HR의 세계로 향하는 두 번째 커리어 전환이었다.

핀터레스트는 인사팀을 HR이라고 부르지 않고 피플팀이라고 부른다. 피플팀의 리더도 최고인사책임자CHRO, Chief Human Resources Officer가 아니라 최고사람책임자CPO, Chief People Officer라는 직함을 쓴다. 구성원을 대체 가능한 '자원'이 아니라 성장할 수 있고 긍정적인 경험을 원하는 '사람'으로 보셨다는 인사 철학이 드러나는 명칭이다. 사람이 언제나 관심과 탐구의 대상인 나에겐 무척 반가운 일이었다. 이런 사람 중심 관점은 핀터레스트 피플팀의 모든 프로그램의 뼈대가 된다. 2022년 초 피플팀은 '결정적인 순간들Moments that Matter'이라는 이름의 구성원 생애주기 모델을 발표했다. 조직 구성원이 입사부터 퇴사까지의 여정에서 겪게 되는 경험들 중 커리어에 있어 결정적인 순간들을 발견하고, 이를 기준으로 6개월에 한 번씩 전체 피플팀의 목표 및 핵심 결과지표OKR를 세운다. 그리고 구성원들의 '결정적인 커리어 순간들'을 더욱 의미 있게 만들 프로그램을 개발하고 전략을 세운다.

여기에서 피플 인사이트 앤 애널리틱스팀의 역할은 우리가 세운 목표를 잘 달성하고 있는지를 추적하고 경영진에게 보고하는 인사이트 보고 프로그램을 운영하는 것이다. '조직 건강'이라는 이름의 이 프로그램은 내가 입사 후 처음으로 맡게 된 프로젝트였다. 당시 텍스트로만 채워진 슬라이드 4장짜리의 인사 보고서를 설득력 있는 스토리가 담긴 시각화된 데이터 중심의 프레젠테이션으로 바꾸어야 했다. 내부 인사 업무를 이제 막 시작한 나에게는 다소 막막한 과제였다. 익숙했던 조직문화와 구성원 몰입 관련 지표 말고도 채용, 평가, 내부 이동성, 인력 계획 등 다양한 인사 주제에 관한 지표들을 파악하고 우선순위를 매겨야 했다. 처음에는 망망한 바다에 던져진 것 같은 심정이었지만 프로젝트를 헤쳐 나가다 보니 짧은 기간에 다양한 인사 영역을 경험할 수 있었고, 피플팀 내 여러 담당자들과 폭넓은 파트너십을 맺을 수 있었다. 조직 건강 프로그램은 현재 피플 인사이트 앤 애널리틱스팀의 가장 대표적인 데이터 프로그램으로 CEO를 비롯한 최고경영진과 각 부서장들이 분기별로 조직의 인사 활동을 리뷰하는 데 사용되고 있다.

피플 인사이트 앤 애널리틱스팀의 또 다른 대표 프로그램은 구성원들의 경험을 이해하고 조직에 대한 그들의 의견을 귀담아들을 목적으로 만든 구성원 리스닝 프로그램이다. 이 프로그램은 1년에 두번 실시되는 몰입도 설문이 중심인데 온보딩이나 퇴직과 같은 결정적인 커리어 순간들에 대해서도 구성원들의 경험을 묻는다. 나는 여기에 더해서 특정 프로그램이나 제도에 대한 피드백을 빠르게 수집할 수 있는 펄스 서베이 프로그램을 개발하여 운영했다. 한번은 사내 커뮤니케이션팀이 매달 실시되는 전사 미팅에 대한 직원들의 의견을 수집하기 위해 펄스 서베이를 의뢰했다. 설문 피로감을 방지하기 위해 전 직원의 10% 정도 되는 인원을 대상으로 2분 정도 길이의 짧은 설문을 실시했다.

이를 통해 사람들이 코로나19 이전의 생동감 넘치는 대면 미팅을 그리워한다는 것을 알게 됐다. 이러한 결과를 바탕으로 원격으로 진행되던 전사 미팅을 하이브리드 방식으로 바꾸고 경영진과의 라이브 Q&A 세션을 추가해 즉흥적인 요소를 더했다. 구성원들의 의견이 반영되자 전사 미팅 참석률과 리더십 소통에 대한 만족도가 높아졌다. 이렇게 피플 인사이트 앤 애널리틱스팀은 구성원들의 목소리를 더 크게 전달하는 확성기 역할을 함으로써 조직이 '리더가 원하는 결정'이 아니라 '구성원들이 지금 원하는 변화'를 이끌 수 있도록 지원하고 있다.

데이터 분석의 5단계

1단계: 데이터 수집   2단계: 데이터 전처리   3단계: 데이터 시각화

4단계: 데이터 분석   5단계: 데이터 스토리텔링

(출처: www.effectivedatastorytelling.com)

데이터 전문가, 비즈니스 컨설턴트, 인재 연구원이라는 모자를 쓴다

핀터레스트에서 일하는 동안 피플 사이언티스트로서의 내 역할은 전방위적으로 확장됐다. 이전 회사에서 집중했던 조직문화와 구성원 몰입도라는 주제 이외에도 채용, 평가, 보상과 같은 다양한 HR 영역으로 전문성이 확장됐고, 이에 더해서 업무 스펙트럼 또한 확장됐다. 영어 표현에 '여러 개의 다른 모자를 쓴다**wear different hats**'는 표현이 있다. 누군가 지금 팀에서의 내 역할에 대해 물어볼 때 내가 가장 자주 사용하는 표현이다. 하루 업무 중에도 나는 데이터 전문가, 비즈니스 컨설턴트, 인재 연구원이라는 3개의 모자를 돌려가며 쓰고 있다.

우선 데이터 분석가이자 전문가로서 피플 데이터에 관련된 다양

한 업무를 맡고 있다. 트위터에서 많이 리트윗되며 유명해진 데이터 분석 과정에 대한 이미지가 있다. 레고를 이용해 데이터가 어떤 업무 단계들을 거치는지 비유적으로 보여주고 있다. 분석 단계 전에도 여러 데이터 준비 단계들이 있고, 또 분석 이후에도 스토리텔링을 거쳐야 비로소 데이터가 활용 가능한 인사이트로 거듭난다는 것을 알 수 있다. 후무에서는 데이터 분석과 스토리텔링 업무를 주로 맡았던 반면, 핀터레스트에서는 데이터 수집과 전처리 업무에도 참여하고 있다. 이 업무를 수행하기 위해 SQL, 스노플레이크 **Snowflake**와 같은 데이터베이스 관련 프로그래밍 언어와 도구를 배웠다. 팀 내 데이터 엔지니어가 있지만 분석을 위한 데이터 필요조건에 대해 논의하거나 미가공 데이터의 정확도를 검토하려면 데이터 엔지니어링에 대한 기초적인 이해가 필요하기 때문이다. 워크데이, 그린하우스 등 다양한 HR 플랫폼을 통해 수집된 구성원 데이터는 스노플레이크의 데이터 웨어하우스에서 전처리 과정을 거친다. 이렇게 갈무리된 데이터는 다양한 방식으로 시각화된다. 팀 내 비즈니스 인텔리전스**BI, Business Intelligence** 애널리스트와 함께 주요 지표들의 움직임을 가장 효과적으로 보여주는 데이터 시각화 자료를 만들고 태블로 소프트웨어를 이용해서 조직 건강 온라인 대시보드를 만들어 운영하고 있다.

하지만 역시 데이터 업무의 대부분을 차지하는 것은 분석이다. 구성원이 4,000명 정도 되는 핀터레스트에서 구성원 데이터, 그중에서도 설문 데이터에 접근 권한이 있는 사람은 10명이 채 안 되는 피플 인사이트 앤 애널리틱스팀원들이 전부다. 그렇기 때문에 비즈니스 리더와 피플팀 내부의 여러 담당자들이 우리 직원들이 지금 가장 중요하게 생각하는 게 무엇인지를 묻기 위해 우리 팀의 문을 두드린다. 나는 다양성과 포용성D&I에 대한 전문성을 살려서 설문 결과에서 성별이나 인종 간 격차가 보이는지 분석하는 일을 전담하고 있다. 특히 소속감, 공평성, 심리적 안정감과 같은 항목에서 특정 집단이 부정적인 경험을 하고 있지 않은지 면밀하게 살핀다.

앞서 말한 조직 건강 데이터를 이용해서 조직 내 다양성이 어떻게 변하고 있는지도 추적하고 있다. IT 업계에서 소수 그룹에 해당하는 여성, 흑인, 히스패닉, 미국 원주민 등의 집단이 조직 전체 또는 임원진의 몇 퍼센트를 이루고 있는지, 신규 직원 채용률과 퇴사율에는 어떻게 나타나고 있는지를 파악한다. 이런 분석 결과는 다양성과 포용성 팀, 피플 리더십팀에 전달되어 다양성을 키우고 포용적인 문화를 만들기 위한 전략을 수립하는 데 일조하고 있다.

채용, 인재 개발, HR 비즈니스 파트너, 조직 변화 관리 등 다양한 인사담당자들과 협업을 하다 보니 비즈니스 컨설턴트로서의 역할 또한 업무에서 큰 비중을 차지한다. 그들의 니즈를 파악하는 일, 복잡한 분석 결과를 쉽고 간결하게 설명하고 더 나아가서 마음을 움직이는 스토리텔링을 하는 일, 비즈니스 맥락과 우선순위를 고려한 실천 방안을 제시하는 일 등 기술적인 스킬 못지않게 소프트 스킬이 업무 성과에 중요하게 작용함을 절감한다.

예를 들면 "프로덕트팀의 매니저 퇴사율을 보고 싶습니다."라는 요청을 받았을 때 바로 해당 데이터를 보내주는 게 아니라 "그 데이터로 답하려고 하는 질문이나 내리려는 결정이 무엇인가요?"라고 되물어 궁극적인 목적을 파악한다. 프로그램의 효과성을 측정하는 일을 하면서 해당 프로그램의 목표나 전략이 명확치 않다는 것을 밝혀낼 때도 있다. 신규 매니저 교육 프로그램의 영향력을 측정하고 싶어 하는 담당자에게 교육 프로그램의 목적과 기대 효과가 무엇인지 물었을 때 "음, 좋은 질문인데 그게 아직 명확하지 않아요."라는 맥 빠지는 답변이 돌아온 적이 있었다. 효과성을 측정하기 위한 지표는 프로그램의 핵심 목표와 기대 효과에 근거해서 개발된다. 이를 먼저 명확히 하는 것은 프로그램 담당자의 몫이라는 사실을 상기시켰다. 이렇게 컨설팅 과정을 통해서 파트너들이 피플 인사이트 앤 애널리틱스팀과 더 효과적인 협업 모델을 만들어가고 데이터에 대한 기초적인 이해를 쌓아갈 수 있도록 이끌고 있다.

마지막으로 앞으로 내가 더 많은 성취와 성장을 이루고 싶은 인재 연구원으로서의 역할이 있다. 사람에 대한 궁금증을 바탕으로 문제의 본질을 파고드는 일은 내가 가장 좋아하고 잘할 수 있는 일이다. 그 때문에 데이터를 정리해서 보기 좋은 리포트로 만드는 일보다는 심층 연구를 통해 "왜?"라는 질문에 답하는 일에서 가장 큰 보람과 성취감을 느낀다. 핀터레스트에서 했던 연구 중에 가장 기억에 남는 프로젝트는 통합연구방법을 이용한 구성원 교차성 연구였다. 구성원의 젠더와 인종이 어떻게 상호작용하는지 이해하기 위해 특정 젠더와 인종 교차 그룹의 구성원들과 일대일로 심층 인터뷰를 진행했다.

전반적인 커리어 일상 업무 중 미묘한 차별microaggression을 직접 경험하거나 목격하는지, 일터에서 자신의 문화적, 신체적 정체성을 어떻게 표현하고 있는지 등 민감하시만 중요한 내용의 질문을 했다. 응답자들이 공유한 개인적인 이야기들을 모아 공통적으로 서술된 테마에 대해 분석하고 실천 방안을 제안한 연구 결과를 최고다양성책임자CDO에게 보고했다. 이 연구 결과를 바탕으로 다음 분기의 다양성 전략이 수립됐고 구성원들의 생생한 경험에서 도출한 인사이트는 최고경영진으로부터 다양성과 포용성 이니셔티브에 대한 전폭적인 지지를 끌어내는 데 중요한 역할을 했다.

핀터레스트의 핵심 가치 중 "이기거나 혹은 배우거나Win or Learn"가 있다. 목표한 성과를 이루지 못했더라도 그것을 배움의 기회로 만들 수 있다는 뜻이다. 나는 이 말을 조금 뒤집어서 "실패하지 않고는 배움도 없다."라고 읽는다. 그동안의 커리어에서 나의 세계를 확장하는 성장은 자의로든 타의로든 실패할지도 모르는 안전지대 밖으로 나 자신을 끌어냈을 때 일어났다. 익숙했던 학계의 울타리를 넘어 새로운 세계에 발을 내딛었을 때, 팀을 이끌며 성공 방정식이 없는 일의 해답을 찾아갔을 때, 내가 맡은 역할의 경계를 허물고 더 많은 역할을 기꺼이 맡기로 했을 때, 크고 작은 시행착오로 점철된 길을 끝까지 걸은 후에야 비로소 의미 있는 성장이 이루어졌다. 이런 성장의 과정에서 나 자신에 대한 믿음이 쌓였다. 이 믿음은 스스로를 의심하지 않고 새로운 도전에 자신 있게 맞설 용기를 불어넣는 힘의 원천이 되고 있다.

'어떻게 하면 사람들이 더 행복할 수 있을까?'라는 내 궁금증은 '어떻게 하면 사람들이 일에서 의미를 찾고 성장할 수 있을까?'라는 질문으로 바뀌었다. 시시각각 변화하는 일의 세계는 아직 정의되지 않은 새로운 과제와 일하는 사람에 대해 생각할 거리를 끊임없이 던진다. 내가 사람에 대한 호기심과 애정을 잃지 않는 한, 발전 가능성이 아직도 무궁무진한 피플 애널리틱스의 세계에 꽤 오래 머물 것 같은 예감이 든다.

심리학자가 아닐지라도 이런 사람들이 있다. 어쩌다 보니 사람들의 고민을 자주 들어주는 사람, 일보다도 팀원들이 무엇에 동기부여를 받고 소속감을 느끼는지 파악하는 일이 더 흥미롭게 느껴지는 사람, 타인의 성장과 행복을 돕고 응원하는 일에서 의미를 찾는 사람. 만약 이 글을 읽으며 마음이 간질거리거나 본인이 바로 그런 사람이라는 생각이 든다면 더 좋은 직장과 일을 만드는 피플 애널리틱스의 세계로 당신을 초대하고 싶다.

4. 어떻게 피플 애널리스트로 커리어 성장할 것인가*

通계학이 인생의 무기가 될 줄 몰랐다

월드컵 열기로 뜨거웠던 2002년, 하얀 '비 더 레즈**Be the Reds**' 로고가 선명히 찍힌 붉은 티셔츠를 입고 있는 내 사진을 볼 때마다 내취향과 무관한데 어떻게 저걸 입었을까 하는 생각이 든다.

그해 가을에 유학을 떠났다. 학부에서 전공한 어학이 적성에 맞지 않아 석사 전공은 경영학을 선택했다. 하지만 상급 학위 공부에 대한 학문적 훈련도, 실무 경험도 전무한데 경영학에 대한 이해마저 거의 없는 상태에서 매일 쏟아지는 과제를 하기 위해 자료를 읽

---

* 어승수
  본 챕터는 예외적으로 HR 애널리틱스 및 HR 애널리스트 용어를 사용한다.
  저자가 수행한 프로젝트와 그 적용이 HR 생산성 분석, 채용 전형 효율성 및 신뢰성 향상, 인사제도 설계 및 도입 후 효과성 분석 등 인적자원관리**HRM** 여러 영역의 효과성과 비용효율성 관점 분석에 보다 집중되어 있기 때문이다.

고 정리하는 것이 고역스러웠다. 이해는 고사하고 모르는 단어를 찾아 겨우 한 번 읽는 수준이었으니 이해를 바탕으로 한 토론 중심의 수업에서 꿔다 놓은 보릿자루처럼 우두커니 계단식 강의실 맨 뒷자리에 앉아 '제발 아무 말도 시키지 않았으면 좋겠다'라는 생각만 하고 있었다. 좋은 성적으로 졸업하는 것이 목적이 아니라 낙제하지 않고 살아남는 것이 목적이었던 1학기를 마치고 어느 정도 적응했다고 자평했다. 하지만 2학기가 시작되자마자 그 예상은 여지없이 깨져 학업을 포기하고 싶은 생각이 들 정도로 거대한 벽을 마주했다. 학위 과정 전체에서 가장 난감했던 것은 기초통계학이었다. 수학이 싫어 문과로 진학하고 어학 전공을 선택한 나에게 기초통계학의 연습 문제들은 한가득 쓰인 외계어처럼 느껴졌다.

이 어려운 것을 왜 배우는지, 회사에서 어떻게 쓰이는지, 연구에서는 어떻게 쓰이는지 예상하고 연결할 수 있는 경험과 배경지식이 없었으므로 통계학은 그저 고등학교 때 했던 것처럼 공식을 외워 풀어야 하는 수업이었다. 방에 틀어박혀 며칠 동안 벼락치기를 한 끝에 과락을 면할 정도만으로 기말고사를 치른 후 반 친구에게 "이제 내 인생에 통계학은 없다!"라고 호기롭게 말했다. "Who knows(누가 알아)?"라며 장난기 가득하게 받아 친 *그*가 옳았다. 그때 나는 앞으로 내 삶이 어떻게 전개될지 아무것도 몰랐다.

HR 전문가로 성장하고 싶었다

마지막 가을 학기에 들어서 공과대학교 박사과정 친구들이 L사에서 글로벌 리크루팅 회사 설명회를 진행하니 가보자고 제안했다.

당시 나는 인사조직 연구 분야의 저명한 학자인 아미르 에레즈Amir
Erez 교수님의 조직행동론 수업에 푹 빠져 있었다. 수학, 통계, 금융,
회계와 같은 숫자가 아니라 사람에 관련된 직무를 수행하는 분야라
는 점에서 끌렸다. 설명회에서 만난 L사 직원은 내 이력서를 보더니
"경영학을 전공했는데 어느 분야에 관심이 있어요?"라고 물었다. 나
는 주저 없이 "HR이 하고 싶습니다."라고 대답했다. 그 직원은 "HR
도 여러 분야가 있잖아요? HRM과 HRD 중 어떤 것을 하고 싶어
요?"라고 되물었다. HR 기능에 대한 이해가 없었던 나는 명확히 답
을 할 수 없었다. 몇 주가 훌쩍 지나고 도서관에서 메일을 확인하는
데 보스턴에서 진행되는 면접에 참석하라는 연락을 받았다.

면접장에 들어가서 어색하게 자기소개를 하자 면접위원이 HR 직
무에 지원하게 된 동기를 물었다. '기업 간 초고도 경쟁과 노동인구
의 감소 추세 예상'을 예로 들며 설명을 이어나갔다. 긴 설명 후 다
시 돌아온 면접위원의 질문은 "지금 한 이야기를 영어로 다시 한번
해보세요."였다. 짧은 순간이었지만 만감이 교차했다. 졸업식을 앞둔
2005년 봄, 가장 친한 친구의 집에서 합격 메일을 확인했다. 현관문
을 열고 뛰어나가 멀리 공용 세탁실에서 빨래한 옷을 잔뜩 안고 오
는 친구에게 손을 흔들며 "나 합격했다!"를 외쳤다. 2005년 6월, 나
는 구미에 위치한 공장의 인사기획팀으로 배치되어 HR 커리어를
시작했다.

생각해보면 L그룹의 주력 계열사에서 HR 담당자로서 커리어를
시작하게 된 것은 무척 다행스러운 일이다. 회사가 속한 L그룹은 인
사 분야와 관련해 매우 체계적인 교육 프로그램을 연차별, 직무별

로 나누어 꾸준히 진행해왔다. 나는 직무 교육을 받고 나서야 HR의 제 기능과 역할이 무엇이며, 무엇이 필요하고, 어떠한 일을 해야 하는지에 관한 생각을 다듬을 수 있었다. 책과 논문으로만 보던 전략적 인적자원관리의 필요성, 각 제도의 구성과 운영 현황, 실무 적용을 위한 시사점 등을 주제로 한 다양한 강의와 함께 향후 지속적으로 개선하라는 선배들의 요구와 격려는 HR 전문가로 성장하고 싶다는 동기를 자극했다. 하지만 글로 배운 HR은 한계가 있었다. 실무는 가혹하리 만치 낯설었다. 왜 이 일을 하는지, 결과가 무엇인지, 어떻게 귀결되는지, 잘하려면 무엇을 어떻게 해야 하는지 선배들의 어깨너머로 익혀야 했다. 학위 과정을 통해 가장 어렵게 공부한 통계학이 많이 활용되고 있지 않아 안도했다. 하지만 관심 있게 공부한 조직행동이론은 물론 전략적 인적자원관리와 관련된 지식은 그저 벽에 걸린 액자와 같은 이상적인 지향점에 불과했다. 선배들이 작성한 보고서의 맨 아랫부분에 작은 글씨의 각주로 표기되어 걸려 있었다. 인사기획팀에서 신입사원이 할 수 있는 일은 무엇이 있을까? 핵심 인재와 직무 관리와 관련된 단위 업무를 수행하거나 발령을 내는 일들이 내가 할 수 있는 전부였다. 매일이 실수와 좌충우돌의 연속이었다. 그렇게 2년이 지날 무렵 채용팀으로 배치됐다.

숙련된 채용 전형 운영자가 되기 위해 노력했다

그 무렵 L사는 성장과 팽창기에 이제 막 접어들었다. 세계 최고 기술력과 제품 경쟁력을 앞세워 대규모 투자가 진행됐고 새로운 공장들이 벌판에 웅장하게 지어지고 있었다. 경쟁사보다 빠르게 투자하여 더 큰 제품을 더 많이 생산해내야 했던 시기였다. 당연히 인적 자원 수요가 폭증할 수밖에 없던 시기였고 전쟁터와 같은 현장은 상명하복의 군대처럼 저돌적인 문화와 경쟁적인 야근이 일상적이게 됐다. 당시 직원가치제안EVP은 '업무적으로 힘들지만 보상은 경쟁력 있는'이었고 채용담당자가 되어 접한 L사에 대한 노동시장 내 정성적 인식은 '북한 강제수용소 노역장'과 비슷하다는 부정적 인식 일색이었다. '적임자right people, 적소right place, 적시right time'와 같은 문구가 일상적으로 회의 석상에서 언급됐고 경쟁사와는 다른 방식으로 '글로벌 인재'와 '시장 일류market top tier'를 찾아 확보하라는 경영층의 요구가 연일 계속됐다.

공장 증설에 따른 인적자원 수요를 감당하기 위해 상·하반기 2회에 걸쳐 진행되던 정기 공채는 상시 대규모 공채 체제로 전환됐으며 특정 해에는 신입사원 공개 채용을 7회나 진행할 정도였다. 나를 비롯한 동료들의 주된 업무는 이랬다. 국내 주요 이공계 대학교에 나가 채용설명회를 시행하고 입사지원서를 받아 정해진 기준에 따라 서류 전형을 마친다. 그다음 산더미 같은 입사지원서를 출력하여 면접 전형을 준비하고 면접위원의 일정을 조율한다. 면접 당일에 인사담당자 자격으로 면접 전형에 참석하여 면접위원의 면접 점수를 집계하고 신속히 결과를 발표한다.

'숙련된 채용 전형 운영자'로서 각고의 노력을 한 덕분에 회사는 가장 많은 일자리를 창출한 기업으로 인정받아 국가의 표창을 받았고 공장 증설에 요구되는 일정 수준의 인적자원을 적시에 공급하는 성과가 있었다. 그럼에도 불구하고 몇 가지 아픈 장면들이 기억난다. 아무도 오지 않았던 채용설명회 장소, 내가 나눠준 채용 전단이 가득 담긴 쓰레기통, 면접 장소에서 질문 두 개를 받고 합격했다던 익명의 합격자가 게시한 '도대체 무슨 기준으로 선발됐는지 모르겠다.'라는 냉소적인 글과 또 다른 합격자가 올린 '지난번에는 불합격인데 이번에는 합격이네? 고무줄이야?'라는 글에 얼굴이 붉어질 수밖에 없었던 날들이었다. 그렇게 한 해 두 해가 지나갔다. 어렵고 힘든 시기가 분명했지만 채용을 둘러싼 직무 경험을 쌓을 수 있었다.

어떤 사람을 선발해야 하는지 고민했다

몇 년간 지속된 폭풍 같은 채용 요구가 잦아들 무렵 두 가지 고민이 생겼다. 첫 번째 고민은 경력 개발에 관한 것이었다. 국내 많은 대기업 HR이 그랬던 것처럼 채용은 HR의 다양한 기능 중 저연차 때 한번쯤 경험해보는 직무라는 인식이 강했다. "아직도 채용 해? 다른 업무 할 때 되지 않았어?"라는 말을 들을 때마다 마음이 조급해졌다.

지금은 인식이 많이 바뀌었을 수 있겠지만, 당시는 HR에서 성장하고자 하면 다양한 직무를 두루 섭렵한 HR 제너럴리스트가 될 것을 요구하던 시기였다. 공식적이지는 않지만 저연차에 채용 업무를 경험한 후 평가와 보상, 핵심인재 관리, 노무 관리, 교육과 훈련, 제도 및 조직 설계 중 두세 가지의 HR 직무를 거쳐 임원 인사에 이르는 경로가 잘 관리된 HR 담당자의 경력이라는 인식이 있었다. 일반적인 경력 개발 경로에 관한 조직 내 인식에 비해 내 이력은 정체되어 있었다. 리더와 선배들에게 답답한 마음을 상의했을 때 이제 우리 회사도 채용 전문가가 필요한 시기라는 대답을 들었을 뿐이었다. 현실을 보자. L그룹의 HR 분야 임원 중 채용 직무를 안 해본 분은 없겠지만 채용만 한 분은 극소수에 불과했다.

도대체 채용 전문가란 무엇일까? 채용을 잘한다는 것은 무엇일까? 사회적으로 인정받는 이 회사의 명함을 버리고 독립했을 때 채용 전문가로 업계에서 전문성을 인정받을 수 있을까? 채용 전문가의 전문성이란 과연 무엇일까? 경력의 정체기에 접어들어 시작된 전문성에 대한 고민과 의문은 채용에서 시작해 다른 HR 기능의 전문성에 대한 생각으로 번져갔다.

나는 스스로에게 많은 것을 물어보고 답할 수 없는 것들을 오래 두고 생각하는 습관이 있는 터라 채용 전문성에 대한 생각의 연장선에서 두 번째 고민이 꼬리를 물었다. '채용의 요체인 제대로 된 선발이란 무엇인가?' '어떠한 사람을 선발해야 하는가?' 고민이 이어지던 어느 날, 평소와 같이 HR 면접위원 자격으로 참석해 후보자 선발과 관련한 의견을 내고 전형 결과를 기재하다 불현듯 '나는 도대체 무엇을 기준으로 지원자의 합격과 불합격을 판단했을까?'라는 생각이 들었다. 분명 그 순간에 나는 판단을 내렸고 선발 전형이 진행됐지만, 선발 의사결정이 어떠한 준거에 따라 행해졌는지를 자문했을 때 명확하게 설명할 수 없었다. 다시금 취업 포털에 누군가 썼던, 고무줄같이 모호한 선발 기준에 관한 냉소적인 글이 떠올라 얼굴이 화끈거렸다.

그즈음부터 선발에 관한 이론적 근거와 선발의 기준점이 되는 준거, 그리고 인성검사, 적성검사, 구조화 인터뷰, 역량평가**AC, Assess-**

ment Center 등 다양한 선발도구에 관한 도서와 자료를 찾아 읽고 또 읽었다. 이해할 수 있는 부분보다 어려워서 이해할 수 없는 내용이 더 많았다는 것을 인식하고 나니 오히려 경력 개발에 대한 고민을 해결하기 위한 방향이 하나씩 명확하게 떠올랐다. 그때까지 업무적 관점에서 크게 구분해서 생각하지 않았던 채용의 전문성을 '모집' 과 '선발'로 나누어 생각해볼 때 현 상태에서 가장 취약하고 개선의 필요성이 높지만 제대로 된 전문 인력이 희소한 '선발'에 집중하는 것이 내 커리어를 발전적 방향으로 이끌어갈 것이라는 희망이 생겼다. 선발은 단순히 채용 장면에서만 활용되는 것이 아니다. 이후 조직 내 주요 직책에 적합한 구성원을 찾아 직무를 부여하는 인력 배치로도 확장할 수 있을 것이라고 판단했다.

선발에 관한 전문성을 심화하는 것을 목표로 하여 집중했다. 그 전에는 원활한 채용 전형의 운영에 중점을 두고 업무를 했다면 이제는 채용 과정에서 생성되는 데이터들이 보이기 시작했다. 채용 전형에서 쏟아져 나오는 방대한 선발 관련 데이터들을 여태 쌓아두기만 하고 전형 결과를 보고하기 위해 단순 현황과 결과 요약을 위한 숫자에만 매달려온 지난날들이 아깝게 여겨졌다. 방아쇠는 당겨졌고 당장 무엇이라도 해보고 싶은 마음이 앞섰다. '어떤 수준의 지원자를 얼마나 뽑았는지'에서 '어떤 사람을 선발해야 하는가'로 관점이 옮겨가고 있었다.

채용 데이터 분석을 통해 선발의 본질을 공부하다

선발과 채용 전형 전반에 관한 경험을 기반으로 그간 등한시했던 선발의 본질에 관해 공부했다. 선발은 기업의 목적 달성을 위해 필요한 특정 직무 혹은 여러 직무를 수행할 구성원을 체계적으로 선택하는 일련의 과정을 의미한다. 이러한 선택 과정에서 발생할 수 있는 오류, 즉 적정하지 않은 후보자를 선발하는 오류를 범하지 않기 위해 인성검사, 적성검사, 선발시험, 집단토론, 구조화 면접 등을 시행하여 최적의 후보자로 판단되는 지원자를 선정하는 것이다.

그런데 우리 조직의 선발이 잘됐는지를 되돌아보는 행위는 선발한 구성원이 입사 후 성과나 조직에서의 행동 특성 등 최초 선발 목적에 얼마나 부합하는지에 관한 여러 데이터를 요구한다. 또, 우리가 선발을 위해 활용하고 있는 도구들이 '과연 가장 적합한 개인을 선택하는 과정을 잘 수행하고 있는지'에 관한 것도 선발과 관련된 중요한 분석 주제 중 하나다.

나는 선발과 개별 선발도구에 관한 본질적인 학습을 병행해 흩어져 있었던 전형 데이터를 하나로 모으기 시작했다. 기존에 인성검사와 적성검사의 세부적인 결괏값보다는 면접 전형 대상자를 추려내기 위해 적격 몇 명, 부적격 몇 명이라는 정보에만 집중했던 것에서 한 걸음 더 나가 각 점수의 분포를 살펴보았다. 입사지원서에서 지원자 고유의 특성을 뽑아내고 면접 후 산출된 등급도 데이터화했다. 그나마 담당자별로 데이터화하여 보유하고 있으면 다행이었다. 그렇지 않은 경우 창고에 쌓아둔 개별 면접 인원의 면접 서류를 하나씩 엑셀 파일에 옮겨야 했다. 선발된 구성원의 선발 전형 데이터 몇 년 치가 정리됐을 때 구성원의 입사 후 성과 평가 데이터를 모아 채용 데이터를 처음으로 분석해보았다. 지금 생각해보면 어렵지 않은, 대단히 초보적인 분석이고 다른 기업에서는 이미 다 해왔을 분석이었다. 하지만 당시 나에게는 향후 10년 이상의 커리어를 결정하게 되는 역사적인 것이었다. 기대와 달리 분석 결과는 암담했다. 회사의 주된 선발도구였던 비구조화 면접의 타당도는 처참했다. 엄밀히 말해 비구조화 면접은 선발도구로서 효용성이 거의 없다는 결론에 도달했던 것이다.

단 한 번도 의심해보지 않고 당연하게 생각해왔던 선발 방식에 대한 검증을 완료한 순간에 무척 복합적인 감정을 느꼈다. 혼자 분석을 마쳤다는 성취감은 잠깐이었다. 분석 결과에 대한 당혹스러움, 내가 제대로 했을까 하는 의구심, 기존 선발 전형 혹은 성과 평가에 대한 실망감, 어디서부터 개선하고 무엇을 해야 할지 모르겠다는 막연함이 동시에 밀려들었다. 이후 비록 연구개발 분야에 국한됐지만 고성과를 창출하는 인재들의 특성을 추가적인 분석과 인터뷰 등을 통해 뽑아내 전공 시험, 시뮬레이션, 팀 프로젝트 등 다양한 선발도구의 점수를 종합하여 평가하는 역량평가 방식의 선발 전형을 설계하여 시행했다. 이렇게 선발한 구성원들이 일반적인 전형을 통해 입사한 구성원들보다 입사 초기에 통계적으로 유의미하게 높은 성과를 내는 것을 확인할 수 있었다.

데이터와 알고리즘을 활용해 실제 놀라운 결과를 내다

채용팀에서 보낸 여덟 번째 연말이 지나가고 있었다. 내년에도 여전히 채용팀에 남을 것이라는 이야기를 전해 들었지만 전과 다르게 불안하거나 실망하지 않았다. 누가 시키지 않아도 혼자 과제를 찾아서 채용 관련 데이터를 분석하는 것에 푹 빠져 있었기 때문이다. 다른 직무를 수행하는 경력 개발보다는 채용 데이터를 만지고 분석하는 것에 더 큰 가치와 재미를 느꼈다. 내 인생에 다시 공부할 일은 없을 것이라고 호언장담했던 통계학 교재를 꺼냈고 데이터 분석도구인 R을 독학했다. 이듬해 1월이 되어 HR 트렌드를 사내에 공유하는 자리에서 'HR 애널리틱스'가 처음 언급됐다. HR에서도 빅데이터를 활용해야 한다는 정도의 수준이었지만 데이터에 빠져 있던 나에게는 큰 의미로 다가왔다.

2017년 봄 경쟁사 대비 상대적으로 취약한 회사의 고질적인 문제인 입사 포기 현상이 심각한 수준이었다. 최근 3개년의 산술평균을 활용해 예상했던 입사 포기자 규모 예측은 크게 빗나갔다. 무려 45%나 되는 합격자가 입사를 포기한 상황이었다. 인사 담당 임원은 채용팀에 입사 포기와 관련한 예측력을 높일 것을 주문했다. 내 담당 업무는 아니었지만 자청해 프로젝트를 수행했다. 프로젝트의 문제 정의 단계에서 최종 합격자가 왜 포기하는지, 포기하고 어디로 가는지에 대한 데이터는 입사 포기율을 예측하는 것에 큰 도움이 되지 못한다고 생각했다. 분석의 목표가 입사 포기의 원인과 이유를 밝혀내려는 것이 아니라 합격자 중 얼마가 입사를 포기할 것인가, 즉 '규모에 관한 분석'이었기 때문이다. 어떻게 예측력을 높일 수 있을지를 매일같이 고민했지만 뾰족한 아이디어가 없어 답답했다. 사례 검색을 거듭하다 머신러닝을 활용한 보험사 탈회* 예측모

---

* 어떤 모임에서 관계를 끊고 빠져나오다

델과 관련한 논문을 발견했다. '이 논문에서 제시하고 있는 방법론을 적용해보면 어떨까?' 하는 생각이 들었다.

그 길로 무작정 사내 인공지능·빅데이터 분석팀을 찾아가 전문가들에게 배경을 설명하고 분석을 지원해달라고 요청했다. 그들을 채용하는 과정에서 담당자로서 빈번하게 소통하며 가깝게 지냈던 것이 긍정적으로 작용했는지 흔쾌히 동의했다. 그렇게 HR과 전혀 관련 없는 보험사의 회원 탈회 예측 연구에서 착안한 '입사 포기율 예측모델' 구축 프로젝트가 시작됐다.

프로젝트는 최종 합격 후 입사를 포기하는 지원자의 속성변인(특성)과 패턴을 분석한 후 이탈 가능성에 대한 확률을 추정하는 것을 목표로 했다. 다시 말해 과거 데이터를 활용해 특정 속성을 가진 입사지원자가 입사를 포기할 확률을 계산할 수 있다면 새로운 최종 합격자들 중 해당 속성을 가진 인원 규모를 기준으로 입사 포기 규모를 예상할 수 있을 것으로 기대한 것이다.

먼저 채용 전형에 최종 합격하여 입사한 구성원과 입사를 포기한 지원자들의 데이터를 최대한 모았다. 입사지원서에서 민감한 개인정보를 제외하고 연령, 성별, 출신 학교, 최종 학위, 학점, 희망 직무, 거주 지역, 희망 근무지와 같은 인적 사항 정보, 인·적성검사 총 73개 점수, 그리고 L그룹 공통 채용 포털에 입사 지원을 하는 과정에서 생성된 로그 데이터를 활용해 L그룹 공통 채용포털 회원 가입일과 채용공고 게시일과의 시간 차이(즉 얼마나 오래전부터 L그룹의 채용 포털에 가입되어 있었는가?), 지원서 접수 시작일과 실제 지원서 접수일의 차이(즉 얼마나 빨리 입사지원서를 제출했는가?), 지원서 제출 후

각 전형 단계별 채용 포털 로그인 횟수, 접속 빈도, 기존 지원 이력 등을 변수화해 인공지능에 학습시켰다. 그리고 분류 예측모형의 하나인 결정트리 알고리즘을 활용하여 유사한 특성을 갖는 집단별 입사 포기 확률을 계산할 수 있었다.

기존의 방법과 다르게 데이터와 알고리즘을 활용해 실제 적용 가능한 프로젝트를 수행하고 예상을 뛰어넘는 결과를 접하고 나니 데이터와 분석에 대한 갈증이 전에 없이 더 커졌다. 나는 프로젝트를 수행하며 무엇을 알고, 무엇을 모르는지를 분명히 알게 됐다. 이제 커리어의 목표는 선발 전문가에서 HR 애널리스트로 바뀌었다.

데이터 분석 도구를 능숙하게 다루기 위해 노력하다

프로젝트를 마치고 되돌아보니 데이터 분석에 대한 막연한 동경과 열의를 제하고 나면, 실제 내가 가진 역량이 턱없이 부족했다. 이를 보완하기 위해 다양한 시도를 했다.

우선 네트워크를 통해 HR 애널리틱스를 앞서 이해하고 적용한 분들의 지식과 경험을 듣고 배울 기회를 잡고 싶었다. 그분들과 교류하며 커뮤니티를 형성하고 내가 가진 아이디어나 어려움을 나누고 조언을 들으며 성장할 필요가 있었다. 다행히도 이 책의 저자들과 같이 훌륭한 동료들을 만나 시간과 장소에 구애받지 않고 의견을 나눌 수 있었다. 서로 어려움을 잘 이해하고 경쟁이 아니라 협업의 선한 영향력이 갖는 힘을 충분히 경험하고 신뢰하는 분들이어서 지금까지도 활발히 교류하며 성장하고 있다.

두 번째로, 다양한 HR 애널리틱스 사례를 학습하고 내가 속한 조직의 맥락에서 구현할 수 있을지를 가늠해보았다. 조직마다 맥락과 처한 환경은 다르다. 하지만 국내외 분석 사례를 공부하며 어떤 문제를 해결하기 위해 시행됐고 그 결과는 어떠했는지 면밀히 조사했다. 여기에 그치지 않고, 학습한 내용을 내가 속한 조직의 맥락에서 생성된 데이터를 활용해 재현하는 실험 프로젝트**toy project**를 최대한 많이 해보고자 노력했다. 분석가는 백 마디 말보다 포트폴리오로 이야기할 수 있어야 한다고 믿기에 지금도 프로젝트의 전 과정을 세세히 기록으로 남기고 있다. 안타까운 이야기지만 대다수의 실험 프로젝트는 실패로 끝났다. 하지만 실패하고 나서야 비로소 알게 되는 많은 것을 얻게 됐다.

세 번째로, HR 애널리틱스는 HR과 애널리틱스의 조합이기 때문에 데이터 분석 역량을 높이는 것에 집중했다. 분석 역량을 제고하기 위해 통계학과 측정이론을 다시 공부해야 할 필요성을 절감했다. 또 HR의 기저를 형성하는 이론을 체계적으로 공부할 필요도 있었다. 인사제도, 리더십, 조직문화, 교육과 훈련, 구성원의 조직 내 행동, 동기 부여, 선발 등 직무에서 활용하는 대부분의 HR 지식은 오랜 기간 동안 인사, 조직, 심리학, 사회학 등 다양한 학계의 이론과 연구에 근간한다. 비록 현업에서는 실용성을 이유로 이론을 배척하거나 아예 믿지 않으려는 경우가 많고, 어떠한 근거도 제시하지 않은 채 소비되는 HR과 관련한 다양한 담론과 주장이 실증보다 앞서는 경우를 더 많이 접한다.

하지만 HR 애널리틱스는 태생적으로 과학적 방법론에 의한 실증에 뿌리를 두고 있으므로 이론적 토대가 없다면 사상누각이라고 생각했다. HR 전문가로서 조식에서 발생하는 수많은 현상의 원인이 무엇인지, 어떠한 과정을 거쳐 발생하는지를 이해하고 설명하지 못한다면 적절한 대응 방안을 설계할 수도 없고 근원적인 문제를 해결할 수도 없다. 조직에서 발생하는 현상에 관해 분석적 접근을 하기 위해서는 사회과학 연구방법론에 대한 이해가 기반이 되어야 한다고 느꼈다.

너무 늦지 않았을까 하는 두려움이 있었지만 결국 인사조직 박사과정에 진학했다. 통계학, 사회과학 연구방법론, 인사조직의 다양한 이론 등 심도 있는 학습을 일과 병행하느라 어려웠다. 하지만 이번에는 학습 목적이 분명했고 업무상 필요성을 절감했기 때문에 감내할 수 있었다. 더욱이 유튜브 등 부족한 지식을 채울 수 있는 채널이 많아져 큰 도움이 됐다. 시간과 장소를 가리지 않고 궁금한 것을 선택적으로 그것도 무료로 학습할 수 있다는 것은 정말 멋진 일이라고 생각한다.

분석가에게 분석도구는 요리사의 조리도구와 같아서 데이터 분석을 위한 필수요건이다. 그 때문에 분석도구를 능숙하게 다루기 위해 노력을 많이 했다. 특히 개인적으로 가장 효과적이었던 방법은 통계학 교재의 연습 문제들을 분석 프로그래밍을 통해 풀어보고 그 결과를 해석해보는 방법이었다. 이를 통해 기초통계 학습과 더불어 분석도구 활용 역량의 향상이라는 두 가지 목표를 동시에 달성할 수 있었다. 그럼에도 프로그래밍 과정에서 난관에 봉착하거나 어떤 아이디어도 떠오르지 않을 때는 네트워크나 커뮤니티 구성원들에게 문의했다.

HR 애널리스트에서 리드* HR 애널리스트로 성장하다

분석에 대한 관심을 넘어 업무에 적용하고 다양한 실험을 하는 과정은 순탄하지 않았다. 리더들은 시급한 당면 과제들을 기존의 검증된 방법으로 해결해달라고 요구했는데, 나는 HR 애널리틱스 방법론을 활용해 새로운 접근을 시도했기 때문이다. 익숙하지 않은 새로운 접근의 시도는 업무적 시급성을 사유로 번번이 거절됐다. 그럴수록 HR 애널리틱스에 대한 열망이 커졌고 위축되기보다 차곡차곡 분석 역량을 키우며 작게나마 사례들을 쌓아갔다.

2019년 5월 오랜 고민 끝에 L사에서 S사의 HR 분석가로 이직하며 본격적인 HR 분석가로서 커리어를 시작했다. S사는 리더십 진단 기능과 HR 애널리틱스 기능을 수행하는 전문가 집단을 구성해 오랜 기간 정교하게 누적해 온 리더십 진단 데이터를 기반으로 그룹의 리더들을 선발하고 육성하기 위한 분석적 접근을 추구했다. 또 리더십에 대한 분석적 접근을 확장해 HR 애널리틱스의 중요성을 일찍부터 강조하며 각 계열사의 HR 이슈를 데이터 기반으로 해결하여 지원하는 HR 애널리틱스 워킹그룹을 운영해왔다. 나는 프로젝트 매니저PM로서 분석의 설계, 결과, 해석과 함의 도출, 경영층 소통까지 HR 분석 업무를 자기 완결적으로 시행할 수 있는 충분한 재량권과 예산을 부여받아 크고 작은 HR 애널리틱스 프로젝트를 주도적으로 수행했다. 계열사의 탁월한 HR 구성원, 외부 전문가, 소속 팀 동료들과 공동으로 다음과 같은 프로젝트를 성공적으로 수

---

* 서구권에서는 HR 혹은 피플 애널리틱스팀을 이끄는 팀장을 리드Lead 혹은 헤드Head로 많이 표현한다. Lead가 Leader의 동사형 표현으로, 다른 팀원들을 이끌어간다는 의미를 함축하고 있기 때문이다.

행할 수 있었다.

- 조직 내 이메일 흐름을 활용한 조직 간 협업 현황 분석
- 자연어 처리를 활용한 육성형 피드백 스코어링 모델링scoring modeling
- 자연어 처리를 활용한 신입사원 자기소개서 스코어링 모델링
- 구성원 행동 데이터를 활용한 공유 오피스 사용 현황 분석
- 토픽모델링을 활용한 리더십 통점pain point 도출
- 학습자의 학습 특성과 온라인 학습 행동에 대한 분석
- 선발 전형 공정성에 대한 분석 등

이상의 프로젝트는 모두 소중하지만 그중 '자연어 처리를 활용한 신입사원 자기소개서 스코어링 모델링'이 가장 기억에 남는다. 분석 결과도 매우 흡족할 만한 수준이었고 실제 선발 장면에 적용됐다. 결과는 만족스러웠어도 그 과정은 무척 어렵고 도전적이었다. 이 프로젝트는 선발 및 선발도구에 관한 깊은 이해와 더불어 인공지능, 특히 자연어 처리에 관한 이해가 요구됐다. 많은 시간과 노력을 기울여 구축한 인공지능이 채점한 결과물의 적정성을 오랜 기간 점검하고 함께 프로젝트를 진행한 모든 전문가가 그 적정성 수준을 인정하고 동의했을 때 채용담당자 시기에 느꼈던 안타까움과 답답함이 한번에 해소되는 듯한 전율을 느꼈다.

되돌아보면 분석가로서 내가 경험한 프로젝트 포트폴리오의 절반 이상은 이곳에서 진행됐다. 일반 HR 구성원에서 HR 애널리스

트로 성장할 수 있는 소중한 경험과 기회를 갖게 해준 고마운 곳으로 기억한다. 무엇보다 구성원을 신뢰하고 자율성을 존중하며 전문성에 기반한 수평적인 의사소통을 하는 조직문화가 형성돼 있어서 리더와 동료들이 기존 관행과 다른 수많은 시도를 포용하고 권장해준 점이 고맙다. 그러나 그룹 구성원의 육성 기능을 주로 수행하는 S사의 경우 코로나19가 확산되던 시기에 대면 교육 체계가 온라인 교육 체계로 전환되면서 수요가 폭발했고 교육 운영을 전담하게 됐다. 교육담당자로 직무를 전환할 수 있는 기회이기도 했으나 여전히 HR 애널리틱스로 전문성을 키우고자 하는 열망이 더 컸다. 높은 고용 안정성과 성장성, 국내 최고의 처우, 실력 있는 동료들을 모두 포기해야 하는 어려운 선택을 할 수밖에 없었다.

오랜 고민 끝에 2022년 1월 현재 직장에 신설된 HR 애널리틱스 전문 조직인 피플 랩People Lab 리더로 합류했다. HR 애널리스트에서 리드 HR 애널리스트로 한 단계 성장한 것이다. HR 애널리틱스에 집중해 분석가로서 전문성을 높이기 위한 기회이기도 했지만, 무엇보다 HR 분석의 결과물과 함의를 경영층에 제시하고 이에 기반한 변화를 주도할 수 있는 권한과 책임을 모두 쥐고 일할 수 있다는 것이 가장 큰 이직 사유였다.

부임하며 하나의 다짐을 했다. 절대로 분석을 손에서 놓지 않겠다는 것이었다. 새로운 직장의 명함을 만들면서 직책을 '팀장'이 아니라 '리드Lead'를 써서 '리드 HR 애널리스트'로 기재한 것도 이러한 다짐을 새기기 위함이었다. 리드 HR 애널리스트는 고도의 HR 분석 전문성을 보유한 구성원들과 협업하는 과정에서 분석 방향성의 설정, 적절한 분석 방법 선정, 분석 프로그래밍과 상세 분석의 실행, 분석의 결과와 함의를 경영층과 소통하는 역할을 수행하는 선수 겸 코치이다. 또 동시에 구성원의 성과 관리, 동기 부여, 육성 등 일반적인 팀 리더의 역할과 책임도 겸한다. 직무 전문성이 높아진 구성원이 리더가 되면 전문성보다 관리 역량이 더욱 중요해지는 것이 통상적이다. 하지만 나는 리더이기 이전에 한 사람의 분석가이자 연구자로 계속 성장하고자 하는 의지가 강하다. 분석 기법은 점점 빠르게 발전하고 기존 분석 방법의 한계를 극복한 새로운 대안들이 쏟아져 나오고 있다. 잠시라도 관심을 갖지 않으면 뒤처질 수밖에 없는 상황에서 HR 애널리틱스 전문 조직의 리더 역할을 수행한다는 것은 끊임없는 학습과 노력이 뒷받침되지 않으면 불가능에 가깝다.

한 사람의 분석가이자 분석팀의 리더로 역할을 수행한 지 어느덧 2년 4개월이 지났다. 그동안 피플 랩은 그룹 차원의 HR 애널리틱스 과제를 다양하게 수행했다. 핵심인재와 승계 계획을 위해 성격, 가치, 동기에 대한 진단도구를 개발해 도입했고 MZ세대 구성원이 증가하는 상황에 따라 동기를 분석하고 증진하기 위한 여러 가지 인사제도 개선 방안을 제안했다.

그룹 및 계열사의 채용 브랜딩에 관한 사항을 채용 포털 등을 중심으로 분석했고, 퇴직자를 추적조사하여 퇴직 원인을 분석하고 구성원 유지를 위해 가장 시급히 추진해야 하는 제도 및 조직문화 개선 사항을 경영층과 그룹 HR 구성원들에게 제시했다. 그룹의 미래 리더를 선발하기 위해 활용되는 선발도구인 역량평가의 타당도에 대해 분석했으며 고성과 인재의 특성과 역량을 분석하여 그룹 내 인사 의사결정을 위한 준거를 다듬고 새롭게 만들어가는 과정을 지속하고 있다.

또 신입사원 선발 의사결정에 참조할 수 있도록 사업가 인재 특성에 대한 진단도구를 개발하여 시험 도입했다. 마지막으로 현업의 오래된 고충인 협업 활성화를 촉진하기 위해 조직 네트워크와 협업 이해관계 등을 다각적인 관점에서 분석하여 협업 촉진을 위한 발전적 방향성을 제시했다.

- 핵심인재와 승계 계획을 위한 성격, 가치, 동기에 대한 진단도구 개발과 도입
- MZ세대 구성원의 증가에 따라 MZ세대 구성원의 동기 분석과 이를 증진하기 위한 다양한 인사제도 개선 방안 제안
- 채용 포털 등을 중심으로 그룹 및 계열사의 채용 브랜딩에 대한 분석 시행
- 퇴직자 추적조사를 통해 퇴직 원인에 대한 분석 시행
- 구성원 유지를 위해 가장 시급히 추진해야 하는 제도 및 조직 문화 개선 사항 제시
- 그룹의 미래 리더를 선발하기 위해 활용되는 선발도구인 역량 평가의 타당도에 대한 분석 시행
- 고성과 인재의 특성과 역량에 대한 분석을 통해 그룹 내 인사 의사결정을 위한 준거 개정
- 신입사원 선발 의사결정에 참조할 수 있도록 사업가 인재 특

성에 대한 진단도구 개발과 시범 도입

- 현업의 오래된 고충인 협업 활성화를 촉진하기 위한 조직 네트워크와 협업 이해관계 등을 다각도로 분석하여 협업 촉진을 위한 발전적 방향성 제시

현재는 글로벌 경기 악화와 지정학적 리스크가 높아진 경영환경에 대응하기 위한 HR 생산성 분석, 리더와 조직의 적합성fitness 진단, 온라인 협업도구의 활용 양상 분석을 통한 일하는 방식의 변화촉진, 심리적 특권 의식이 구성원의 조직 행동에 미치는 영향 분석, 인적자원과 제도의 유연성HR flexibility 진단, 챗GPT를 활용한 리더십 역량 프로파일링 분석 등을 시행해 경영층과 그룹 계열사 HR 구성원들에게 시사점을 제공하고 있다.

리드 HR 애널리스트의 역할은 무엇인가

앞에 소개한 HR 애널리틱스 프로젝트를 수행하며 한 사람의 분석가로 분석팀을 이끌고 수많은 좌절과 성취를 동시에 경험하며 리더로 성장하고 있다. HR 애널리틱스팀 리더는 조직의 인사 데이터 분석과 관련된 주요 업무를 관리하는데, 조직의 인사 전략을 데이터 기반으로 개발하여 제안하고, 경영층의 인사 관련 의사결정에 도움이 되는 정보와 시사점을 제공하는 역할을 수행한다. 주요한 역할은 다음과 같다.

첫째, 인사관리팀과 인재육성팀의 전략적 파트너 역할을 수행해야 한다. HR 애널리틱스가 조직과 HR 전반에 가치를 더하고자 할 때 가장 중요한 것은 HR 분석팀이 인재의 채용, 관리, 육성, 유지,

퇴직 등 각 기능에서 생산되는 데이터를 활용해 과학적으로 현상을 분석하고 그 결과를 기반으로 각 부서들이 어떠한 일을 추진해야 할지에 관한 방향을 제시하는 것이다. 이때 염두에 두어야 할 것은 이러한 활동과 전략이 HR 조직의 목표를 넘어 사업의 목표와 정렬될 수 있도록 조절하는 역할을 수행해야 한다는 것이다.

둘째, 분석팀의 리더는 리더이기 이전에 한 사람의 분석가로서 직무 전문성의 최일선에 있어야 한다. 분석팀은 태생적으로 데이터의 확보, 수집, 정제, 분석과 결과 해석, 시사점 도출이라는 업무적 토대를 공유하기 때문에 분석팀의 리더는 이 모든 과정에 대한 높은 이해도를 바탕으로 적절한 시점에 개입해 방향성을 제시할 수 있어야 한다. 분석팀의 리더는 구성원들과 분석과 과학의 언어로 서로 소통할 수 있어야 한다. 또한 분석 과정에 대한 정통한 이해를 바탕으로 발생 가능한 오류를 사전에 방지하거나 분석 결과를 해석하고 현상을 추론하는 데 공정성과 객관성을 담보할 수 있어야 한다. 따라서 분석팀의 리더는 최신 분석방법론은 물론 HR 관련 분야의 중요한 개념과 연구 결과 등을 끊임없이 학습하고 새로운 지식에 열려 있어야 한다.

셋째, 분석 전후의 단계까지 염두에 둔 중장기 분석 방향성을 설정하고 제시할 수 있어야 한다. 어렵고 지루한 분석 과정에만 몰입하게 되어 단위 업무의 미시적 관점에만 머물러 있다면 외주 분석 업체와 다를 것이 없다는 긴장감을 유지해야 한다. 분석팀의 리더는 분석가들에게 이번 분석이 어떠한 의의를 가지는지, 달성하고자 하는 것이 무엇인지, 분석을 통해 조직과 경영층에 전달하고자 하는 메시지가 무엇인지, 변화와 개선을 위한 이해관계자들의 동의를 구해 어떠한 것을 추구하고자 하는지에 관한 큰 그림을 그려주어야 한다. 이것은 분석에 대한 이해에 기반하여 분석 대상에 대한 주제 전문성을 갖추어야 함을 의미하고, 더불어 분석 주제의 전후 맥락과 밸류체인을 이해할 수 있어야 함을 의미한다. HR 애널리스트가 분석가이기 이전에 HR 직무에 대한 높은 수준의 전문성을 보유해야 하는 것은 이 때문이다.

넷째, 이해관계자들의 다양한 목소리를 듣는 HR 데이터 분석 파트너가 돼야 한다. 조직 내에서 데이터는 다양한 조직의 맥락, 리더-구성원 간 관계, 인사제도의 특수성 등을 고려해 분석하여 그 함의를 도출해야 한다. 또한 다른 부서와 협력하여 분석에 필요한 여러 출처의 데이터를 활용해야 하는데, 이 과정에서 이해관계자들과 긴밀한 협조 체제를 구축하는 것이 매우 중요하다. 그리고 분석 결과를 각 이해관계자들에게 적극적으로 공유함으로써 지속적으로 HR 애널리틱스의 효용성을 높일 수 있어야 한다.

다섯째, 분석팀의 리더는 분석 결과를 의사결정자 및 구성원들과 공유하며 소통하는 창구 역할을 수행해야 한다. 분석의 내용과 방법은 분석가에게나 익숙하지 경영층과 일반 구성원에게는 익숙하지 않다. 분석의 언어가 아니라 결과를 읽고 듣는 사람이 이해할 수 있도록 변환하는 작업을 주도해야 한다. 개인적으로는 이 역할이 가장 어렵게 느껴지고 가장 많은 자원을 투입해야 하는 일이었다.

분석팀의 리더는 스스로도 분석을 수행하는 분석가이지만 동시에 다른 분석가, 경영층, 구성원을 매개하는 중재자라는 이중 정체성을 가지고 업무에 임해야 한다. 그런데 이 두 정체성을 넘나들며 균형을 유지하는 게 어렵게만 느껴지는 것도 사실이다. 왜 이 균형을 유지하는 것이 어려울까?

과학적 검증의 효용성과 가치를 입증해야 한다

HR 애널리틱스 프로젝트를 설계하거나 결과물을 고객에게 전달하는 과정에서 자주 듣는 말이 있다. "프로젝트에서 유의미한 결과를 도출하고 싶습니다." "분석된 결과물이 HR 실무에 유의미한 결과로 보입니다." "유의미한 결과가 아니네요." 같은 말이다. 여기서 '유의미有意味하다'라는 말은 무엇일까? 표준국어대사전은 '의미가 있음'이라고 정의하고 있다. 의미意味라는 말이 '사물이나 현상의 가치' '행위나 현상이 지닌 뜻'이라고 할 때 HR 분석의 결과가 가치 있게 여겨지고 중요하게 생각되길 바란다는 것으로 해석할 수 있다. 통상적으로 활용되는 유의미는 영어로 'meaningful'에 가깝다.

모든 HR 분석가는 우리의 분석 결과가 경영층의 의사결정과 HR의 다른 영역에서 '의미 있게' 사용되는 것을 누구보다 바라고 있을 것이다. 그리고 분석가는 또 다른 관점의 유의미로서 통계적 유의성statistically significant을 활용하고 있다. 그런데 간혹 이 두 정의가 충돌하는 지점에서 곤혹스러운 상황에 직면하게 된다. 통계적 유의성은 '모집단에 대한 가설이 가지는 통계적 의미'로 정의된다. 분석 결과가 통계적으로 유의미하다는 것은 확률적으로 단순한 우연이라고 생각되지 않을 정도로 의미가 있음을 나타내는 말이다. 반대로 '통계적으로 유의미하지 않다'는 것은 분석 결과가 단순한 우연일 수도 있음을 의미한다.

　예를 들어 구성원들의 직무 만족도에 관한 데이터로 연령에 따른 직무 만족도에 차이가 있는지를 검증하고자 하는 장면을 떠올려보자. 많은 경우 모든 구성원을 대상으로 한 명도 빠짐없이 전수 조사하는 것은 현실적으로 어렵다. 일부 구성원이 응답한 데이터를 활용해 전체 구성원의 직무 만족도를 가늠해야 하는 상황이다. 즉 설문에 응답한 구성원의 응답만을 통해 추정해야 하는 것이다. 이때 연령별 직무 만족도가 통계적으로 유의미한 차이를 보인다는 것은 제한된 구성원이 응답한 내용을 토대로 분석한 결과가 전체 구성원 수준에서도 확률적으로 단순한 우연이라고 생각되지 않는 차이가 발생할 것임을 의미한다.

　통계적 유의성을 판단의 근거로 삼는 것은 과학적 접근의 대표적인 형태라고 할 수 있다. 하지만 그 분석 결과가 HR 관리 관행의 변화를 끌어낼 만큼의 가치를 가지는지를 평가하여 의미가 있고 없음을 판단하는 것은 철저하게 분석팀의 보고를 받는 경영층과 해당 내용을 접하는 다른 구성원들의 주관적 영역이다. 경영에 미치는 영향력을 판단하는 주체가 누구인지에 따라 가치가 결정되어 의미가 있다고 여길 수도 있고 혹은 의미가 없는 현학적 유희에 불과하다고 치부할 수도 있다. 분석가이자 분석팀의 리더로서 느끼는 고충은 바로 이 교착점에서 발생하는 경우가 많다.

　HR 애널리틱스는 분석 방법에 있어 재현 가능한 과학적 방법론을 사용한다. 그렇기 때문에 어떤 분석가가 분석을 하더라도 동일한 결과가 나올 것을 기대한다. 그러나 주관의 영역에 있는 분석 결

		사업상 유의미	
		Y	N
과학적 검증	Y	과학적 검증을 거쳤고, 사업적으로도 의미 있다고 평가되는 분석	과학적 검증을 거쳤으나, 사업적으로 의미 없다고 평가되는 분석
	N	과학적 검증을 거치지 않았으나, 사업적으로 의미 있다고 평가되는 분석	과학적 검증을 거치지 않았으며, 사업적으로도 의미 없다고 평가되는 분석

과에 대한 가치 판단은 판단하는 사람의 지식, 경험, 맥락적 상황에 대한 인식, 데이터 및 분석에 대한 이해의 정도 등 다양한 요인에 의해 결정된다. 분석가는 분석을 위해 어떤 데이터를 활용하고, 적절한 분석 방법이 무엇인지를 결정하여 선택할 수 있고, 해당 분석 결과를 해석하는 방식은 '과학의 언어'로 이미 결정되어 있다. 반면 분석 결과에 의미를 부여하는 것은 행위자의 주관성에 의지한 가치 판단을 일방적으로 받을 수밖에 없다. 분석가가 통제할 수 있는 범위를 아예 벗어나게 된다.

표에 제시된 바를 함께 살펴보자. 가장 선호하는 결과는 1사분면에 위치한 '과학적 검증을 거쳤고 사업에서도 의미 있다고 평가되는 분석'이 됐을 때이다. 반대로 분석가가 절대로 경험하고 싶지 않은 경우는 4사분면에 위치한 '과학적 검증을 거치지 않았고 사업적으로도 의미 없다고 평가되는 분석'이 될 것이다. 이와 같은 최고-최악 사례를 제외한 나머지 두 사례를 빈번하게 경험한다.

분석가 이전에 조직의 구성원이기 때문에 사업에 의미 있는 기여를 하고 싶은 것은 어찌 보면 당연한 일이다. 더욱이 지난한 과학적 검증 절차를 거치지 않고도 경영층에게 가치를 제공할 수 있다는 것은 대단히 매력적인 일이 아닐 수 없다. 반대로 각고의 노력으로 엄정하게 분석했지만 그 가치를 인정받지 못하는 것은 분석가의 동기 훼손과 직결되는 일이다.

분석 방법을 사용하지 않았다면 몰라도, 분석가에게는 과학적 검증 방법을 거치지 않은 채 사업적 의미가 있고 없음을 단언하는 것은 스스로의 존재를 부정하는 일과도 같다. 결국 분석팀의 리더에게 남는 것은 과학적 검증의 효용성을 지속적으로 알리고 설득해 가치를 입증해야 하는 무게다. 앞의 표를 통해 분석팀의 리더가 지향해야 할 지점, 멀리해야 하는 지점, 그리고 우리가 현재 어디에서 격전을 벌이는지 전황戰況을 점검할 수 있다.

분석가와 의사결정권자의 세계관은 서로 다르다

데이터 기반 HR의 중요성은 벌써 20여 년 전부터 회자되어 왔다. 해마다 개최되는 중요한 HR 콘퍼런스의 어젠다 중 데이터 기반 HR, HR 애널리틱스, 피플 애널리틱스는 늘 주목을 받는 주제다. 그런데도 HR 애널리틱스와 기존 HR 관행의 현주소는 여전히 앞의 표의 2사분면과 4사분면 사이의 팽팽한 긴장 속에 있다. 나는 팽팽한 긴장을 체험할 때마다 떠오르는 영화가 있다.

2001년 9월 11일, 이슬람 과격 단체 알카에다가 반인륜적 테러를 자행한 후 미국 정보부는 잠적한 테러의 배후인 오사마 빈 라덴을 10년간 험난한 추적 끝에 제거한다. 「제로 다크 서티Zero Dark Thirty」는 이 과정을 긴장감 있게 묘사한 영화다. 영화는 CIA 정보 분석가 '마야'의 집념과 헌신을 보여준다. 분석가로서 공감 가는 인상적인 장면이 있다.

오랜 기간에 걸친 정보 수집과 분석으로 제거 목표의 위치를 특정했으나 작전 실행의 의사결정에 이르기까지 시간이 지연됐다. 작전 실행을 승인하기 전 최종 논의 석상에서 CIA 국장이 다그치며 묻는다. "아주 간단해. 거기 있어, 없어?" 분석가가 답변한다. "우리는 확신을 하지 않습니다. 다만 확률을 다룹니다.We don't deal in certainty. We deal in probability." CIA 국장이 응수한다. "비겁한 겁쟁이들!"

누가 옳은 것일까? 중요한 의사결정을 위해 위험을 감수하고 판단에 필요한 경우의 수를 최소화하는 국장일까? 끝까지 분석 결과의 신중한 함의를 전달하기 위해 굽히지 않는 분석가일까? 분석가의 일원으로 '비겁한' 답을 하고자 한다. "50% 대 50%다." 영화에서 긴장된 토론을 마치고 CIA 국장은 엘리베이터 안에서 수행원에게 말한다. "우리는 모두 똑똑해.We all smart." 확률을 이야기하는 분석가도, 의사결정을 위해 정보의 과감한 축약을 요청하는 의사결정자도 모두 똑똑하다. 다만 생각의 체계에 차이가 있을 뿐이다.

분석가는 확률의 세계관에서 생각하고 살아간다. 반면 의사결정자는 의사결정을 통해 어떻게 하면 지금보다 나은 경영환경을 만들수 있을지 고민하는, 지극히 현실적인 세계관을 가지고 있다. 이 두세계관의 차이는 분석을 담당하는 팀의 리더에게 많은 고민을 떠안기는 원인이 된다. 다른 분석가들의 세계관을 의사결정자들의 세계관과 연결하는 일종의 번역가의 책무도 함께 지고 있는 것이다. 노련한 분석팀의 리더는 두 세계관을 넘나들며 절묘한 균형감을 유지할 것이다. 그러나 나는 아직까지 분석가의 세계관에 속해 있을 때 더 편안함을 느낀다.

이론과 과학적 실증의 토대 위에서 성장한 분석가의 세계관은 또다른 세계관과 충돌한다. 트렌드라는 이름의 유령 같은 존재가 떠다니는 세계관이다. 이 말은 분석가가 새롭게 등장하는 HR의 다양한 트렌드에 둔감하다는 것을 의미하는 것이 아니다. 분석가는 새롭게 제시되는 모호하고 관념적인 개념들을 측정할 수 있길 바라며, 측정의 결과가 타당하고 신뢰할 수 있을 때 비로소 수용하고자 하는 성향이 강하다.

새로운 HR 트렌드와 버즈워드**buzzword**[3]가 부상했을 때 HR 분석가들은 해당 개념이 과연 검증된 개념으로 측정 가능한 현상인지, 또 해당 현상을 측정할 수 있는 측정도구가 준비되어 있는지, 측정의 결과가 측정하고자 하는 바를 타당하게 측정하고 있는지 등 많은 점검을 통해 실증의 대상으로 여긴다. 반면 많은 경우 트렌드는 과학적 실증에 기반한 이해보다는 이를 받아들이는 사람의 의식, 감각, 관념에 와닿는 해석에 의거한 주의 집중을 끌어내기 때문에 더 쉽게 수용되는 특성이 있어 보인다. 이렇게 트렌드를 탄 버즈워드는 누구나 다 인지하고 사용하지만 누구도 그것이 무엇인지 공통된 정의를 내릴 수 없을 뿐만 아니라 정의가 합의되지 않았기 때문에 명쾌하지 않고 모호하다.

예를 들어 최근 다양한 이견이 나오기 시작하는 MZ세대론, 구성원 경험**employee experience**, 조용한 퇴사**quiet quitting**, 조용한 해고 **quiet firing** 같은 것이다. 버즈워드를 앞세운 분석이 요구되면 난감하기 이를 데 없다. 더욱이, 모호한 개념적 정의를 수사修辭로 활용해 작성된 보고서로 경영층의 관심과 주목을 끌어낸 이후에 후속 분석을 맡게 되면 매우 곤혹스럽다. 자의와 타의를 막론하고 이러한 분석을 진행하게 되면 리더의 고민은 더욱 깊어진다. 모호한 개념을 분석이 가능한 수준으로 구체화하기 위해 최대한 유사한 개념을 선행 연구와 이론을 기반으로 찾아내거나 다양한 개념을 내포하는 거대한 개념을 잘게 쪼개 개별적으로 접근하는 방법을 선택한다. 예를 들어 구성원 경험은 '채용 선발 전형에서의 구성원 경험' '성과 평가 피드백 과정에서의 구성원 경험' '타 부서와 협업하는 과정에서의 구성원 경험' 등으로 나누어 접근하는 방법이다. 잘게 세분화하여 정의된 개념들을 측정하고 분석하고 나면 파편화된 분석 결과를 다시 큰 개념으로 구성해 설명해야 하는 도전적인 과제가 등장한다. 자, 이 힘난한 과정이 끝나면? 놀랍지도 않게 새로운 버즈워드가 빌런처럼 쏟아져 나올 것이다. '분석가 어셈블'이라도 외쳐야 할까?

경영과 HR을 둘러싼 많은 것들이 불확실한 시대다. 지금 옳다고 여겨지는 것이 앞으로도 옳을 것이라고 예상하기 힘들고 과거에 이상하게 여기던 것들이 지금은 당연한 것이 되기도 한다. 불확실성의 정도는 점점 더 커질 것으로 예상된다. 분명한 것은 불확실성이 언제나 주변에 존재하는 상수가 됐다는 것이다. HR을 둘러싼 환경의 불확실성이 높아질수록 중요한 것은 '실증'이라고 생각한다.

HR 데이터를 활용한 분석을 수행하고 경영층 보고를 준비하는 과정에서 사실과 근거에 기반했는가를 매번 점검하고 또 확인한다.

현상을 냉정하게 돌아보고, 선언적 수사와 표면적 당위성의 포장을 걷어내면 본질이 드러난다. 본질이 무엇인지 객관적인 태도로 따져 묻는 것은 무척 힘들고 때로는 괴롭다. 더욱이 이해관계자들의 통상적인 인식과 다를 경우에는 수긍보다는 거부가 일반적인 상황이어서, 분석의 결과는 인정받기보다 "실무적이지 않고 현학적이다." 라는 평가와 도전을 받기 쉽다.

그럼에도 이 같은 고된 과정을 거치지 않는다면 HR은 본연의 업무 가치인 사업과 조직의 지속 가능한 발전을 위한 인적자원의 체계적인 관리와 육성에 충실하기보다는 트렌드에 편승할 수밖에 없는 상황의 연속에서 벗어날 수 없다. 시류에만 편승한 인사제도의 유명무실함을 목격한 바 있고 유사한 인사제도가 조직별로 상이한 효과성을 보이는 것을 경험하기도 한다. 우리 조직과 이해관계자의 특성과 요구에 대한 면밀한 분석이 없이 시행된 제도와 정책은 그 한계가 명확하기 때문이다. 분석가의 미덕은 우리가 옳음을 증명하는 것에 있지 않다. 조직 구성원들이 몰입하고 성과를 창출할 수 있도록 지금까지와는 다른 방식을 추구해 작은 변화라도 끌어낼 수 있을 때 그 가치가 빛날 것이다.

HRD를 평생 직업으로 선택하다

우리 학교 '총장 잔디'는 봄이 되면 어김없이 푸르러졌다. 잔디 위에는 이제 막 부모와 세상으로부터 자유로워진 꽃다운 스무 살 청춘들이 뛰어 놀았다. 그 위에 나도 있었다. 재수까지 감행해서 어렵게 진학한 대학에서의 1분 1초가 해방된 마음으로 가득한 설레는 순간이었다.

반면 이때가 내 경력에 있어서는 가장 어두운 시기로 기억된다. 우리나라에서 모르는 사람이 없는 대학에 진학하게 됐지만 내가 서른 살이 됐을 때, 마흔 살이 됐을 때를 감히 상상하지 못하겠고 무

---

* 정보영

엇을 통해 돈을 벌고 사회로부터 인정받고 있을지 장래가 너무나 모호했기 때문이다. 인생 계획을 구체적으로 세우고 사는 계획형 스타일이 아니어서 대충 임기응변으로 좋은 기회를 잡으며 살아왔다. 하지만 이때만큼은 앞으로의 좋은 기회가 무엇일지, 언제가 될지조차 가늠하기 어려웠다.

내가 될 수 없다면 남이 될 수 있게 돕자

그러던 중 전공설명회에 우연히 참여하게 됐다. 내가 진학한 단과대는 학부제로 운영되고 있어 그보다 하위 범주인 학과로 진학하는 시기는 2학년으로 정해져 있었다. 각 학과에서 우수강의상을 받으시는 교수님들의 각축장이라고 봐야 할 만큼 각 학과 소개 교수님들이 전공 홍보에 열을 올리셨다. 대여섯 명의 전공 교수님들이 각 연구실의 연구 분야와 미래 비전에 대해 강조하셨다. 하지만 나는 사실 몰입하지 못하고 있었다. 마음이 푸르른 잔디 위에 가 있었다고 해야 맞을 것 같다.

그런데 HRD 전공 설명은 남달랐고 나를 주목하게 만들었다. 다른 학과처럼 이 전공을 하면 어떤 바이오테크놀로지의 연구자 또는 선구자가 된다는 구태의연한 설명이 아니었다. "여러분, 한 명의 인재가 1,000명을 먹여 살린다는 말 들어봤나요?" 스무 살이 갓 넘어 이제 막 어른 행세를 하려는 아이들에게 매우 충격적인 질문이 아니었나 싶다. 실로 맞는 얘기인 것 같았다.

마침 1학년 1학기에 수강한 대학화학 과목에서 200명 중 180등이라는 믿기지 않는 성적표를 받아본 뒤였다. 전날 대학가에서 필름이 끊기도록 마시고 시험장에 못 들어온 친구들 몇몇을 제외하면 거의 꼴찌라는 얘기 아닌가. 그러한 이유 때문에 진로 결정은 그리 오래 걸리지 않았다. '내가 될 수 없다면 남이 될 수 있게 돕는 일을 하자.'

통계분석의 수요는 많은데 공급이 부족한 상황이었다

HRD라는 학부 전공은 사람에 대한 관심이 많은 나에게 정말 잘 맞았다. 같은 과정을 거쳐 대학에 온 친구들이 세포 배양 배지의 민감함과 플라스크의 차가움에 적응하고 있었다. 나는 친구들과는 달리 사람의 마음을 어루만지고 따듯하게 눈 맞춤하는 법부터 다시 터득하기 시작했다. 졸업반이 됐을 때는 '사람 대 사람으로 진정성 느끼게 하기' '공감하고 변화시키기'라는 과목이 있다면 200명 중 2등은 할 수 있겠다는 자신감이 들었다. 무자격 레크리에이션 실력은 일취월장하여 몇백 명 앞에서 재롱부릴 수준이 됐고 수강하는 발표수업마다 A+를 받았다. 자신감은 대학원 진학에 큰 동기가 됐다. '누구나 할 수 있는 것이 교육이지만 아무나 해서는 안 되는 것이 또한 교육이다.' 아무나가 되지 않기 위해 더욱 깊이 사유하는 에이치알더**HRDer**가 되고 싶다는 생각에서였다. '더욱 깊은 사유'가 구체적으로 무엇인지는 여전히 정의할 순 없었다.

그러나 대학원은 만만한 곳이 아니었다. 본격적으로 HRD 현장과 소통하며 실무의 쓴맛을 보게 된 것이다. 우리 연구실은 직무분석 및 성과관리 연구실로 불리는 곳이었다. 학교 내에서도 기업, 공공기관, 해외 기관 등 가장 많은 실무 현장과 협업하기로 유명한 바쁜 연구실이었다. 대기업이 발주한 직무분석과 역량모델링을 프로젝트 단위로 수행하고, 나라에서 추진하는 국가직무능력표준**NCS**에 관련된 과제들도 여러 건 동시에 맡아 하느라 기숙사에 이틀에 한 번 들러 씻고 바로 나오는 일이 다반사였다. 카운터파트인 실무자들은 지도교수님과 대학원생을 일시적으로 고용해서 쓰고 있는 만큼 요구사항도 가지각색이고 결과물에 대한 컴플레인도 있었다. 사석에서 그들을 나에게 공감시키라고 하면 "10초만 주세요!**just ten seconds!**"라고 너스레를 떨었을 것이다. 하지만 나는 이제 어엿한 '잘 훈련된 박사과정생**well trained Ph.D candidate**'으로 그들을 마주해야 하는 것이다.

박사과정 생활이 끝나갈 즈음이 되어 프로젝트를 주도하는 것도, 연구물을 내기 위한 공부를 하는 것도 어느 정도 손에 익어 밸런스를 맞추면서 신기한 발견에 이르게 됐다. 그것은 콧대 높은 HRD 실무자들이 유일하게 내 주장을 반박하지 않고 순순히 받아주는 경우는 워크숍이나 설문을 통해 얻은 데이터를 가공하여 분석 결과를 공유하며 소통할 때였다는 것이다.

마침 그 당시 조교**TA** 역할을 하게 됐던 수업이 'HRD 통계 세미나'였다. SPSS라는 통계분석 소프트웨어를 활용하여 대학원생들이 HRD에 관련된 변수를 투입한 양적 연구를 수행할 수 있게 지원하는 수업이었다. 의도적으로 또는 의도치 않게, 통계분석을 매일 조금씩 할 수밖에 없는 상황에 처하게 된 것이다. 지금은 양적연구방법에 접근할 수 있는 루트가 셀 수 없이 다양하다. 하지만 당시만 하더라도 막 "R이라는 오픈소스 통계분석 프로그램이 있는데

SPSS, mPlus, STATA에서 돌리는 분석이 다 된다던데?"라는 소문이 돌 뿐, 기초 활용 능력을 길러주는 세미나조차 찾기 어려웠던 때다. 애널리틱스라는 말은 존재하지도 않았고, 그저 애널리시스라고 하면 연구물의 목차 중간에 위치한 방법론 섹터에 반드시 포함돼야 하는 '이과 감성의 무엇'으로 치부됐다. 중요한 것은 알지만 HRD라는 넓은 범주의 일과 연구를 하는 데 재료 중에 하나인 진짜 말 그대로 방법론이었던 것 같다.

어쨌든 통계를 공부하고 가르치는 행위를 통해 조교 역할에도 충실했고 부수적으로 지인들이 맡겨주는 통계분석 알바를 종종 했다. 그러면서 통계분석이 실무자들에게도 상당히 요구되는 역량인데 수요는 많고 공급은 부족하다는 사실을 깨닫게 됐다. 그렇게 소소한 깨달음들이 차곡차곡 쌓여갈 즈음 교육학 박사학위를 받고 본격적인 일의 세계에 뛰어들게 됐다.

철밥통 공공에서 다시 사기업으로 경력 전환을 하다

나는 완성차 비즈니스에 관계된 사람과 조직을 성장시키는 현재의 미션을 받아들기 이전에 과학기술인을 교육하는 공공 부문 인재개발원에 3년간 근무했다. 국가 예산이 투입된 교육사업 계정을 관리하고 직접 교육사업이나 정책연구를 수행하거나 평가하기도 하는 다채로운 일을 맡았다. 단기간에 많은 것을 배웠다. 일이 재미있었다고 말한다면 거짓말이다. 아무래도 공공 부문의 특성상 조직구조나 의사결정 구조는 수직적이었고 법 조항을 중시하여 자체 규칙을 제정하거나 개정하는 데 쓰이는 에너지가 상당했다. 그게 나쁜 것은 절대 아니다. 공공 부문의 인재개발이란 특수보다는 보편에 방점을 두어야 하는 것이 정답에 가깝다고 나도 생각한다. 그저 새롭고 무모한 아이디어를 제안하거나 손에 잡히는 것들로 검증해보고 싶은 욕구를 충족하기에 적합한 직장은 아니었던 것 같다.

그 시절 나는 무엇에 흥미가 있었을까를 회고해본다. 근무하는 동안 리더들, 동료들과 상당 부분 논의하고 진도를 나갔다. 교육대상자들에 관계된 데이터를 어떻게 모으고 관리할지에 관한 것이었다. 그런 담론과 실무 프로젝트는 의미도 의미이거니와 도전적이고 재미있었다. 우리나라가 그래도 경제 규모 기준 선진국의 반열에 오르게 되면서 국가 통계도 체계적으로 관리되는 모습들이 선례로 쌓이고 있었다. 이러한 국가 통계의 일환으로 당시 우리 기관이 교육대상자로 삼는 과학기술인 집단에 대한 시계열 데이터 수집도 목전에 두고 있었다. 하지만 그런 시도들은 매번 난관에 부딪혔다. 보이지 않는 장벽이 있는 것처럼 일이 앞으로 진행되지 않고 답답하게 막혀 있는 느낌을 받았다. 원인은 다양하겠지만 내가 생각하기에는 3가지 이유가 있었다.

첫 번째, 한 번도 그렇게 해본 적이 없었다. 이건 정말 고질적인 문제였다. 일단 해보고 실패하면 수정해서 다시 하자는 불도저식 접근이 잘 허용되지 않았다는 것이다. 불도저로 밀기에는 리스크가 너무 컸기 때문인 것 같다. 과학기술인들이 워낙 특수한 집단이고 국가사회적으로도 두뇌유출 이슈 등으로 주목받는 첨단 기술을 전공한 사람들이었다. 그러다 보니 이해관계자들 모두 조심스러울 수밖에 없었다. 중앙부처 과장, 사무관, 인재개발원 임원, 실무자, 교육대상자 종사기관 관계자 모두가 갸우뚱 하는 대규모 조사를 함부로 실행할 수가 없었다. 공무원 대상 교육으로 역사가 유구한 인접 공공기관에서도 한 번도 실행하지 않은 조사 행위를 우리 기관이 가장 먼저 나서서 할 만한 명분도, 용기도 없었다.

두 번째, 무엇이 투입돼야 하는지 몰랐다. 교육 데이터가 무엇인지 아무도 규정하지 않았다. 성인교육의 특성상 자기주도적이고 자발적인 학습에 많이 의존하다 보니 강제적으로 또는 의무적으로 축적된 데이터가 매우 적었다. 데이터가 있다 하더라도 집합교육 위주의 교육시수, 교강사 정보, 수료자 수, 수료자 만족도 조사 결과 정도가 교육에서 다루는 데이터의 전부였다. 그 시절이 지나고 나중에 사기업으로 이직한 후에 알았다. 교육 데이터에 대한 고민의 빈곤은 공사를 구분하지 않는다는 것을. 기록물 관리가 체계적이고 철저한 학교교육 장면이었다면 일선 선생님들이 주체가 되어 입력하는 종합교육행정정보시스템NEIS에 수많은 데이터가 쌓여 있으니 출발점이 명확한 경주가 됐을 것이다. 성인교육은 그런 여지를 주지 않았다. "아니 왜 이런 기초적인 데이터도 쌓여 있지가 않습니까?"라며 서로 탓하기 바빴다.

세 번째, 무엇이 산출돼야 하는지 몰랐다. 교육 효과에 관한 이야기다. 산출은 그 자체로 데이터이기도 하지만 그 이외의 데이터를 관리하고 분석하는 이유가 돼야 했다. 그야말로 이 판의 주인공이다. 교육이라는 현상을 두고 효과는 두 가지로 분화된다. 하나는 교육훈련 평가Training Evaluation에 관한 것이고, 다른 하나는 교육훈련 효과성Training Effectiveness에 관한 것이다. 평가는 교육 수혜자의 만족이나 지식 유지, 행동 변화에 관심을 두는 것이고 효과성은 프로그램 관점에서 교육을 바라보고 그 프로그램이 과연 효과가 있었는지 성과를 논하는 것이다. 당시 이해관계자들은 무엇을 평가하고 무엇을 효과로 볼지에 대한 기준을 세우는 일에 둔감했다. 주인공 캐릭터를 못 잡은 드라마처럼 촬영 개시조차 하지 못하고 있었던 것이다.

공공 부문 인재개발원에 다니는 동안 적지 않은 기안(기획안)을 올렸다. 어떤 기획안은 교육 사업의 정책적 방향성에 관한 것이었고, 어떤 기획안은 시시각각 바뀌는 정부 시책에 대응하는 것이었고, 어떤 기획안은 실질적으로 당장 2주 뒤에 제공돼야 할 집합교육에 관한 것이었다. 돌이켜 보면 내가 쓰는 기획안들의 많은 조각조각이 '현학적'이었다. 앞에서 말한 교육 데이터 수집 및 관리라는 과업이 지지부진할 수밖에 없었던 3가지 이유와 별반 다르지 않았다. 무언가 새로운 것을 추진해보려고 해도 전에 그렇게 해본 선례가 없어 의사결정 단계로 이어지지 않았고 데이터 수집 및 분석에 대한 시작과 끝을 잘 알지 못했던 것이다. 그러다 보니 기획안에 힘을 주기 위해 '높은 학문을 자랑하는' 방식의 현학적 글쓰기가 이루어졌던 것 같다.

박사까지 길게 한 우물을 파며 공부했고 나름대로 실전에 많은 시간을 투입하며 전장에서 크는 장수가 됐다. 그러나 내가 하고 싶은 HRD를 제대로 하고 있는 것인지 여전히 모호했다. 그 무렵 평소 알고 지내던 대학원 선배로부터 전화가 걸려 왔다. "우리 본사에서 HRD를 잘 알면서 다른 부문에 HRD 컨설팅을 제공할 수 있는 캐릭터를 찾고 있어. 데이터 기반**data-driven**이 유행이잖아. 데이터 분석 잘하면서 이런 부분을 보완할 수 있으면 더 좋겠다고 하고……."

엄청나게 계획적인 것은 아니었다. '언젠가' 내 커리어에서 대규모 인재개발을 실현해볼 수 있는 큰 회사에도 다녀보는 것. 그 '언젠가'가 신입사원일 때도 되고, 경력사원일 때도 되고, 임원급일 때도 되는 정말 추상적인 버킷리스트의 한 줄 같은 욕구였는데 생각보다 더 빨리 그 한 줄에 다가설 줄은 몰랐다. 주변 사람들은 의아해했다. '연금 나올 때까지 사고만 안 치면 되는 철밥통을 걷어차고 사기업으로 간다고?' 그도 그럴 것이 당시 우리 기관은 신의 직장(또는 신조차 모르게 숨겨진 직장)이라 불릴 만큼 처우도 좋고 성과 압박도 거의 없는 그야말로 안전지대였기 때문에 기업에 다니다가 옮겨오는 사람은 있어도 나처럼 거꾸로 향하는 사람은 없었다.

HRD 철학을 발전시키고 가설을 검증해보고 싶다

지금은 임원이 된 그 당시 나를 경력직으로 채용하셨던 팀장님과의 면접 장면이 떠오른다.

"네. 자기소개와 발표 PT 잘 들었습니다. 마지막으로 하실 말씀이 있다면 시간을 드릴 테니 자유롭게 말씀해주세요."

"네. 저는 좀 특이하게 들릴 수도 있지만 처우나 봉급 이런 데는 관심이 없습니다. 처우에 대해 뒤에서 알아보지도 않았습니다. 제가 하고 싶은 건 오직 제가 가진 HRD 철학을 이 회사에서 더 발전시키고 가설을 검증해 보는 것입니다. 채용공고 직무기술서에 제가 해보고 싶었던 일들이 나열되어 있어서 지원했습니다. 사실 채용

되어도 얼마나 다닐지는 잘 모르겠습니다만, 있는 동안 최선을 다해⋯⋯.″

녹음한 게 아니니 기억에 의존해서 채용 장면에서 했던 얘기를 떠올려봤다. 확실한 건 "채용되어도 얼마나 다닐지 모르겠다."라고 말했다는 것이다. 교육학은 크게 보면 사회과학의 범주 안에 있다. 이직한 완성차 업계는 이전 직장보다 더 다양한 임직원들이 한데 모여 살아가는 삶의 현장이었다. 공학, 자연과학 등 이공계 지식을 백그라운드로 하는 구성원들만 해도 수만 명이 근무하는 곳. 전공도 전공이거니와 10년, 20년 이상 이 회사에서 일하신 분들에 대한 이해와 접근은 결코 쉬운 일이 아니었다. 내 밥그릇을 찾기 위해 가장 먼저 한 일은 처음 뵙는 분들에게 전하는 나의 소개를 '사회과학 하는 아무개입니다'로 정한 것이었다.

다른 사람들에게 이 전략이 잘 통했다고 보기는 어렵다. 그냥 웃어넘기거나 '무슨 말을 하는 거야.'라는 눈빛을 보내는 분들이 많았다. 하지만 스스로에게는 정말이지 유효한 전략이었다. 초면인 임직원들에게 '사회과학 하는 아무개'는 우리 회사를 하나의 사회로 규정하고 그 안에서 과학적인 접근으로 인재개발을 도모하는 캐릭터라고 조작적 정의를 내려버린 것이다.

채용 단계에서 직무기술서**JD, Job Description**상의 독특한 키워드가 기억난다. 그것은 'HRD 애널리틱스'였다. 컴퓨터 성능의 도약과 함께 통계학과 머신러닝 기술이 발전하면서 비즈니스 애널리틱스가 각광받고 있고 그 시류를 제대로 탄 HR이 HR 애널리틱스(또는 피플 애널리틱스)를 전면에 내세우고 있다는 것은 익히 들어 알고 있었다.

그런데 내가 그렇게도 사랑하는 HRD 분야가 애널리틱스를 수식어로 받아오다니! '사회과학 하는 아무개'는 HRD 애널리틱스라는 변주를 위한 랩네임 같은 것이다. 다만 HRD 애널리틱스는 해외에도 국내에도 사전적 정의가 없는, 한 마디로 허상이라는 점이 내심 마음에 걸렸다. 이직하던 당시에는 100% 그랬고, 3년이 지난 지금은 그런 용어를 써도 될까 말까 눈치 보는 사람들이 꽤 존재할 것 같다. 그도 그럴 것이 HR의 경우에는 꽤 오래전부터 전략적인사관리 **SHRM, Strategic Human Resources Management**나 과학적 관리라는 명목 하에 인사 데이터를 관리해왔지만 인재개발은 그렇지 않다. 사정이 좀 딱하다. 매년 교육 예산이 깎이지 않는 것만으로도 감사해야 하는 저성장 시대에 시간, 노력, 무엇보다 비용이 드는 데이터 관리가 이루어졌을까? 모르긴 몰라도 많은 조직들이 HRD 데이터에 대해서는 자신감이 없을 것이다.

현대자동차 HRD 부서에서 처음으로 맡은 직무는 구체적으로는 HRD 컨설팅이었다. HRD 컨설팅 인력들은 사내에 부족한 HRD 리소스로 인해 도움이 필요한 단위 조직을 찾아 컨설팅을 제공하는 일을 수행했다. 구조적으로는 내부 컨설팅**internal consulting**, 비즈니스 형태적으로는 퍼포먼스 컨설팅**performance consulting**을 모토로 했다. 내부 컨설턴트로서 임직원들에게 도움을 주는 업무를 하게 된 것은 매우 좋은 계기였다. 특히나 퍼포먼스 컨설팅은 짧고 임팩트 있게 치고 나오는 서비스 주기를 갖는 것이 적절하기에 수요와 공급을 맞춰나가기 좋았다.

퍼포먼스 컨설팅은 종합 예술이다. 내가 했던 일은 내부 컨설팅이라서 돈이 오가는 것은 아니었다. 하지만 치열한 심리적 계약 단계가 존재하고 조직에 대한 진단과 분석, 근본 원인 탐색, 해결안 제시, 파일럿 수행 등 무엇 하나 허투루 할 수 없는 일들로 구성되어 있다.

퍼포먼스 컨설팅을 시행하고자 할 때 문제(이슈) 파악을 위한 진단과 해결안 제시를 위한 진단에는 객관성이 보장돼야 한다. 문제 파악을 위한 진단은 조언을 제공하는 컨설턴트 입장에서 도움을 요청한 조직을 십분 이해하고 접근하기 위한 도구로 활용된다. 해결안 제시를 위한 진단은 앞서서 정의한 문제를 해결할 묘안을 찾아낸 뒤 타당성을 검증하기 위한 도구로 활용된다. 더 잘 기획하면 묘안이 통했는지 확인하는 도구로 활용된다.

우리 회사를 비롯하여 국내 인재개발 분야에서 데이터를 통해 무언가를 시도하는 행위가 없었던 것은 절대 아니다. 내가 알든 모르든 아주 많은 곳에서 이러한 시도가 이루어졌고 사례가 쌓였을 거라 생각한다. 다만 상당한 노력을 들여 공식, 비공식 벤치마킹을 하려 해도(못 마시는 술도 마셔가면서 말이다) 명쾌한 답변을 듣기는 어려웠다. HRD 애널리틱스라는 도전적인 신조어가 쉽게 툭 튀어나오지 못하는 이유인 것만 같았다. 앞서 말했듯 인재 개발 데이터라고 해봐야 교육시수, 교강사 정보, 수료자 수, 수료자 만족도 조사 결과 정도다. 그런데 마침 퍼포먼스 컨설팅을 하게 돼 아는 것들 이외의 데이터를 톺아볼 명분이 생겼다.

첫 번째로 내가 끌어올려야 했던 퍼포먼스, 즉 결과변수는 '경력'이었다. 100명이면 100명이 다 다른 경력을 어떻게 결과변수로 삼으란 것인가. 해당 조직 단위 컨설팅은 이미 수개월을 인력 풀에 대한 교육훈련 체계 개발에 힘을 쏟고 있던 차라, 우리 컨설턴트들은 해당 조직 임직원의 경력에 대해 체계적인 지식이 없었다. 2~3일이 주어졌고 짧게 남은 프로젝트 기간 동안 '경력'을 결과변수로 무슨 조언이든 해드려야 하는 상황이 되어버렸다. 구체적으로는 특수한 직무로서 다른 직무와는 다른 커리어를 그려달라는 요구가 포함되어 있었다. 짧은 고민 끝에 요구를 받아들였다.

각양각색으로 진화해온 개인의 경력을 몇 개의 성공 가능한 유형으로 줄여야 했기에 경력을 들여다보는 해상도를 최소화해야만 했고 임직원의 1년 단위 경력을 관측치로 하는 데이터세트를 만들기로 했다. 마음 같아선 1년을 12개월로 잘라 한 달 한 달 무슨 일을 하며 보내셨는지 물어보고 싶었지만 현실과 타협했다. 그렇게 100명에 가까운 분들의 연 단위 경력을 조사했다. 온라인 설문조사 포맷을 만들어서 목적 집단에 배포했지만 회수율은 좀처럼 오르지 않았다. 아주 소수의 임직원들은 회사가 갖는 '나'에 대한 관심 그 자체를 고마워하기도 했지만, 그런 분들보다는 '이런 구체적인 응답을 받아서 어디에 쓰려고?'라는 의문을 갖고 대답을 회피하는 분들이 10배 정도 많았다. 일일이 설득하고 온라인 포맷을 다시 출력물로 바꿔 볼펜을 들고 찾아갔다. 화장실 앞에서 기다리다가 조사지를 들이밀기도 했다. 인구센서스는 페이퍼 앤 펜슬paper and pencil[4]이 답이듯이 말이다.

분석 결과는 꽤 의미가 있었다(분석에는 DNA 배열분석에 주로 쓰는 방법론을 차용했다). 애초에 "1년 단위로 뭐 하셨어요?"라고 무식하게 질문한 게 아니라 미리 충분한 고찰을 통해 상정한 3개의 직능 분류를 선택지로 응답하게 했다. 한 개의 직능 분류마다 4~5개의 선택지가 있었다. 아마 직능과 선택지라는 두 가지 차원dimension을 동시에 고려하며 응답해야 하는 어려움이 있었을 것이다. 물론 해당 경험에 대한 비정형데이터 수집 또한 병행한 것은 말할 것도 없다. 분석 결과를 통해 직능 분류별 표준경력경로가 도출됐다. 2~3일 기획하고 두 달 동안 수집한 데이터는 인기 상품이 돼 팔려 나갔다.

두 번째로 내가 끌어올려야 했던 퍼포먼스, 즉 결과변수는 '스킬링skilling'이었다. 최근 몇 년간 스킬링은 일반인도 쉽게 자신의 문장력으로 구사할 만큼 많이 언급되는 단어가 됐다. 그런데 사실 스킬링은 해묵은 논제다. 내가 전공한 인재개발학에서는 인간의 지식, 기술, 태도 등이 유기적 집합으로 이루어진 능력 중 고성과자에게서 유달리 관찰될 만한 것을 특별히 '역량'이라고 지칭하고 수십 년째 연구해왔다. '스킬'은 인간 능력 중 역량을 주인공으로 보는 관점에서는 역량의 구성요소이고 스킬을 주인공으로 보는 관점에서는 역량 그 자체다.* 스킬에 ing를 붙인 스킬링은 역량의 내재화 혹은 기술 숙련으로 번역되어야 옳다고 나는 생각한다. 따라서 리스킬링reskilling은 인접 이종 기술에 대한 기술 재숙련, 업스킬링upskilling은 동종 기술 향상을 위한 고도 숙련, 디스킬링deskilling은 의도적인 숙련의 반대 개념으로서 탈역량화라고 해야 할 것이다.

카운터파트의 임원분은 아침마다 해당 기술 분야 트렌드에 관한 뉴스와 콘퍼런스 정보를 구성원들에게 공유하는 열정 넘치는 분이

---

* 일찍이 산업화를 이룬 영미권은 역량competency을, 도제가 발달한 독일, 스위스 등 유럽은 스킬skill을 주된 용어로 쓴다는 견해도 있다.

었다. 그분은 구성원들이 보유 기술에 대한 전문성을 확보하는 것뿐만 아니라 요소 기술의 교류를 통해 인접 기술을 습득하는 학습 조직을 꿈꾸는 것처럼 보였다. 한편 매일 야근하고 개인 기술 과제를 쳐내기도 바쁜 현장의 전문가들에게 리스킬링과 업스킬링을 강조하는 것은 학습 덕후인 내가 봐도 무리수로 보였다. 이러한 상황에서 천진난만한 얼굴을 한(타 부문에서 간섭하러 온) 내가 무슨 근거로 리스킬링과 업스킬링을 논할 수 있겠는가.

대상 조직 전문가들 중에는 전문가 시장 자체에서 유일무이한 최고 경지에 다다른 기술을 보유한 분들도 있었다. 그렇기에 우리가 인재개발 조직이라 해서 외부 강사를 섭외하여 교육 프로그램을 제공하는 접근이나 그 전문가들에게 직접 사내 강사가 되어 강의를 해달라는 식의 접근은 무용지물임을 서로가 잘 알고 있었다. 답은 유수의 전문가들이 모인 집단답게 서로 어떤 기술이 있는지 알고, 의외의 공통성을 발견하고, 대화하고 관심 갖게 하는 것이라고 가설을 세웠다.

이러한 가설에 날개를 달아줄 방법은 네트워크 분석이다. 그래프 이론graph theory에서 출발하여 수학, 사회학, 컴퓨터공학 등에 유구한 역사를 갖고 있는 네트워크 이론을 차용했다. 대상 조직의 전문가 개개인을 한 개의 모드mode로 하고, 이들이 보유하거나 향후 보유를 희망하는 요소기술을 또 한 개의 모드로 삼아 조사를 이어갔다.*

인재개발 분야, 넓게는 인사조직 분야에서 설문을 조직개발, 조

---

* 분석에는 이종 행렬bipartite matrix을 투입한 2모드 네트워크 분석two-mode network analysis을 도식화하고 각종 중심성 지표를 참고했다.

직진단 방법으로 자주 활용한다. 설문은 너무나 좋은 방법이다. 무엇보다 묻고 답하는 것이 직접적이고 오차와 편향을 줄일 수 있는 백업 방법들도 다수 존재하여 나와 같은 사회과학 하는 사람들이 애정하는 방법이다. 회사에서 진행하는 설문은 노골적이다. 대놓고 속성에 대해 묻거나 대놓고 관계에 대해 묻는다. 그래서 얄미워서 응답해주기 싫은 것 같다. 내 응답을 HR에서 본다고 하면 특히 더 그렇다.

이번 프로젝트에서 답을 얻기 위해 물은 바는 '누구랑 얼마나 친하세요?' '누구랑 얼마나 기술을 교류하세요?'라는 원색적인 질문을 배제했다. 그렇게 하지 않아도 되기 때문이다. 오로지 응답자 본인이 보유한 기술이나 희망하는 기술에 대해서만 응답해도 우리는 거기서 관계를 분리해 낼 수 있었다. 요소기술의 깊이에 따라 기술 네트워크가 입체적으로 그려졌다. 부수적으로 기술을 매개로 한 사람들 간의 관계를 네트워크 그래프로 얻어냈다. 그리고 다시 원래의 결과변수로 돌아가 업스킬링과 리스킬링을 논했다.

예를 들어 인접 이종 기술에 대한 기술 재숙련으로 개념화한 리스킬링을 수치화하는 방법을 생각해보자. 리스킬링을 개념화한다는 것은 곧 미리 분류한 대분류상 서로 독립이면서 구성원들이 보유하길 희망하여 네트워크로 연결된 연관성 높은 기술을 정의하는 것이다. 그리고 이를 수치화한다는 것은 네트워크로 연결된 연관성 높은 기술을 서로 연결하여 '1개의 연결선link'으로 취급하는 것이다. 이렇게 해서 대상 조직 구성원들이 전문 영역을 계속 발전시켜 나가길 원할 때, 인접 기술 분야를 살펴볼 수 있게 했다. 장족을 뻗어 개울을 건너는 전략 대신, 징검다리를 차근차근 거치도록 하는 전략을 쓰도록 유도한 것이다.

사람에 대한 '사랑'과 데이터 분석 역량이 필요하다

앞에서 예로 든 기술적 분석descriptive analytics 외에도 전사의 인사 데이터, 학습 데이터, 행동 데이터를 포함한 수많은 데이터와 무수한 자연어를 투입하여 추론통계와 머신러닝 기법들을 손에 쥐고 진땀을 흘리며 살아가고 있다.

HRD라는 전공을 선택하고 사람에 대한 관심과 그 사람들을 설명할 수 있는 데이터에 대한 관심을 차례로 갖게 되며 그간 참 많이 성장했다. 이 글의 맨 앞에서 나는 앞으로의 좋은 기회가 무엇일지, 언제가 될지조차 가늠하기 어려웠던 치기 어린 학부생 시절 이야기를 했다. 그때보다 조금 성장한 지금은 그럼 앞날을 가늠하고 살아가고 있을까?

회사 일을 마치고 집에 오면 스콜라 프랙티셔너scholar-practitioner로 가면을 바꿔 쓰고 서재에 앉아 학생으로 돌아간다. 두 시간이고 세 시간이고 인재개발과 애널리틱스에 대하여 시지프스가 구르는 돌덩이를 끊임없이 밀어 올리듯이 탐구하기를 즐긴다. 회사 일, 그리고 여러 다른 역할로 피로가 쌓여 입술도 자주 터지지만 HRD와 피플 애널리틱스에 대한 공부를 멈출 수 없는 것은 '행복' 때문인 것 같다. 실무와 연구를 병행하며 전문가를 꿈꾸는 행복. HRD 분야를 전공으로 택하고 애널리틱스를 갈망하길 정말 잘했다는 생각을 한다.

과거와 같이 앞날은 여전히 가늠이 되지 않는다. 이제 곧 마흔이다. 쉰 살의 나, 예순 살의 나를 상상하기 쉽지 않다. 다만 한 가지 확실한 것은 여전히 나는 HRD를 하고 있을 것이며 그 HRD는 피플 애널리틱스에 의해 강력하게 지지될 것이라는 점이다.

누군가 HRD라는 일을(학문, 연구, 실무 무엇이든) 직업으로 삼고 전문가가 되기 위해 무엇을 해야 하는지 조언해달라고 한다면 두 가지를 겸비해야 한다고 말할 것이다. 하나는 '사람에 대한 진정한 사랑'이고 다른 하나는 '그 사랑을 많은 이에게 전할 수 있도록 도와줄 데이터 분석 역량'이다.

3장

—

어떻게 피플 애널리스트가
되는가

1. 거인의 어깨 위에 올라서서 더 넓은 세상을 보자*

보수적인 공기업 조직에서 피플 애널리스트를 꿈꾸다

어렸을 때부터 게임을 좋아했다. 그중에서도 일본의 게임 회사 코에이KOEI에서 나온 「삼국지 게임」 시리즈와 축구감독이 되어 플레이하는 「풋볼매니저」라는 게임을 시간 가는 줄 모르고 했던 기억이 있다. 지금 생각해보면 사람의 능력치가 수치화돼 있는 상태에서 그 사람들을 조합하여 목표를 이뤄가고 전략을 짜는 것에 엄청난 매력을 느낀 것이 그때부터였던 것 같다. 2만 명이 넘는 공기업 한국전력공사의 인사담당자가 된 후 그리 오랜 시간이 지나지 않아 HR 실무는 게임처럼 재미로만 할 수 있는 일이 아니라는 것을 느

---

* 이상석

껐고 그만큼 매력적이지도 않았다.

기존 HR 정책을 운영operation하고 관리management하는 데 집중되어 있다 보니 변화보다는 현상 유지 목적이 강하고, HR 부서에서 생산되는 데이터나 정보는 회사의 민감한 결정과 연관되다 보니 공유하기 어려워 어쩔 수 없이 보수적인 문화가 자리잡혀 있었다. 사내에서는 HR 부서 특유의 보수적인 태도로 인해 생긴 오해들로 직원들의 불만이 높아진 상태였다. 특히 불투명한 의사결정에 대한 해명 요구가 소위 MZ세대를 주축으로 높아진 상태였다. HR 부서 내부에서는 오히려 많은 업무량으로 인해 유연근무나 단축근무제를 시행하더라도 정작 어떤 근무제도 유연하게 사용할 수 없는 것이 현실이었다. 이에 대한 타 부서의 격려는 기대할 수 없으니 계속해서 HR 부서와 타 부서 간 관계는 원만하게 유지되기 힘들었다.

공기업의 특징 중 하나는 소위 '주인이 없는 회사'라는 것이다. CEO가 정부에서 임명되어 오기 때문에 사기업보다는 빈번하게 평균 3~4년 주기로 바뀌는 편이다. 새로운 CEO가 온다는 것은 CEO의 경영철학에 따라 조직개편과 인사발령이 불가피하고, 승진과 채용 같은 인사정책이 바뀔 수도 있다는 것을 의미한다. 이 과정에서 HR 부서는 CEO의 적재적소에 맞는 인재선정과 정책 의사결정을 위한 데이터를 제공하는 역할을 주로 한다.

인사 자료를 위한 데이터 정제와 추출에 여념이 없고 며칠 밤을 새는 것은 당연하게 생각할 정도로 바쁘게 돌아간다. 데이터를 제공하는 방식은 비슷하지만 주인이 없는 회사에 새 주인이 올 때마다 매번 그들의 의사결정 기준과 가치가 달라지기 때문에 인사발령과 승진 등은 전 직원에게 당연히 이슈가 된다. 이 시기는 여기저기서 올라오는 다양한 가십과 카더라 통신들이 난무한다. 어떤 기준으로 정해질지 모르는 인사발령에 자기 자신과 상사의 안위를 걱정하며 전 직원이 전전긍긍한다.

아주 짤막한 단면이긴 하지만 공기업에서 HR 역할과 분위기가 어떠하고 어떤 도전을 받고 있는지 조금은 느낄 수 있었을 것이라 생각한다. 지금부터 써 내려가는 이야기는 보수적 성격이 강한 공기업의 HR 담당자가 전통적 역할인 정보제공자에 데이터 사이언스라는 기술을 융합해 전략 제언자로 정체성을 디지털 전환해가는 고민을 담았다.

데이터와 HR을 융합한 피플 사이언티스트를 꿈꾸다

새로 취임하신 CEO가 큰 화두를 던지셨다.

"한국전력공사는 이제 더 이상 '유틸리티' 기업이 아닙니다. '데이터' 기업이 돼야 합니다. 전국에 설치된 우리 회사 전주로부터 발생하는 데이터가 하루에 얼마나 되는지 아십니까? 무려 8억 개입니다. 8억 개."

소름이 쫙 돋았던 기억이 난다. 그때가 2018년이었다. 당시 글로벌 유틸리티 회사 중에서도 이렇게 혁신적인 방향을 잡고 가는 회사는 없었다. 말 그대로 회사 전력 데이터를 자산화해 가치를 창출할 수 있다면 충분히 글로벌 시장을 선도하는 회사가 될 수 있을 것 같았다. 하지만 당시 그 얘기를 듣던 주변 사람들은 회의적인 반응이었다. '지금 하는 일이나 잘하지, 손에 잡히지도 않는 얘기를 한다.'라는 반응과 주인 없는 회사에 와서 이런 걸 벌였다가 저분이 나가면 업무를 담당했던 사람만 피곤해지고 새로 오는 분은 그 일에 관심도 없을 것이기 때문에 '굳이 내가 공기업에서 왜?'라는 반응이었다.

당시 HR에서 큰 재미를 느끼지 못하던 나는 회사의 비전을 위해 뭘 할 수 있을까 고민하던 중 CEO가 인사처장에게 미션을 하나 던졌다는 것을 알게 됐다. "데이터 전문회사가 되기 위해선 세계적인 데이터 사이언티스트가 필요하니 해외에 가서 뽑아오세요."라고 했다는 것이다. 당시 사내에서 외국인 채용 사례는 거의 전무한 수준이었다. 국내에는 데이터 사이언티스트를 키우는 대학교 학과도 없는 상태여서 데이터 사이언티스트가 도대체 뭘 하는 사람인지 아는 사람이 거의 없는 실정이었다. 심지어 그 데이터 사이언티스트를 데려와서 무엇을 할지 직무를 설명한 직무기술서도 없는 상태였다.

인사처장님은 "일단 나가봐."라고 말씀하셨다. 해외 채용 시장에 가서 무어라도 하고 오라는 것이었다. 당시 미국 샌디에이고에서 '인재전쟁'이라는 주제로 채용 관련 콘퍼런스가 있다는 것을 알게 됐다. 첫 번째 미션은 미국 채용 시장에서 데이터 사이언티스트들을 어떻게 채용하는지 조사하는 것이었다. 두 번째 미션은 미국 서부와 동부에 가서 데이터 사이언스를 공부하는 유학생들을 대상으로 채용설명회를 하는 것이었다. 인사처장님이 "일단 나가봐."라고 말씀하신 지 2주 만에 담당 차장님과 나를 포함한 총 4명은 이 두 가지 미션을 수행하기 위해 '글로벌 타깃 리크루팅GTR, Global Target Recruiting TF'를 급하게 준비해서 미국으로 해외출장을 떠났다. 이

미국 출장이 내 커리어에서 한 획을 긋는 사건이 될 줄은 꿈에도 모른 채.

'인재전쟁'이라는 주제답게 샌디에이고 콘퍼런스에서는 데이터 사이언티스트를 어떻게 채용하고 유지할지에 대한 주제를 심도 있게 다뤘다. 그만큼 데이터 사이언티스트가 수요보다 공급이 적다 보니 여기저기서 좋은 조건으로 인재를 뺏으려고 하고, 인재를 보유하고 있는 회사에서는 뺏기지 않으려고 하는 전쟁이었다. 하지만 여기서 충격적이었던 것은 단순히 물질적인 연봉 개선이나 정규직 조건을 제시하는 전통적인 인재 유지 방식으로 그들을 붙잡을 수 없다는 것이었다.

그들이 원하는 것은 '조직문화'였다. 연공서열이나 성과 중심 평가, 피라미드식 보고 방식이 아니라 최고의사결정자에게 직속 보고하는 방식, 데이터에 기반한 의사결정을 하는 문화, 시간이나 장소에 연연하지 않는 근무형태 등 모두가 조직문화와 관련된 것이었다. 그들은 회사를 승진 욕구를 충족시키는 장소가 아닌, 데이터를 가지고 놀 수 있는 놀이터라고 생각했다. 그러기에 다양한 데이터로 많은 것을 해보기 위한 욕구가 더 컸다.

콘퍼런스 이후 채용설명회에서 재밌었던 것은 그곳에서 만난 유학생들의 전공 중에서 데이터 사이언스라는 학과는 없었다는 것이다. 컴퓨터공학, 수학, 물리학, 기계공학 등 전공이 무척 다양했는데 모두 본인을 데이터 사이언티스트라고 소개했다. 가장 특이한 분은 천문학을 공부한 분이었다. 그분은 우주의 별 자체가 빅데이터이므로 별의 패턴과 소멸 예측 같은 것을 연구한 자신을 데이터 사

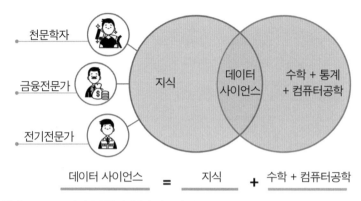

데이터 사이언티스트 정의

누가 데이터 사이언티스트인가?

천문학자

금융전문가

전기전문가

지식

데이터 사이언스

수학 + 통계 + 컴퓨터공학

데이터 사이언스 **=** 지식 **+** 수학 + 컴퓨터공학

(출처: 2022 AI 서밋의 한국전력공사 발표 자료)

이언티스트라고 했다. 그때 깨달았다. 데이터 사이언티스트는 특정 전공을 공부한 사람으로 정의하는 것이 아니라 특정 분야의 지식 **Domain Knowledge**, 수학(통계), 컴퓨터공학 이렇게 3가지를 함께 공부한 사람이었다.

이 3가지 분야에 모두 뛰어난 사람을 찾는 것은 현실적으로 어려운 것이 사실이다. 그렇기 때문에 한 분야에서 뛰어나면서 다른 2가지에 관련된 지식과 경험을 보유한 사람을 데이터 사이언티스트라고 불렀다. 즉 기계공학을 전공하고 통계와 코딩에 관한 지식이 있으면 기계공학 분야 데이터 사이언티스트가 되는 것이고, 천문학을 전공하고 통계와 코딩에 관한 지식이 있으면 천문학 분야 데이터 사이언티스트가 되는 것이었다.

문득 질문이 생겼다. '그렇다면 나도 HR 데이터 사이언티스트가 될 수 있을까?' 데이터 사이언티스트의 정의처럼 통계와 컴퓨터공학을 배우고 현재 내 경력인 HR 분야의 지식을 더한다면 충분히 가능할 것 같았다. 당장 채용 플랫폼인 링크드인에서 HR과 데이터 사이언스를 융합한 직무로 커리어를 가진 사람을 찾아보았다. 피플 애널리스트라는 단어는 검색됐지만 피플 사이언티스트라는 직무를 찾기는 쉽지 않았다. 피플 애널리스트, 피플 사이언티스트로 근무하는 외국인들에게 콜드메일을 보내고 30분 내외의 짧은 커피챗으로 네트워킹을 하며 필요한 스킬셋과 학습방법을 탐구했다. 그러면서 자연스럽게 앞으로의 커리어 방향과 정체성을 확정해 나갔다.

'나는 이제부터 피플 애널리스트가 되겠다. 그리고 그다음 스텝으로 피플 사이언티스트가 되겠다.'

입사 5년차 대리, HR 디지털 전환 팀장이 되다

미국 출장을 다녀온 후 글로벌 타깃 리크루팅GTR TF 팀은 CEO와 임원들이 참여한 경영회의에서 데이터 과학자 채용 전략에 대해 발표했다. 데이터 사이언스 연구소를 별도로 세워서 그들의 업무방식과 문화를 인정해야 한다는 것이 핵심 내용이었다. CEO도 발표 내용에 공감하면서 채용을 진행함과 동시에 우리 회사의 디지털 전환이 함께 준비되어야 함을 강조했다. 동의하는 사람은 적었지만, HR 분석가로 정체성을 정한 나에게 디지털 전환이란 말은 기회로 다가왔다. HR 분야에서 디지털 전환을 할 부분을 찾아 HR 데이터로 할 수 있는 프로젝트들을 직접 해보고 싶었다. 하지만 채용담당자로서 본연의 업무에 충실해야 했기에 데이터 사이언티스트 채용공고부터 서류심사, 면접, 연봉협상까지 이뤄지는 모든 절차를 진행하면서 공공기관의 글로벌 인재 채용 절차를 체계적으로 문서화해 나갔다.

어느 날 인사처장님이 부르시더니 "HR 디지털 전환과 관련 TF를 만들려고 하는데. 네가 그래도 그쪽에 대해 관심도 많고 잘할 것 같으니 팀장을 맡았으면 좋겠다."라고 하셨다. 갑자기 팀장이라니? 그런데 더 당황스러운 얘기를 이어서 하셨다. 팀원으로 각 HR 부서 팀장들을 반드시 넣어야 된다는 것이었다. '입사 5년 차 대리에게 팀장을 맡기고 20년 차 팀장님들을 팀원으로 구성하라고?' TF를 통해 어떤 그림을 기대하시는 건지 도저히 이해되지 않았다. 처장님의 생각을 알 수 없었지만 지금까지 의미 없게 진행하신 지시가 없었기 때문에 분명히 뜻이 있을 거라고 생각했다. 무엇보다 데이터 관련 프로젝트를 할 수 있는 절호의 기회였다.

HR 각 부서의 파편화된 데이터를 통합하고 어떤 데이터들을 모아갈지 고민하기 위해 팀 이름은 '데이터 퀄리티 매니지먼트**DQM, Data Quality Management** TF'로 정했다. 모두가 예상하듯 팀장님들이 대부분인 TF 팀원들에게 적극적인 참여를 기대할 수는 없었다. 주위에서는 그냥 조용히 채용부에서 맡은 일이나 하지 굳이 이런 걸 하느냐며 지금이라도 당장 못하겠다고 말하라고 했다. 하지만 나는 목표가 있었다. 엄청난 결과를 내지 못하더라도 HR 데이터와 HR 디지털 전환에 대한 고민을 지금이 아니면 못할 것 같았다.

그때부터 우리 회사 HR 데이터에 대해 가장 통달하고 계시는 30년 경력의 과장님을 만났다. 또 과거에 HR 부서에 계시면서 비슷한 고민을 했던 타 부서 차장님을 만나고, IT 관련 부서에도 찾아가 HR

전체 관리 서버와 데이터베이스가 어떻게 구성되는지 묻고 다녔다. 회사 내부에서 부족한 내용들은 외부 교육과 회사 벤치마킹을 통해 해결했다. 인사관리협회, HR 콘퍼런스, IBM, SAP 등 HR 관련 강사와 등 HR 관련 강사와 담당자들을 만나며 피플 애널리틱스, HR 디지털 전환과 관련된 것들은 닥치는 대로 흡수하려 했다. 중간중간에 생소한 IT 용어와 엔지니어의 언어를 배우며 적어도 그들과 소통할 때 그들의 언어로 대화하려고 노력했다. 결국 한국전력공사의 HR 디지털 전환 전략에 대한 단기·중기·장기 계획에 대한 보고서를 만들어서 데이터 퀄리티 매니지먼트_{DQM} TF 이름으로 처장님에게 제출했다. 처장님이 물으셨다.

"무엇을 느꼈나요?"

그 순간 지금까지 TF에서 고민한 것들이 주마등처럼 스쳐갔다.

"HR 디지털 전환이라는 용어 자체보다 HR 데이터 통합이 앞으로 우리 회사에 반드시 필요할 것 같다는 확신이 들었습니다. 또한 피플 애널리틱스의 세 가지 흐름을 느꼈습니다. 직관이 아닌 데이터 기반 의사결정, 연결, 마이크로 타깃팅입니다."

내 소감을 들으신 처장님은 여느 때처럼 어김없이 지시를 하셨다. "그럼 그 주제로 부처 전체를 대상으로 해서 발표를 한번 해봐요." 그렇게 사내 HR 실무자 전체를 대상으로 HR 디지털 전환을 주제로 발표를 했다. 주요 내용은 HR 각 부서의 파편화된 데이터를 연결해야 된다는 것이다. 그렇게 됐을 때 경영진은 직관이나 감으로 의사결정을 하는 게 아니라 데이터에 기반한 의사결정을 할 수 있다. 실무자들은 더욱 심도 있는 분석을 할 수 있으며 전 직원이 각자에게 필요한 HR 정보와 경력 관리 개발 프로그램CDP, Career Development Plan을 제공받을 수 있다는 것을 설명했다. 즉 메시지의 핵심은 '그러니까 이제 각 부서의 데이터를 공유해보자.'는 것이었다. 아쉽게도 대부분의 실무자들은 여전히 공감하기 어렵다는 표정이었다.

어쩔 수 없이 현재 내가 속한 채용부서에서 할 수 있는 것들을 고민해야 했다. 실무진에게 직접적인 도움이 될 수 있는 아이템은 '채용 챗봇'이었다. 보통 우리 회사에 지원하는 지원자들은 채용 예정 인원의 100배 정도 된다. 즉 100명을 채용한다고 하면 1만 명이 지원한다고 예상할 수 있다. 이 중 몇 명 정도가 채용 관련 문의를 할까?

채용 관련 문의는 지원자 본인 이외에 다른 관련자까지 고려해야 하기 때문에 보통 지원자 인원에서 3을 곱한다. 이것은 지원자 본인 외에 부모님과 선생님까지 고려한 인원이다. 즉 지원자 1만 명에서 3을 곱한 3만 명의 지원 관련자 중 10%만 전화가 와도 3,000명이 전화를 하는 것이다. 한 시간에 5통씩 전화가 걸려오면 600시간이 걸린다. 이 전화를 5명이 나눠서 받으면 120시간이다. 하루에 8시간씩 일한다고 가정했을 때 15일을 꼬박 채용부 직원 1명이 민원전화를 받아야 하는 양이다.

물론 이건 가상의 시나리오지만, 실제로 그만큼 본인의 업무 외에 민원전화를 받느라 하루가 갈 때가 많았다. 집중된 민원전화로 인해 정작 사회적 배려 대상자나 실제 도움이 필요한 지원자들이 오히려 응대를 받지 못하는 경우도 생겼다. 경험상 민원전화의 내용은 대부분 이미 채용공고에 나온 내용이거나 반복적인 패턴들이었다. 이런 패턴화된 질문들을 자동화해서 효율성을 높인다면 더 도움이 필요한 민원인을 응대할 수 있고, 좋은 인재를 어떻게 선발할지에 대한 본질적인 고민을 할 수 있을 것이다. 그것이 바로 디지털 전환에서 채용부서가 나가야 될 방향이라 생각했다. 이런 생각에 대한 답으로 챗봇 도입이 꼭 필요했다.

IBM과 협업하여 한국전력공사 리크루팅 챗봇 프로젝트를 시작했고, 나는 프로젝트 매니저PM 역할을 맡았다. 이 프로젝트를 진행하면서 실제 데이터를 어떻게 수집하고 정제하는지, 백엔드에서 어떤 기술들을 사용하는지, 사용자 인터페이스UI는 어떻게 만들어야 하는지에 대한 기술적인 고민들을 하게 됐다. 한계도 많이 느꼈다. 챗봇 프로젝트를 우여곡절 끝에 마무리하면서 처장님을 찾아갔다.

"처장님. 제가 지금 할 수 있는 프로젝트는 여기까지입니다. 지시하신 대로 전략을 짜고 발표도 하고 부서 내에서 할 수 있는 것까지 최대한 해보았습니다. 결국 제 역량으로는 여기까지인 것 같습니다."

처장님은 나를 쳐다보시더니 덤덤하게 이렇게 말씀하셨다.

"네가 끝까지 못할 거 알고 있었어. 그런데 말이다. 지금 추진했던 이 경험이 나중에 언제가 될지 모르겠지만 네가 진짜 드라이브를 걸 수 있는 자리가 됐을 때는 아주 큰 자산이 될 거야. 내가 처장으로 있는 동안 너에게 그런 경험을 주고 싶었다."

허탈했다. 나는 고작 그의 장기 말에 지나지 않았단 말인가. 처장님은 내가 옴짝달싹 못하는 그 상황까지도 예상하고 있었단 말인가. 어쨌든 내가 프로젝트를 마무리하면서 다짐한 말은 해야 했다.

"기술이 없으면 매번 벤치마킹만 하다 끝납니다. 몇십 억 원을 들여 외국에서 좋은 HR 툴을 도입해도 제대로 쓰이지 않는 이유가 뭘까요? 해당 조직의 문화가 다르고 HR 정책이 다르기 때문입니다. 그건 앞으로도 그럴 겁니다. 그래서 제가 그 기술을 더 배워보려 합니다. 외국에 나가서요."

외국 어디서도 오라는 학교는 없었다. 지금 생각해도 무슨 자신감이었는지 모르겠다. 그리고 피플 애널리스트에서 피플 사이언티스트로 정체성을 전환하기 위해 미국 유학을 준비했다. 미국 듀크대학교의 데이터 사이언스 석사학위 과정으로 입학했다. 휴직을 했지만 감사하게도 회사로부터 학비 지원을 받을 기회를 얻었다.

미국에서 피플 사이언티스트로 성장하다

참고로 말하자면, 나는 완전 토종 한국인이고 통계, 수학, 코딩을 원래부터 잘했던 사람이 아니다. 오히려 대학생 때도 이쪽 분야 수업을 들어보려 했다가 내 길이 아니구나 싶어 포기했던 경험이 있을 정도다. 나중에 석사과정을 졸업할 때가 되어서야 합격 이유를 듣게 됐다. 지원자 대부분이 건강, 헬스케어, 금융, 마케팅 분야였는데 HR 분야를 전문으로 유일한 지원자였다고 한다. 그래서 학교 측에서도 HR 분야와 데이터 사이언스를 융합해서 무엇을 할 수 있을지 궁금했다고 한다. 결과적으로는 타깃팅을 제대로 했다는 생각이 든다. 더불어 다른 어떤 능력보다 자기소개서를 보고 가능성을 믿어준 듀크대 교수님들에게 감사하다.

둘째를 임신한 아내와 당시 세 살이었던 첫째 딸과 함께 미국 생활을 본격적으로 시작했다. 이릴 때부터 한 번씩 생각만 해봤던, 책으로만 읽었던 그런 시간을 갖게 되는 것이 꿈만 같았다. 하지만 광활하고 넓은 그곳에서 어떤 재밌는 일들이 펼쳐질지에 대한 기대가 와르르 무너지는 데는 그리 오랜 시간이 걸리지 않았다. 석사과정을 본격적으로 시작하기 전 부트캠프라고 해서 기본적인 수학, 통계, 코딩을 복습하고 동기들과 팀워크를 다지는 시간이 있었다.

수업 첫날 3가지 풍경에 충격을 받았다. 첫 번째는 내가 가장 나이가 많다는 것. 대부분이 20대 중반 친구들이었다. 두 번째는 나 빼고 모두 아이패드를 쓰고 있다는 것. 대학생 시절 내 모습을 생각하며 수업할 강의 자료들을 출력해서 당당하게 자리에 앉아 있는데 주위를 둘러보고 문화충격을 받았다. 그 누구도 강의 자료를 출력하지 않고 아이패드로 다운로드한 강의 자료에 필기를 하고 있었다. 세 번째는 나에게는 파이썬, R 같은 프로그래밍이 너무나 새로운데(심지어 노트북에 설치도 안 돼 있었다) 동기들에게는 너무나 익숙한 툴이라는 것. 마치 우리가 일상생활에서 엑셀이나 파워포인트를 쓸 때처럼 자연스러운 느낌이었다.

부트캠프에서 몸풀기처럼 나온 첫 과제는 포커 게임을 파이썬으로 만드는 것이었다. 태어나서 포커를 한 번도 해본 적이 없고 룰도 모르는데 어떻게 만들라는 건가 싶었다. 포커에 대한 설명을 구글링으로 검색했고 생전 처음 파이썬이라는 것을 배우기 시작했다. 사실 한국에 있을 때 파이썬 사내교육을 받은 적이 있었다. 아나콘다Anaconda, For문, 클래스Class 등 기초 개념만 배우다가 도대체 이걸 가지고 무엇을 하라는 건가 싶기도 했다. 무엇보다 재미가 없었다. 그런데 '포커 만들기'라는 목표가 있는 상태에서 코딩을 해보니 '일단 카드 총 52장이라도 정의를 해보자.' '그다음은 스트레이트라는 걸 정의해볼까?'라는 식으로 기초가 좀 부족해도 맨땅에 헤딩하면서 작은 성취감들을 만들어갈 수 있었다. 낮에는 동기들을 한 명씩 돌아가면서 붙잡고 물어보며(한 명한테만 물어보면 시간을 너무 많이 빼앗게 되니까) 모르는 부분을 해결했고, 밤에는 혼자서 씨름을 했다. 내 몸이 시차에 적응하지 않아 감사하기까지 했다.

우여곡절 끝에 겨우겨우 포커 게임을 만들어냈다. 그런데 어라? 코드 제출을 서버에다가 하란다. 서버에 제출하면 결괏값이 정확하게 나오는지 자동으로 확인해서 합격·불합격**Pass·Fail**이 나오는 시스템이었다. 서버에다가 제출은 또 어떻게 하는 거지? 남들에게 아무렇지도 않은 게 나에게는 왜 이렇게 어려운지. 주변에서 많은 사람이 "갔다 와서 영어는 좀 늘었어?" "영어로 수업 듣는 것은 어땠어?"라고 물어보는데 나는 단호하게 말한다. "영어는 내 우선순위 중 10위 정도였다고!" 영어를 잘하는지 못하는지 신경쓸 여유조차도 나에게는 사치였다. 기본적인 생활과 학업을 위해서 영어 이외에 배워야 될 것들이 너무 많았다. 수업 시간마다 질문하는 사람은 항상 나였다.

첫 학기는 나에게도 아내에게도 칠흑과 같이 어두운 터널을 지나가는 시간이었다. 데이터 사이언스를 HR에 적용하려면 기본적으로 학교 커리큘럼을 따라갈 정도는 되어야 가능할 것 같아서 그때까지는(정말 아내에게 미안하지만) 어떻게든 커리큘럼을 따라가는 것이 우선이었다. 첫 학기에 대한 기억은 깜깜한 밤에 거실에 있는 식탁에 앉아 작은 조명 아래에서 혼자 컴퓨터와 씨름하고 있는 내 모습 이외에는 없다. 밤새 컴퓨터와 씨름하다 보면 어느새 해가 떴고, 스쿨버스를 타러 가는 엄마와 아이들의 목소리가 들렸다. 쪽잠이 들었다가도 그들의 목소리를 알람으로 해서 벌떡 일어나 학교 갈 준비를 하는 것이 일상이었다.

그런데도 여전히 나는 학습 속도가 느렸다. 과제가 10개 나오면 그중 2개 정도를 가까스로 풀고 과제를 제출할 수밖에 없었다. 학교 동기들은 이미 과제를 다 풀고 학교 서버를 폭발시키는 장난질을 하는 친구가 있을 정도로 컴퓨터 도사들이 많았다. 대충 정답을 인터넷에서 찾아서 구할 수 있는 과제들도 있었지만 정직하게 내가 아는 만큼 해보고 결과를 받아들이기로 했다. 이 학교에 나는 실력을 키우러 왔지 좋은 성적을 받으러 온 건 아니었기 때문이다.

첫 중간고사를 봤다. 수학과 통계를 R로 풀어내는 수업이었는데 정말 열심히 준비했다. 시험을 치고 결과를 받았는데 이런! 내 인생에서 그런 점수를 받아본 적이 없었다. 집에 돌아와서 저녁을 준비하는 아내에게 차마 얘기를 꺼낼 수가 없었지만 어쩌겠나. "여보, 나 중간고사 7점 받았어." 아내가 나를 쳐다보며 말했다. "10점 만점이지?" 나는 멋쩍게 웃으면서 말끝을 흐렸다. "아니 100점……." 둘 사이에 잠시 정적이 흘렀다. 공부를 아예 안 하고 그런 점수를 받았으면 핑계라도 댈 수 있었을 것이다. 하지만 그것도 아니니까 이건 정말 어떻게 해야 할지 몰랐다.

다음날 바로 담당 교수님 방을 찾아갔다. "교수님, 죄송합니다. 열심히 가르쳐주셨는데 실망을 끼쳐드려서 죄송합니다. 공부를 정말 열심히 했는데도 어떻게 공부를 해야 할지 모르겠습니다." 교수님은 내 시험지를 보면서 각 문항에 대한 개념 질문을 하시고 내 설명을 듣고 나시더니 "내용은 알고 있는데 적용할 때 문맥을 잘 이해하지 못한 것 같네."라고 하시며 "나도 독일에서 공부했었는데 자네처럼 그런 경험을 한 적이 있어서 좌절한 마음도 충분히 이해가 되네. 매번 수업이 끝나면 내 방으로 오게나. 그때마다 추가 문제를 줄 테니 그걸 풀면 보너스 점수를 주겠네. 그러면 이번 시험 결과를 충분히 만회할 수 있을 걸세." 교수님은 나를 구원해줄 천사 같은 분이셨다. 그러면서 하신 마지막 말씀이 감동이었다. "우리 교육은 학생들을 낙제시키기 위한 것이 아니라 어느 수준에 도달하게 만드는 것이라네." 결국 그렇게 매 수업 이후 교수님과 1 : 1 과외(?)를 한 덕분에 A학점으로 그 수업을 마칠 수 있었다. 그렇게 어두웠던 첫 학기의 터널을 빠져나오게 됐다.

갑자기 코로나19가 터져 모든 수업이 온라인으로 바뀌면서 내게 가장 좋은 선생님 역할을 해준 동기들을 만날 수 없게 됐다. 첫 학기가 동기들에게 의지하면서 기초를 알아가는 시간이었다면, 2학기는 어쩔 수 없이 홀로서기를 해야 하는 시간이었다. 여전히 문제를 해결하는 데 시간이 오래 걸렸다. 하지만 첫 학기에는 아예 어떻게 할지조차 몰랐던 과제들이 2학기에는 혼자서 풀어나가는 방향을 잡을 수 있어서 시간 가는 줄 모르고 하나씩 헤쳐나가는 재미를 느꼈다. 점차 혼자서 과제를 풀 수 있는 자신감을 갖게 되자 본격적으로 HR 프로젝트를 해봐야겠다고 결심했다. 미국 학생들은 2학기 이후 여름방학이 3~4개월이나 될 정도로 길기 때문에 보통 인턴으로 경험을 쌓는다. 우리 학교 동기들은 대부분 이때 소위 FANG이라고 하는 페이스북(현 메타), 아마존, 넷플릭스, 구글 같은 곳에서 인턴을 하기 위해 엄청나게 노력했다. 인턴을 하기만 하면 졸업 때 취업이 아주 유리해지기 때문이다.

하지만 나는 HR과 데이터 사이언스를 융합한 회사에서 근무하기를 원했다. 당시 미국 채용 시장에서 내 관심 분야를 인턴으로 채용하는 곳을 찾기는 쉽지 않았다. 나는 여기저기 구글과 링크드인에서 찾은 회사들에 콜드 메일을 보내며 네트워킹을 넓혀나갔다. 그때 발견한 회사가 바로 실리콘밸리에 있는 피플 애널리틱스 컨설팅 스타트업 서머리Summery였다. 여성 CEO 에린Erin이 운영하는 회사로 사람들의 가치를 데이터 기반 방식으로 측정한 다음 그들이 속한 조직과의 적합도를 측정하기도 하고, 어떤 자원봉사 유형들이 어울릴지 추천하는 방식으로 컨설팅을 했다. 조직문화를 데이터 사이언스에 적용하는 데 관심이 많았던 나는 에린과 데이터 사이언스팀과 면접을 해서 합격했고, 데이터 사이언스팀에서 주니어 데이터 사이언티스트로 원격 근무를 하게 됐다. 코로나19 팬데믹 상황이기 때문에 가능한 일이었다.

나와 함께 일했던 팀 리더인 스탠퍼드대학교 출신 헬가Helga 박사님은 현업에서 데이터 사이언스와 HR이 어떻게 조직행동 관점에서 적용될 수 있는지와 HR 문제를 해결하는 프로세스를 메트릭스Metrics로 설계하고 구조화하는 것에 탁월한 통찰력이 있는 분이셨다. 박사님과 함께하면서 HR에서 텍스트로 이뤄진 다양한 설문조사와 평가 데이터를 위해 자연어 처리NLP, Natural Language Processing의 필요성을 느꼈고 데이터 사이언스의 다양한 분야 중에서 자연어 처리 쪽으로 전문성을 더 키우기로 마음먹었다. 여러 번 협업을 하면서 내 열정과 진심을 알게 되신 헬가 박사님은 조직문화를 계량적으로 연구하는 연구소가 스탠퍼드대학교에 있으니 그곳에서 한번 일해보면 어떻겠냐고 제안하셨다.

스탠퍼드대학교에는 아미르Amir 교수님과 U.C.버클리의 사미르Sameer 교수님이 공동으로 컴퓨테이셔널 컬처 랩Computational Culture Lab을 이끌고 계셨다. 두 교수님에게 정중히 내 이력서와 함께 진심을 담은 메일을 보냈다. 두 분은 내게 별도의 인터뷰를 요청하셨다. 내가 HR 커리어와 스타트업에서의 데이터 사이언스 경험을 이야기하고 조직문화와 자연어 처리 쪽에 관심이 있음을 밝히자 두 분 모두 무척 흥미로워하셨다. 나는 그곳에서 스탠퍼드대학교와 U.C.버클리 박사생들과 함께 정기적으로 미팅을 하며 모델링 연구조교Modelling RA로서 조직과 개인의 문화적합도에 관한 연구를 더욱 깊게 할 수 있었다. 이곳과의 인연은 귀국할 때까지 이어져 대략 2년간 교수님과 연구원들과 꾸준히 교류하면서 연구의 폭을 넓혔다.

여름방학이 끝나고 3학기가 됐고 자신감이 한껏 오른 나는 그동안 하고 싶었던 프로젝트들을 독자적으로 진행할 수 있었다. 특히 자연어 처리 수업조교TA로 일하면서 1학년으로 새로 들어온 같은 과 후배들을 가르치는 일을 맡게 됐다. 나는 신입생이었을 때 처음 느꼈던 어색한 용어들을 최대한 쉽게 설명하려 노력했다. 사실 모르는 건 여전히 많았다. 하지만 그들이 모르는 것은 나도 함께 공부하며 더욱 기초를 단단하게 다질 수 있었다. 결국 3학기부터는 장학금도 받게 되면서 어느 정도 어두운 터널을 벗어나 조금씩 여유를 찾게 됐다.

듀크대학교에서 하게 된 가장 큰 프로젝트 중 하나는 대학 교무처와 진행한 '학부생 대상 수강신청 추천시스템'을 개발한 일이었다. 데이터 사이언스 프로젝트가 매력적인 것 중 하나는 내가 불편하게 느꼈거나 바꾸고 싶은 것을 내 손으로 실제 구현할 수 있다는 것이다. 수강신청 추천시스템도 그런 흐름에서 꼭 해보고 싶은 프로젝트였다. 특히 코로나19 때문에 신입생의 경우 아는 선배도 없는 상황에서 어떤 수업을 먼저 들어야 될지, 어떻게 수강신청 계획을 짜야 될지 막막할 것 같았다. 그리고 자신이 원하는 전공이 아직 뭔지도 모르기 때문에 관심 있는 수업들만 골랐을 때 어떤 전공에 가장 가까워지는지 역으로 추천하는 화면이 있으면 도움이 될 것 같았다.

시각화 도구 태블로를 활용해 듀크대학교 학생들의 과거 10년치 수강신청을 학기별로 보여주었고 자신이 원하는 전공을 선택했을 때 과거 선배들은 어떤 수업들을 주로 들었는지도 보여주었다. 신입생의 경우 자신이 듣고 싶은 수업 A , B, C를 전공과 관계없이 고르면 과거 선배들은 몇 퍼센트의 확률로 어떤 전공을 선택했는지를 보여주는 모델을 만들기도 했다. 이 프로젝트에서 아쉬운 점은 졸업생들의 졸업 후 진로 데이터가 관리되어 있지 않았다는 것이다. 어떤 수업들을 들었을 때 취업을 하게 됐는지 혹은 학업 쪽으로 가게 됐는지와 같은 데이터들이 추가적으로 수집됐다면 학생들에게 좀 더 도움이 되는 추천모델이 되지 않았을까 생각한다.

내가 겸손해질 수 있었던 2년이란 시간이 훌쩍 지나 한국전력공사로 복귀하게 됐다. 사실 복귀할 때만 해도 미국 취업 시장에서는 데이터 사이언스 졸업생들을 여전히 선호하는 상황이었고 피플 애널리틱스팀도 한창 생기는 상황이었다. 미국에서 취업을 하는 것도 고려했다. 하지만 이런 고민을 할 당시에 걸려온 전화 한 통으로 귀국을 결정했다. 3년 전 함께 미국 해외 채용설명회를 다녀왔던 차장님의 전화였다. 지금은 승진해서 부장님이 되셨다.

이번에 새로 CEO가 오셨고 3년 전 인사처장님이 부사장님으로 오셨다는 것을 알려주셨다. 유학 가기 전 만들었던 HR 디지털 전환 보고서를 부장님이 기억하시고 이제야 본격적으로 그걸 진행할 수 있는 리더십 라인이 생겼다고 하셨다. 부장님은 HR 애널리틱스팀을 본격적으로 만들 예정인데 그곳 핵심 멤버였으면 좋겠다고 하셨다. 그러면서 공기업의 특성상 연봉을 개별적으로 올려주진 못하지만 팀장으로서 해줄 수 있는 것은 보장하겠다고 약속하셨다. 내 가능성을 인정받았고 목표로 했던 것을 할 수 있다는 기대감에 가슴이 두근거렸다.

하지만 마음속에 있던 2가지 요청사항을 말씀드렸다. 첫 번째는 퇴근시간을 보장해달라는 요청이었다. 퇴근시간을 보장해달라는 요청이 사실은 아이러니하지만, 실제로 본사에 있으면서 정시에 퇴근한 기억이 별로 없었다. 본사에 근무하는 대부분의 직원들이 그랬다. 하지만 내가 공부하면서 느낀 것은 나란 사람은 가족으로부터 에너지를 얻고 가족들과 보내는 시간에서 창의력이 극대화되고 에너지가 생기는 것을 확실히 느꼈다. 최소한 가족과의 저녁식사는 함께 보내고, 그날 꼭 마무리해야 하는 업무는 밤에 다시 원격으로 접속해서 끝내더라도 일과 가정의 양립을 포기할 수는 없었다. 그리고 이것이 장기적으로 지속가능한 성과를 내게 만드는 선순환으로 다른 회사에서 줄 수 없는 가장 확실한 복지라고 생각했다.

두 번째는 나와 부장님 사이에 중간 결재라인을 빼달라는 요청이었다. 누군가 중간에 결재자로 들어오는 순간 불필요한 설명과 보고가 많아지고 결국 일의 속도와 피드백이 늦어지게 된다. 더욱 최악의 상황은 그 중간 결재자가 본인이 이해하지 못한다는 이유로 그 아이디어를 기각해버리면 회사 입장에서 너무나 큰 손해다. 더욱이 그다음부터 새로운 아이디어가 나오는 동기가 차단된다는 것이 더 큰 문제였다. 그런 이유로 중간 결재자를 제외해달라는 요청이었다. 부장님은 오래 생각하지도 않으시고 그건 반드시 약속하겠다고 말씀하셨다. 사실 나중에 말을 바꿔도 따질 수도 없는 얘기다. 하지만 평소 부장님의 성품과 업무 스타일에 대해 잘 알고 있었기에 충분히 말씀하신 것에 책임지고 함께 재밌는 프로젝트를 많이 할 수 있을 것이란 확신이 들었다. 그래서 이 전화 한 통 이후 우리 가족은 다시 귀국 비행기에 올랐다.

피플 애널리스트 커리어 성공을 위해 3가지를 준비하자

피플 애널리틱스가 성공하기 위해서는 어떤 조건이 필요한가에 대한 다양한 대답이 존재하는데 개인적으로 3가지를 꼽는다. 전폭적인 리더십의 지지, 전담부서 설치, 작은 성공을 굴려서 큰 성공을 만드는 스노볼Snowball 전략. 이 3가지가 내가 귀국했을 때 회사에서 벌어진 일이었다.

첫 번째는 전폭적인 리더십의 지지. 3년 전 인사처장님이 부사장님으로 돌아오셨고 직전 인사처장님은 전무님으로 오셨다. 새로 오신 인사처장님은 기존 인사처의 디지털 변화를 적극 지지하는 분이셨다. 거기다 나와 함께 미국 채용설명회를 다녀왔던 부장님까지. 이렇게 뜻을 함께하는 분들의 결재라인 덕분에 내가 회사로 복귀하자마자 HR 애널리틱스팀이 발족됐고 부사장님과 전무님은 첫 회의에서 전폭적인 지지를 약속하셨다. "데이터 협조 안 하는 팀 있으면 말해요. 사무실 환경도 바꾸고 작업할 때 필요한 노트북이나 태블릿 같은 것도 적극 지원해주라고 하겠습니다."

두 번째는 전담부서 설치. 몇 년 전 데이터 사이언티스트를 채용해서 데이터사이언스 연구소가 별도로 존재했다. 하지만 HR처럼 데이터 보안이 필요하고 데이터의 수치적 의미를 이해하면서 분석하려면 부서 내에 전담부서가 있어야 했다. 전담부서가 설치되어 있어야 속도감 있게 프로젝트를 진행하면서도 관련 부서의 의견과 협조를 적절히 받아가며 결과에 대해서도 빠르게 공유할 수 있었다.

세 번째는 스노볼 전략. 2년 전에는 왜 HR 부서들의 공감을 얻어낼 수 없었을까 생각해보았다. "HR 디지털 전환을 해야 됩니다." "데이터 통합을 해야 됩니다."라는 당위적인 목소리만 냈기 때문인 것 같다. 동일한 목적으로 HR 데이터 통합을 향한 큰 그림으로 가되, 실제로 통합했을 때 각 부서에 실질적인 도움이나 가치를 손에 잡히도록 하는 것이 중요했다. 복잡한 알고리즘이나 트렌디한 HR

솔루션도 중요하지만, 결국 사용자인 HR 실무자가 공감하지 않으면 그 솔루션은 쓰이지 않고 버려지고 만다. 과거 많은 타사 HR 솔루션들을 들여와도 실패한 것이 바로 여기서 기인했다. 실무자들의 니즈가 반영되어 있지 않기 때문이다.

실무자들의 초기 반응은 회의적이었다. "HR 애널리틱스팀? 저기 뭐하는 데야? 이름도 어렵다. 다른 할 것도 많은데 새로운 게 또 생기네." 하지만 그들의 목소리를 듣기 시작하니 간단한 알고리즘으로도 생각하지 못했지만 가려운 부분을 긁어줄 수 있는 업무 자동화 프로그램이 나오기도 했다. HR 보고서에 쓸 수 있는 시각화 결과물도 늘어나면서 데이터의 중요성과 피플 애널리틱스의 필요성에 대해 공감하는 사람들이 점점 생겨났다.

구체적인 사례를 들면 HR 부서에서 제도 개선을 위해 전 직원을 대상으로 하는 설문조사를 했다. 그때 기존의 계량적인 점수로만 제도에 대한 평가를 받으면 그들이 정말 필요하고 원하는 것이 무엇인지 모른다는 의견들이 있었다. 그래서 2만 명이 넘는 전 직원으로부터 계량적인 점수와 함께 서술형으로 의견을 받기로 했고 1만 7,000개가 넘는 서술형 응답을 받았다. 하나하나 사람이 다 읽으면 좋겠지만 모든 내용을 읽고 분석하는 것 자체가 불가능한 분량이었다. 자연어 처리 방식 중 텍스트들을 주제별로 그룹화하는 알고리즘인 토픽모델링**Topic Modelling**을 적용해서 직원들이 HR의 어떤 세부적인 분야에 관심이 많은지 알 수 있도록 보여주었다.

또 각각의 주제에 대한 찬성과 반대 비율을 감정 분류 모델을 적용해 시각화하고 추가로 해당 키워드를 보여주면서 이에 대한 세부

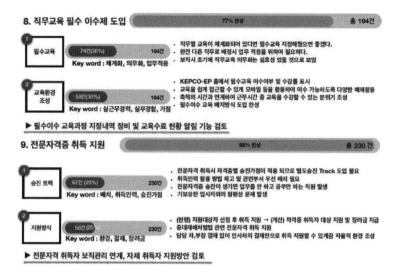

토픽모델링을 활용한 의견 수렴 보고서

8. 직무교육 필수 이수제 도입 77% 찬성 총 194건

1 필수교육 74건(38%) 194건
Key word : 체계화, 의무화, 업무적용
· 직무별 교육이 체계화되어 있다면 필수교육 지정해줬으면 좋겠다.
· 완전 다른 직무로 배정시 업무 적응을 위하여 필요하다.
· 보직시 초기에 직무교육 의무화는 실효성 있을 것으로 보임

2 교육환경 조성 59건(30%) 194건
Key word : 실무경력, 실무경험, 가점
· KEPCO-EP 홈에서 필수교육 이수여부 및 수강률 표시
· 교육을 쉽게 접근할 수 있게 모바일 등을 활용하여 이수 가능하도록 다양한 매체활용
· 축적된 시간과 연계하여 근무시간 중 교육을 수강할 수 있는 분위기 조성
· 필수이수 교육 배치방식 도입 찬성

▶ 필수이수 교육과정 지정내역 정비 및 교육수료 현황 알림 기능 검토

9. 전문자격증 취득 지원 98% 찬성 총 230 건

1 승진 트랙 67건(29%) 230건
Key word : 배치, 취득인력, 승진가점
· 전문자격 취득시 자격증별 승진가점이 적용 되므로 별도승진 Track 도입 불요
· 취득인력 활용 방법 제고 및 관련부서 우선 배치 필요
· 전문자격증 승진이 생기면 업무를 안 하고 공부만 하는 직원 발생
· 기보유한 입사자와의 형평성 문제 발생

2 지원방식 58건(25%) 230건
Key word : 환경, 결재, 장려금
· (현행) 지원대상자 선정 후 취득 지원 → (개선) 자격증 취득자 대상 지원 및 장려금 지급
· 중대재해처벌법 관련 전문자격 취득 지원
· 담당 부,부장 결재 없이 인사처의 결재만으로 취득 지원할 수 있게끔 자율적 환경 조성

▶ 전문자격 취득자 보직관리 연계, 자체 취득자 지원방안 검토

적인 설명이 필요하다면 서술형까지 볼 수 있는 화면을 구성했다. 결과적으로 HR 부서에서 인사제도를 결정하는 것에 있어서 MZ세대를 포함한 직원들 대부분의 의견을 공정하고 투명하게 수용하는 노력을 보여줄 수 있었다. 숫자가 아니라 텍스트 데이터가 HR에서 어떻게 쓰일 수 있는지에 대한 가능성을 많은 HR 실무자들이 공감하는 계기가 됐다.

공공기관 피플 애널리스트의 정체성을 찾다

'한국전력공사는 우리나라의 대표적인 공기업이다. 우리 회사는 어떤 피플 애널리틱스를 추구해야 할까?' 회사마다 구성원이 다르고 조직문화가 다르기 때문에 목적에 따라 회사의 피플 애널리틱스 분석주제가 차별화되어야 한다고 생각했다. "남들이 이런 분석을

했답니다. 우리도 해봅시다."라는 식의 운영으로는 결국 또 다시 과거의 맹목적인 벤치마킹 수준에 머무를 수밖에 없다. 즉 우리 회사의 피플 애널리틱스팀의 정체성이 분명해야 올바른 분석주제를 정할 수 있을 것으로 봤다. 그리고 그것이 내가 공기업에서 피플 사이언티스트로 존재하는 정체성이 될 것이라 믿었다.

민간기업과 공기업의 HR 데이터를 비교해보면 아주 흥미로운 점을 찾을 수 있다. 우선 공기업의 이직률은 평균 0.37% 정도 된다. 민간기업의 평균 5%에 비하면 정말 낮은 수치다. 그렇기 때문에 민간기업 피플 애널리틱스의 많은 주제가 이직률 관련 예측과 추론에 관한 것이다. 반면 공기업의 대표적인 특징 중 하나는 직원들의 근속연수가 상대적으로 높다는 것이다. 민간기업이 평균 6.7년인 것에 비해 한국전력공사는 평균 18년인 것을 보면 그만큼 한 사람에 대한 HR 데이터가 많이 축적되어 있음을 추론할 수 있다. 또한 평균 3년마다 CEO가 바뀌는 공기업에 비해 민간기업은 그 기간이 길다. 직원들은 리더가 추구하는 방향성을 이해하기 위한 적응기간이 필요하기 때문에 기업의 수장이 자주 바뀌면 리더의 의사결정에 대한 의문점들을 갖게 된다.

여기에서 공기업 피플 애널리틱스가 나아가야 될 방향을 찾을 수 있을 것 같았다. CEO가 상대적으로 자주 바뀌기에 HR 의사결정에 대한 공정성과 신뢰성이 필요하고, 한 사람의 HR 전 주기 데이터를 기반으로 리더의 의사결정을 지원하는 프로젝트가 공공기관에 필요하다는 결론을 내렸다. 예를 들어 "누가 고성과자인가?"라는 질문은 민간기업에서 많이 하는 질문이다. 고성과자들에게 동기부여를 하는 것이 회사의 이익창출에 직접적인 도움이 되기 때문이다.

그렇다면 공기업에서 고성과자는 어떻게 평가되어야 할까? 공기업의 목적은 기업으로서 이익 창출(경영합리화)과 공공기관으로서 대국민 서비스 증진을 위함이라고 「공공기관의 운영에 관한 법률」에 명시되어 있다. 이익창출과 대국민 서비스 증진을 위해서 고성과자가 꼭 필요한가? 사람마다 이에 대한 답이 다르겠지만, 내가 생각한 대답은 "크게 중요하지 않을 수도 있다."였다. 오히려 공기업은 고성과자보다는 반대로 폭탄toxic 직원의 특성을 분석하여 채용과 승진에서 해당 인원의 선발을 최소화하는 것이 기업의 이익창출과 국민을 대상으로 한 서비스 증진에 더욱 도움이 될 것이다. 이것이 공기업 피플 애널리틱스에 어울리는 주제라고 생각했다.

결과적으로 한국전력공사 피플 애널리틱스팀은 세 가지 큰 프로젝트를 진행하고 있다. 첫째, HR 데이터 레이크HR Data Lake 프로젝트. 각 HR 부서에는 파편화된 데이터들이 많다. 심지어 개인 컴퓨터에서 각자 보유하고 있는 워드, 엑셀 등 문서의 데이터가 연결되면 의미 있는 자료들이 굉장히 많다. 테이블이나 숫자로 이뤄진 정형데이터를 기존 데이터베이스에서 관리했다면 텍스트, 이미지, PDF 자료 등 다양한 비정형데이터도 정형데이터와 함께 통합하는 것이다. 이런 명분으로 '통합합시다.'라고 HR 부서 직원을 대상으로 아무리 외쳐도 HR 부서 특유의 패턴화된 업무들로 인해 공허한 목소리로 끝나는 것이 사실이다. 그래서 필요한 것이 'HR 부서 직원의 반복적인 업무나 고질적으로 해결하고 싶었던 문제를 HR 애널리틱스팀에서 해결해드릴게요.'라는 새로운 접근이었다. 그들의 문제를 해결해주면서 자연스럽게 데이터에 접근할 수 있게 된다. 실무자들이 직접 데이터 통합의 편리함을 느끼게 되면 그다음부터는 별도로 요청하지 않아도 니즈에 따라 데이터 레이크의 정합성도 갖춰지게 된다. 이런 방식으로 각 HR 부서의 적극적인 목소리가 반영되고 작은 프로젝트들을 통한 공감대가 확산되면서 점점 더 많은 데이터가 축적되어 저장소의 물이 차오르고 있다. 데이터 거버넌스에 대한 부분도 자연스럽게 구축되고 있다.

둘째, 인재 추천 프로젝트. '과거에 그 사람이 어디 있었느냐?'에 따라 배치를 하게 되면 '회전문'이란 비판에서 자유로울 수 없다. 하지만 질문을 바꿔서 '과거에 그 사람이 무슨 업무를 했느냐?'에 따라 배치를 하게 되면 해당 부서 출신이 아니더라도 직무 관련성이 큰 사람을 찾을 수 있기에 적합한 사람을 추천할 수 있게 되고 해당 인력 풀도 더 넓어질 수 있다. 위에서 언급했던 공공기관의 강점 중 하나인 개인의 HR 데이터가 많다는 것에 착안해 개인의 직무기술서 히스토리를 토대로 추천하고자 하는 직무기술서와 유사도를 구하는 방식으로 직무적합도를 산출했다.

또한 각 직무에 해당하는 역량과 교육이력, 자격증 등 다양한 역량요소를 종합하여 역량적합도를 만들었다. 이렇게 직무적합도와 역량적합도를 종합해 인재 추천 시스템을 개발했다. 실제로 이 시스템에서 추천된 목록을 부사장님에게 보고했을 때 "이거 (기계가 추천한 것이 아니라) 너희가 직접 써온 거지?"라는 평가를 받을 정도로 실무적으로 유용한 수준이었다. 이 프로젝트는 직무 중심 HR이라는 정부 방침과도 연결되어 데이터 기반 투명성과 공정성을 보장했다. 한국전력공사의 대표적인 피플 애널리틱스 프로젝트로 자리 매김했다.

셋째, 다면평가 감정지표 프로젝트. 과거에는 팀장이 팀원들을 평가하는 방식이 익숙했다. 하지만 요즘은 하급자, 동료, 상사가 모두 개인을 평가하는 다면평가 방식을 도입하는 추세고 그 효과에 대해서도 많은 논의가 이루어지고 있다. 즉 평가자 중심의 평가에서 평가를 받는 직원 중심의 성장과 개발의 방향으로 중심축이 옮겨가고 있다. 당신이 다면평가를 받았다고 가정해보자. 다면평가 결과를 받았는데 워드클라우드WordCloud에 '노력'이라는 단어가 적혀 있다면 긍정의 의미로 받아들일까? 아니면 부정의 의미로 받아들일까? 다음 두 문장을 보고 자신의 생각이 어느 쪽인지 확인해보자.

A: 이 차장님은 동료와의 소통을 위해 '노력'하고 있습니다.
B: 이 차장님은 동료와의 소통을 위해 '노력'이 필요합니다.

두 가지 문장에서 '노력'의 의미는 글의 맥락에 따라 다르게 평가된다. A는 긍정의 의미고 B는 부정의 의미다. 기존 다면평가 결과로 보여주던 워드클라우드 방식(표의 A)은 다면평가의 가장 큰 목적인 직원의 성장과 개발에 큰 도움을 줄 수 없었다. 즉 1년에 80만 문장이 쌓이는 서술형 데이터가 그대로 방치되고 있었다. 그런데 HR 데이터 분석을 하면서 흥미로운 점이 있었다. 실제로 데이터가 평가에 반영되지 않아야 오염이 안 되고 그 자체로서 가치를 갖는다는 것이었다.

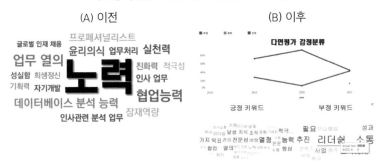

다면평가 감정지표 도입 이전(A)과 이후(B)

(A) 이전   (B) 이후

예를 들어 우리가 흔히 하는 목표관리MBO 평가 데이터는 연공서열이라든지, 당시 상황에서 평가를 이렇게 줄 수밖에 없었다든지 하는 맥락이 함께 들어가서 데이터가 오염되는 경우가 있다. 하지만 다면평가 서술형처럼 사람들이 크게 관심이 없지만 평가가 쌓이고 있는 데이터들은 유레카가 될 때가 있다. 서술형 평가 문장들의 감정을 긍정·부정·중립으로 자동분류하는 딥러닝 알고리즘을 개발하여 전 직원이 자신이 어떤 점에서 긍정적 혹은 부정적으로 평가되는지, 작년에 비해서 내 감정지표가 올라갔는지 떨어졌는지에 대한 부분을 확인할 수 있게 됐다(표의 B).

이 다면평가 분석모델은 특허를 출원하여 등록되었고 국내외 학회에서 관련 주제로 논문을 발표할 만큼 발전되어 대외적으로 우리 회사 HR 애널리틱스팀의 우수성을 알릴 수 있었다. 데이터 사이언스라는 학문은 나를 거인의 어깨 위에 서서 새로운 세상을 볼 수 있게 해주었다. 그리고 HR과 데이터 사이언스를 융합한 피플 애널리틱스 분야에서 일하는 것은 직장에서 나를 명확한 정체성과 사명으로 몰입하게 만들고 매일 포트폴리오를 쌓으면서 전문성을 향상하는 동기부여가 된다.

　전통적인 시각에서는 1인이 할 수 있는 역량에 한계가 있었기 때문에 분업을 통한 협업이 필요했다. 하지만 이제는 인공지능, 머신러닝, 챗GPT, 바드**Bard** 등 생성형 인공지능의 등장으로 1인이 할 수 있는 일의 경계조차 허물어지면서 슈퍼잡**Super-job**이라는 용어가 등장했다. 슈퍼잡은 전통적으로 여러 사람이 맡던 업무를 한 사람이 효율적으로 담당하는 것을 의미한다. 업무의 복잡성과 책임은 증가했지만 이를 통해 개인의 역량과 기여도도 더욱 두드러지게 됐다.

　이는 데이터 기반 보고가 필요한 실무자에게도 마찬가지다. 전통적으로는 데이터를 생산하는 자, 분석하는 자, 보고하는 자, 문제를 해결하는 자가 다른 직무를 담당할 수 있었다. 하지만 이제는 이런 직무들이 점점 통합되고 개인 간 기술의 러닝커브 간극이 좁혀지고 있다. "거인의 어깨에 올라서서 더 넓은 세상을 바라보라"는 아이작 뉴턴의 말처럼 기술의 급속한 발전이라는 '거인'은 HR 담당자에게 이전에 생각하지 못했던 새로운 역할과 기회를 부여하고 있다. HR 문제를 '감'이 아니라 '데이터' 기반으로 정확히 파악하고 해결하는 능력은 단순한 기술적 역량을 넘어서 전략적 사고와 혁신적 접근을 가능하게 한다. 따라서 HR 전문가들은 데이터를 통해 얻은 깊은 통찰을 바탕으로 조직 내 인적자원 정책과 관련된 의사결정을 더욱 효과적으로 할 수 있다. 기술력이라는 거인의 어깨에 올라서서 더 넓은 세상을 바라보며 HR 분야의 새로운 지평을 열어가는 것이 바로 오늘날 HR 전문가들에게 펼쳐진 새로운 도전이자 기회다.

　나의 저서 『데이터 드리븐 리포트』는 실무적으로 데이터 분석에 접근하는 방법과 상사를 설득하기까지의 고민들, 생성형 인공지능을 실제로 어떻게 분석에 적용할지에 관한 고민들과 현장 경험을 담았다. 데이터를 읽고 쓰는 능력(데이터 리터러시)이 중요하다고 하지만, 현실에서 실무자나 분석 전문가들은 데이터를 분석하고 보고하고 데이터로 소통하고 설득하는 방법에 대해서 고민하는 경우가 많기 때문이다. 나는 데이터 분석가 역할로 경영진을 포함한 의사결정자와 실무자들과 일주일에 평균 5회 이상 회의를 했으니 1년 52주로 계산하면 260번, 5년만 해도 1,300번의 회의를 거친 셈이다. 혹시 이 분야에 대해서 고민이 있다거나 궁금증을 해소하고 싶은 독자는 『데이터 드리븐 리포트』를 통해 더 깊게 소통할 수 있을 것이다.

 돌아보면 지금까지 나를 이끌어왔던 것은 뛰어난 머리와 열심히 하는 끈기보다 삶의 질문이었던 것 같다. 사무실에서 모니터만 뚫어지게 쳐다보다가 문득 일어서서 주변 동료들을 쭉 둘러본 적이 있다. 모두 모니터를 뚫어지게 바라보며 바쁘게 보고서를 쓰고 있었다. 그때 '나를 위한 보고서를 이렇게 집중해서 만들어본 적이 있던가?' '내 삶을 위해서 이렇게 모니터가 뚫어져라 고민해본 적이 있던가?'라는 질문이 떠오르며 나 자신과 직면하게 됐다. 바쁘다고 해서 삶의 중요한 질문을 피하면 그 질문은 언젠가 다시 찾아온다. 결국 정직하게 맞닥뜨려야 한다. 만약 이 글을 읽는 여러분의 지금 삶이 원하는 삶이 아니라면 다른 사람들의 시선과 평가를 제하고 나서 자신에게 질문해보는 시간을 갖길 바란다.

초보 분석가로 고객 경험 개선의 기쁨을 맛보다

고등학교 1학년을 마칠 무렵 나는 가족과 함께 미국 시애틀로 이민을 왔다. 힘들게 노력한 끝에 워싱턴주립대학교에 입학을 했고 정보과학 학위를 받고 졸업을 했다. 대학 생활 동안 학비를 벌기 위해 학교 도서관에서 끊임없이 일했지만, 여름마다 인턴십 경험을 쌓고 1년 전부터 면접을 보던 다른 졸업생들에 비해 취업 준비에서 한참 뒤처져 있다는 것을 깨달았다. 몇 달간 전전긍긍한 끝에 부동산 웹사이트 제작 회사에 급여가 없는 인턴으로 들어갔다. 회사 규모가 작은 편이라 손이 모자란 곳이면 어디든지 가서 일을 했다. 그

---

* 김다혜

열정 덕분에 정식 사원으로 채용됐다. 아직 전문 분야가 없는 막내 신입사원인 터라 프론트엔드 엔지니어링부터 프로젝트 관리, 고객 설문조사 분석에 이르기까지 다양한 일을 했다.

늘 아이디어가 많았던 내 상사가 웹 호스팅 회사에서 제공되는 사이트 사용자 행위와 페이지뷰 데이터를 살펴보라고 제안했다. 그래프를 어떻게 읽는지, 기본 엑셀을 어떻게 활용하는지 배우고 나니 웹사이트 사용자 수가 갑자기 변화하는 날을 식별하고 어떤 마케팅 채널이 변화를 주도하는지 알 수 있었다. 웹 디자이너들에게 구축한 웹사이트에서 가장 인기 있는 페이지가 무엇인지, 또 사용자들이 홈페이지뿐만 아니라 다양한 페이지를 통해 사이트에 들어온다는 사실을 알려주었더니 다들 신기해했다. 대학교 때 즐겨 들었던 사용성 연구 수업*에서 가상의 사용자들에게 나의 '완벽한' 디자인을 자랑스럽게 보여줄 때마다 그 디자인이 실제 사용자들에게는 얼마나 비효율적인지 배웠던 기억이 났다. 웹 애널리틱스**web analytics** 데이터를 통해 사용성 연구를 훨씬 더 큰 규모로 할 수 있다는 것을 깨달았다.

우연히 시애틀의 유명한 디지털 에이전시에서 웹 분석가를 채용하고 있다는 소식을 들었다. 기대감 없이 아무에게도 말하지 않고 지원을 했는데 합격했다. 처음으로 풀타임으로 분석 작업을 하려니 배워야 할 것들이 많았다. 다행히 우리 팀에는 경험도 많고 기꺼이 일을 가르쳐주고 싶어 하는 선배 웹 분석가들이 15명이나 있었다.

---

* 사용성 연구 수업에서는 학생들이 무언가를 디자인해서 몇몇 가상의 사용자들에게 설명 없이 보여준 뒤, 어떻게 사용하는지 관찰하는 유저 테스팅을 한다.

전화번호부만큼 두꺼운 고급 엑셀 기능에 관한 책을 구입해서 매일 저녁으로 읽었다.

전형적인 웹사이트 분석 프로젝트는 고객과 함께 목표와 주요 지표를 정의하는 일로 시작됐다. 정의한 목표를 기반으로 웹사이트 또는 모바일 앱 사용자 추적 계획을 세운 뒤 엔지니어링팀과 함께 웹 분석 도구를 설정했다. 데이터가 모이기 시작하면 마이크로 소프트 엑셀로 대시보드를 만들고, 정기적으로 대시보드를 업데이트하고 프레젠테이션을 했다. 비정상적인 패턴을 발견하거나 고객의 특별 요청이 있으면 임시 분석을 수행했다. 고객 응대의 경우 수수료를 계산하기 위해 15분 단위로 근무를 기록하고 연중무휴로 일했다. 빠른 처리를 원하는 까다로운 고객이 있는 경우는 더 바빴다.

이런 에이전시 생활이 반복됨에 따라 점차 지치기 시작했다. 게다가 단기 컨설턴트로 일을 하다 보니 추천한 아이디어들의 성과를 직접 보게 되는 만족감이 없었다. 한곳에 몸을 담고 지금까지 배운 모든 기술을 적용해볼 수 있는 기회를 찾아 전자상거래 신발 회사에 웹 분석가로 합류하기로 결정했다. 독특한 비즈니스 모델과 최상급의 고객 서비스 덕분에 이미 10년가량 성공적으로 운영되어온 회사였다. 관리팀은 데이터를 활용하여 고객 경험을 더욱더 개선할 수 있는 방법을 찾고 있었다. 더군다나 내가 이 회사의 첫 웹 분석가라는 사실에 의욕이 생겼다.

웹사이트에 구글 애널리틱스를 설정해서 데이터 수집을 시작한 뒤 고객들의 온라인 쇼핑 유형에 관한 새로운 지식을 다양한 팀들과 공유하고, 종합 대조 실험을 도입하고, 출처가 다른 데이터를 연결할 수 있는 데이터 웨어하우스를 구축하는 과정이 매우 즐거웠다. 웹사이트 또는 모바일 앱에서 A/B 테스트를 활용하면 절반의 사용자들에게만 변수를 보여주어 새 버전과 원본을 정확히 비교할 수 있었다.

사용성 연구 때와 마찬가지로 작은 변화가 웹사이트 수익에 큰 개선을 가져오는가 하면, 꼭 성공할 것이라고 믿었던 변화는 차이를 내지 않기도 해서 흥미로웠다. 승진을 하고 팀을 관리하면서 회사 일에 보람을 느꼈지만 동시에 작은 도시 라스베이거스에 살면서 개인적인 성장의 한계도 느꼈다. 고민 끝에 새 직장도 찾지 않은 채 퇴사를 했다. 새로운 계획을 세우기 전에 머리를 비우고 싶어서 내 모든 짐을 창고 컨테이너에 맡겨버리고 6개월 동안 혼자 아시아에서 배낭여행을 했다.

직원 리소스 그룹을 통해 다양성과 포용성을 배우다

배낭여행에서 돌아와 다음 계획을 세우던 중에 뉴욕에 사는 고등학교 친구를 방문했다. 나는 뉴욕의 에너지와 다양성에 빠져들었다. 몇 차례 영상 인터뷰와 시애틀과 뉴욕을 오가는 장거리 비행 후에 고객 직접 판매D2C 회사의 애널리틱스 관리자 역할을 수락했다. 아직 성장 과정에 있는 스타트업에 처음으로 생긴 애널리틱스 관리자 역할은 고객 데이터를 사용해서 전자상거래 비즈니스에 대한 결정을 내릴 수 있게 돕는 것이 목적이었다.

회사에서 조금씩 자리가 잡혀갈 무렵 구글이나 페이스북 같은 유명한 테크놀로지 회사들에서 제품관리자PM를 고용해 다기능제품 팀cross-functional product team을 구성하는 것이 점점 보편화되고 있었다. 우리 회사의 경영진도 이 아이디어를 시험해보고 싶어 했다. 내가 첫 번째 제품개발팀의 분석 책임자가 됐다. 제품관리자, 엔지니어, 웹디자이너, 애널리스트로 구성된 소그룹이 한 목표에 집중하니 무척 생산적이고 민첩하게 일할 수 있었다. 우리 팀이 월요일에 새로운 아이디어를 구상하면 같은 주 금요일에 A/B 테스트를 배포하고, 2주 후에 테스트 결과를 검토할 수가 있었다.

이렇게 직장에서 성과를 올리고 있는데도 자주 내가 아웃사이더처럼 느껴졌다. 익숙하지 않은 뉴욕의 직장 문화 때문이라며 그 기분을 떨쳐내곤 했다. 내가 실력이 부족해 회사에서 인정을 받지 못하는 거라는 생각에 더 열심히 노력해야겠다고 다짐했다. 그런데 점차적으로 동료들 중 일부, 특히 유색 인종 동료들이 나와 비슷한 경험을 하고 있다는 것을 알게 됐다. 대규모 회의에서 유일한 유색 인종이라는 것을 깨닫고 외로웠던 경험, 우리의 민족 배경에 대해 농담하는 동료들 때문에 불편했던 일 등에 대해 조심스러운 대화를 나누었다. 나 혼자만 겪는 일들이 아니라는 사실에 조금 안도가 됐지만 사적 대화만으로 개선되지는 않을 거라고 느꼈다.

매주 사원 모두에게 이메일로 전송되는 회사 차원의 뉴스레터에 짧은 공지사항이 눈에 띄었다. 직원 리소스 그룹ERG을 만들기 위해 이끌 자원봉사자를 찾고 있다는 내용이었다. 소외된 그룹들이 모여서 서로를 지원하는 직원 단체를 구성하려는 인사과의 취지였다. 문화적 다양성에 초점을 맞춘 직원 리소스 그룹ERG에 흥미가 갔다.

직장에서 가까이 지내던 중국계 미국인 친구에게 함께 이 그룹을 이끌어보자고 설득했다. 우리가 나서지 않으면 아무도 지원하지 않을 것 같은 노파심이 들었다. 어떻게 이 일을 진행해야 할지 지식도 경험도 전혀 없었지만 꼭 성공하고 싶은 열정이 있었다. 직원 리소스 그룹ERG 구성 담당을 맡은 직원참여관리자Employee Engagement Manager가 또 한 명의 흑백혼혈인 동료를 우리에게 소개해주었다. 셋이 머리를 맞대고 사명 선언문을 만들고 멤버들을 모집하여 2년 반 동안 매달 모임을 이끌었다.

더 효과적으로 멤버들과 대화를 이어나가기 위해 DEI, 즉 다양성Diversity, 형평성Equity, 포용성Inclusion 영역에 대해 더 알아야겠다는 책임감을 느꼈다. 그래서 다양성, 형평성, 포용성에 관한 책과 아티클을 읽고, 팟캐스트를 듣고, 실무자와 연구원들의 강연을 들으러 다녔다. 점차적으로 다른 회사의 직원 리소스 그룹ERG 관리자들, 비영리 조직 간부들, 영화감독과 작가들에 이르기까지 회사 외부의 사람들과 인맥을 쌓게 됐다. 우리가 논의하는 문제에 대해 더 폭넓은 관점을 얻을 수 있도록 그들을 우리 직원 리소스 그룹ERG 모임에 초대하기도 했다. 이렇게 인연을 맺은 사람들 중 한 명이 구글의 애니 진-밥티스트Annie Jean-Baptiste였다.

웹 애널리틱스 일과 관련해 참석한 테크놀로지 콘퍼런스에서 자신의 회사에서 어떻게 포용적인 제품을 개발하는지에 관한 애니의 발표에 운 좋게 참석했다. 모든 사람이 즐길 수 있는 구글 제품을 만들 수 있도록 그녀의 팀이 제품 디자인팀을 위한 지침서를 작성하고 함께 프로젝트에 참여한다는 이야기였다. 다양성, 형평성, 포용성에 대한 지원을 받으려면 비즈니스 사례를 제시하는 데 중점을 두라는 개인적인 조언도 고마웠지만, 그녀가 자신의 열정에 맞는 직업과 진로를 스스로 개척한 방식에도 깊은 감명을 받았다.

직원 리소스 그룹**ERG** 관리자가 되고 난 뒤 회사 인사과와 더 많이 접촉했다. 매년 우리 회사는 업무 내역, 관리자, 보상 및 회사 문화에 대한 만족도를 측정하는 직원 몰입도 설문조사를 실시했다. 이 조사의 응답 결과는 직원 모두에게 배포됐다. 나는 이 설문조사가 다양성과 포용성**D&I**에 대한 데이터 수집을 할 수 있는 좋은 기회라고 생각하여 해당 설문조사를 관리하는 인사과 동료를 우리 그룹 모임에 초대했다. 그리고 그녀와 함께 설문조사에 추가할 수 있는 질문 문항을 생각해내기 위한 그룹 브레인스토밍 세션을 이끌었다.

우리가 추천한 질문들이 모두 승인되지는 않았지만 그중 하나가 이 연례 설문조사에서 고정적인 질문이 됐다. 아이러니하게도 이 데이터를 민족별로 분석하는 것이 쉽지 않다는 것을 나중에 깨달았다. 일부 소수민족 그룹에 속한 직원 수가 너무 적어서 개별 응답자를 공개하지 않고는 보고를 할 수가 없었기 때문이었다. 직원 리소스 그룹 **ERG**을 운영하면서 '어떻게 하면 내가 더 효과적으로 영향력을 발휘할 수 있을까?'라는 의문이 들었다. 커뮤니티를 구축하고 멤버들과 함께 많은 것을 배워나가는 것은 보람이 있었지만 다양성과 포용성에 대한 조직문화와 제품 개발에 더 직접적인 영향을 미치고 싶었다.

피플 애널리스트의 진로를 찾으며 인맥을 쌓아가다

다양성, 형평성, 포용성과 관련된 진로에 대해 진지하게 알아보기 시작했을 때 링크드인과 밋업닷컴**Meetup.com**이라는 두 웹사이트가 큰 도움이 됐다. 다양성, 형평성, 포용성 같은 단어를 포함한 채용공고가 링크드인에 올라오면 이메일을 받을 수 있도록 알림을 설정했다. 이 분야에서 직원을 고용하는 회사 수가 폭발적으로 증가하고 있었다. 나에게 해당되지 않는 인사과 경험, 상무 이상의 임원직, 아니면 인적자원에 관련된 조직 운영 지식과 경험을 찾는 패턴이 보였다. 내 강점인 데이터 사이언스나 심도 깊은 분석 경험을 요구하는 경우는 거의 없었다.

링크드인의 또 하나의 장점은 잘 알려진 회사에서 흥미로운 직책을 맡은 사람들을 쉽게 찾을 수 있고, 공개 프로필을 통해서 이 사람들의 진로에 대해 배울 수 있다는 점이다. 나와는 전혀 다르게 다양성, 형평성, 포용성 실무자 대부분이 인사과 출신이거나 조직심리학 박사학위를 소지한 이들이었다. 전혀 모르는 사람들에게 30분만 시간을 내달라는 메시지를 보냈다. 상호 연결을 통해 소개를 받는 경우가 가장 성공적이었다. 서서히 내 인맥들에게 나의 새로운 관심 분야에 대해 털어놓기 시작했다. 내가 찾고 있는 것이 무엇인지 다른 사람들에게 명쾌하게 설명하는 일이 중요했기에 질문 목록과 '나의 이야기' 단락을 문서로 작성했다.

이렇게 링크드인을 통해 만나서 가장 도움이 됐던 사람 중 한 명은 나의 멘토이자 이제는 친구가 된 리즈 맥길리**Reese Mcgillie**다. 예전에 일했던 시애틀의 에이전시를 떠나기 직전 몇 달간 함께 일했던 동료였는데 서로 연락을 주고받는 사이는 아니었다. 그런데 우연히 링크드인 업데이트를 통해 그녀가 다양성, 형평성, 포용성 주제로 팟캐스트 인터뷰를 한 것을 보고 흥미로워 들어보았다. 엔지니어링에서 데이터 애널리틱스로 진로를 변경한 뒤 점점 더 큰 팀을 관리하며 직위에 오른 그녀가 세계 보건에 중점을 둔 대규모 자선 조직에서 피플 애널리틱스 책임자로 일하기 시작한 때였다. 그녀의 팀의 핵심 업무는 측정 전략 및 인력 분석을 통해 조직의 다양성, 형평성, 포용성 관련 아이디어를 지원하는 것이다. 오랜만에 연락을 했는데도 리즈는 따뜻하게 반응했고, 그 후 우리는 석 달마다 한 시간씩 영상 통화로 피플 애널리틱스에 관한 대화를 나누었다.

리즈에게 받은 첫 번째 조언은 시야를 확장하여 피플 애널리틱스 분야에서 내 역할을 찾아보라는 것이었다. 그럼으로써 더 많은 기회를 찾을 수 있을 뿐만 아니라 인사과에서 어떤 역할을 맡든 자연스럽게 다양성, 형평성, 포용성 프로젝트에 노출될 것이라는 견해였다. 더 나아가 조직의 다양성, 형평성, 포용성에 영향을 미치기 위해서는 인재 확보에서 유지, 퇴사에 이르기까지 총괄적인 직원 경험을 이해해야 한다고 말했다. 이 조언을 새겨듣고 '피플 애널리틱스'와 '인적자원 분석'을 내 연구 검색어에 추가했다.

내가 난생 처음으로 피플 애널리틱스 역할을 위해 면접을 본 곳도 링크드인이었다. 그곳에서 사용자 연구원으로 일하고 있던 친구가 글로벌 인력 조직 내의 한 팀에 나를 소개했다. 가벼운 질의응답으로 시작된 만남들이 이 팀과의 공식 면접으로 이어졌다. 안타깝게도 면접을 통과하지는 못했지만 고용관리자에게 세심한 면접 피드백을 받을 수 있었다. 면접 지원자에게 매우 드문 학습 기회였다. 내가 면접을 본 성장 및 전략 팀은 구조화된 사고력과 컨설팅 능력에 중점을 둔 면접 방식을 사용하고 있었다. 이런 경영 컨설팅 면접 방식이 낯설었던 나는 생각을 체계적으로 설명하는 데 어려움을 겪었다. 이 고용관리자는 같은 부서의 미래의 업무Future of Work 팀에 나를 소개했다. 이 팀에 즉각적인 일자리 기회는 없었다. 하지만 데이터 사이언스를 피플 데이터에 적용하는 데 따른 어려움들, 예를 들어 자체 식별 데이터 신뢰성, 주제의 민감성, 법적 문제, 작은 샘플로 인한 예측모델링에서의 잡음 등에 관해 많이 배우는 기회가 됐다.

두 번째로 도움이 된 웹사이트 밋업닷컴은 누구나 그룹을 만들고 이벤트를 조직할 수 있는 인기 있는 사이트다. 특히 뉴욕에 처음 이사했을 때 나처럼 데이터 사이언스나 등산에 관심이 있는 새로운 친구를 찾기 위해 많이 이용했다. 코로나19로 대부분의 모임들이 가상으로 옮겨지는 바람에 뉴욕이 아니라 코네티컷에 기반을 둔 피플 애널리틱스 모임에 참석할 수 있는 기회가 생겼다. 난생 처음으로 참가한 피플 애널리틱스 모임에 조용히 들어가서 강의만 들을 마음으로 접속을 했다.

그런데 여섯 명밖에 되지 않는 소그룹인데다가 주최자가 모든 참가자에게 자기소개를 요청했다. 당황하여 영상 통화를 끊으려다 기회를 놓쳤다. 현장에서 일하는 것도 아니고 배경 지식도 없는 내가 이 모임에 참여한 이유를 설명하려니 어색했지만 오랫동안 애널리틱스 분야에서 일해왔으며 다양성, 형평성, 포용성 노력을 위해 기술을 활용하고 싶다고 말했다. 참석자들은 대부분 피플 애널리틱스 분야의 업계나 학계에 몸담고 있는 사람들이었다.

이들이 일선에서 힘든 경험이나 배운 점을 공유할 때 내가 기여할 수 있는 부분이 많지는 않았다. 하지만 학습의 기회라는 생각에 모임에 계속 참석했다. 이 모임의 주최자는 메리트 애널리틱스 그룹Merit Analytics Group이라는 피플 애널리틱스 컨설팅 회사를 운영하고 있는 애나 말리Anna Marley였다. 그녀는 그 후 몇 년간 내게 취업 기회들을 소개해주고 개인적인 진로 조언도 많이 해주었다.

피플 애널리틱스 분야에서 드디어 첫 채용 제안을 받은 것도 애나의 밋업을 통해서였다. 잘 알려진 글로벌 리서치 컨설팅 회사에서 피플 애널리스트로 일하는 사람이 이벤트에 참여한 것을 보고 그날 저녁에 바로 링크드인 메시지를 보냈다. 우리의 첫 영상 통화에서 그녀는 자신의 진로에 관한 내 질문들에 기꺼이 답을 해주고, 덧붙여서 자신이 속한 팀에서 지금 채용을 하고 있는데 인사과 경험을 요구하지 않는다고 귀띔했다. 회사 직원들 대부분은 외부 고객들에게 고용되는 컨설턴트들이어서 피플 애널리틱스가 매우 중요시되는 곳이었다.

총 네 차례 진행된 면접은 대부분 행동 질문으로 구성됐다. 예를 들어 내가 수행한 가장 성공적인 프로젝트의 내용을 구조적으로 설명하라는 식이었다. 이 팀은 현재 엑셀로 수행되는 보고서 작업 흐름을 자동화하기를 바라고 있었고, 그래서 내 R 프로그래밍 경험에 무척 관심이 있었다. 내가 맡아서 완성한 자동화 프로젝트 사례를 보여주는 프레젠테이션을 하는 것이 면접 단계 중 하나였다. 데이터 사이언티스트와 데이터 엔지니어들까지 포함된 꽤 큰 그룹의 면접관들이었다. 며칠 후 채용담당자에게 전화로 최종합격 및 채용 제안을 받았다. 잘 구축된 팀에 합류해 실전에서 피플 애널리틱스 경험을 쌓게 될 것을 기대했다. 그런데 이 팀의 대부분의 작업이 보고서 작성이라는 것이 데이터 사이언티스트 역할에서 퇴보하는 것 같아 마음에 걸렸다. 또 제안된 연봉이 현재 급여보다 25%나 낮다는 것에 실망했다. 많은 고민 끝에 제안을 거절했다.

인사과가 회사 내에서 수익을 창출하지 않는 부서로 인식되어 다른 부서들에 비해 상대적으로 적은 예산을 운영한다는 것을 나중에 알게 됐다. 이로 인해 피플 애널리틱스팀의 예산도 적고 피플 애널리스트에 대한 보상도 낮다고 했다. 수익 창출 기능으로 간주되는 제품개발팀과는 정반대였다. 또한 피플 애널리틱스를 심층 분석이나 프로그래밍 언어를 사용한 통계모델링statistical modeling보다는 엑셀을 이용한 일상적인 보고서 작업을 하는 회사들이 생각보다 흔했다. 물론 대규모 기술 회사에 박사학위를 가지고 합류하는 경우는 예외가 되겠다.

내가 진로를 고민하는 동안 구글, 링크드인, 딜로이트Deloitte, 가트너Gartner, 머크Merck, 클로버헬스Clover Health, 바이즈Vise, 펩시, 리제네론Regeneron, 아마존 등의 회사에서 일하는 많은 피플 애널리틱스 실무자가 나에게 관대하게 시간을 내주고 유용한 이야기를 들려주었다. 나는 이들의 경력에 딱 한 가지로 정해진 경로가 없다는 사실이 흥미롭고 고무적이었다. 운 좋게 적시에 적절하게 피플 애널리틱스 분야로 들어오게 됐다는 사람들이 많았다. 사업부나 채용부서 같은 인접 분야에서 일을 하다가 열정이 솟는 일을 하고 싶어서 진로 전환 기회를 택한 경우도 적지 않았다.

나에게 적절한 다음 단계를 함께 브레인스토밍을 했을 때 지금 회사에서 내부 프로젝트를 돕는 것이 외부에서 기회를 찾는 것보다 쉬울 것이라는 의견들이 많았다. 외부에서 기회를 찾으려면 직원이 많은 큰 회사여야 이 분야에 관심과 투자가 많을 것이라고 했다. 만약 작은 회사에 들어가고 싶다면 먼저 경영진과 인맥을 쌓고 능동적으로 내 역할 범위를 경영진과 함께 지정하는 것도 방법이라고 했다. 많은 사람이 내 분석 경험이 앞으로 도움이 될 거라고 하면서도 피플 애널리틱스 분야가 지금보다 덜 전문적으로 느껴질 거라며 주의를 주었다.

내부 프로젝트를 추진하며 성장하다

한편 직장에서는 직원 리소스 그룹ERG 관리자 역할에서 물러난 뒤 데이터 사이언스 경력 개발에 더 집중했다. 조지아공과대학교에서 정보분석 석사과정을 밟았고 상사와 1년 넘게 내 진로에 대해 함께 의논한 끝에 데이터 사이언스팀에 합류하게 됐다. 조직 내부 컨설턴트로 일하는 역할이기에 제품개발팀뿐만 아니라 인사과를 포함한 더 광범위한 부서들과 함께 일할 수 있을 거라고 생각했다. 그렇지만 이 팀에서도 직원과 관련된 데이터 검색은 금지되어 있었다. 직원 중 한 명인 내가 편향된 견해를 가지고 데이터를 분석할까 봐 걱정된다는 동료의 말도 마음에 걸렸다. 내부 프로젝트에 참여하는 것이 생각보다 쉽지 않을 것을 알면서도 기회를 엿보았다.

2021년 우리 회사는 미국의 다른 업체들처럼 '대퇴사Great Resignation' 현상을 경험하고 있었다. 우리 팀이 속한 기술부서에서 한 해

직원 유지에 관한 수치들을 발표했는데 상황이 좋지 않았다. 마음이 잘 맞고 유능한, 특히 직원 리소스 그룹ERG 활동을 통해 만난 소수 민족 동료들이 자꾸 떠나는 게 안타깝고 어떻게 해서든 도움이 되고 싶었다.

이런 내 눈에 들어온 또 다른 기회는 2020년에 회사에서 수립한 인종 형평성 전략이었다. 더 많은 유색 인종 직원들에게 관리자 역할을 맡기게 하려는 목표 아래 2024년 말까지 도달해야 하는 수치가 있었는데 인사과에서 발표하는 분기별 달성 숫자들이 너무 더디게 올라가고 있었다.

이 두 가지 생각을 함께 논의할 이해관계자를 찾아야 했다. 직원 유지와 다양성, 형평성, 포용성에 관심이 있고 분석적인 사고를 하는 인사과 직원들의 목록을 만들었다. 그 사람들과 안면을 트기 위해 일단 가상 커피 모임을 잡았다. 이 중 직원 유지 문제에 특별히 관심을 보인 사람 두 명과 정기적으로 만나면서 얻은 정보를 바탕으로 두 가지 데이터 사이언스 프로젝트 제안서를 작성했다.

첫 번째 프로젝트는 직영점 직원 이탈률에 대한 예측모델을 구축하는 것이었다. 인사과 인맥들과 이야기를 나누면서 내 예상과는 다르게 본사보다 직영점이 문제가 더 심각하다는 것을 알았다. 회사 직원 다수가 매장 직원이고 시장 수요가 높아서 직원 이탈이 더 잦다고 했다. 개인별로 이탈을 예측하려면 윤리적 문제와 개인정보 보호 문제가 있었고 오류가 생길 확률도 더 높을 것이라 생각했다. 그래서 대신 지점별로 모델을 구축할 것을 제안했다. 인사과 외부의 사람으로서 어떤 유형의 데이터가 존재하고 사용이 가능한지 알

수가 없어서 조직 내부 데이터(급여, 복리후생, 매장 관리자, 내부 이동성, 인구 통계 등)와 외부 데이터(매장 위치, 시장 수요 등)를 조합하겠다고 가정했다.

두 번째 프로젝트는 최근 채용 및 이직 데이터를 사용하여 사업부와 직급별로 성별 분할을 예측하는 간단한 시뮬레이션을 만드는 제안이었다. 인종 그룹의 분포를 예측하는 모델이 더 필요한 상황이었지만, 소수의 카테고리와 큰 표본을 이용하는 성별 분석 작업이 조금 더 쉬울 것이라 여겼다. 제품관리자들과 일하면서 배운 '최소 실행 가능 제품MVP' 개념을 적용하여 먼저 간단한 모델을 구축한 뒤 피드백을 받으며 확장하려는 생각이었다.

다른 데이터 사이언티스트들의 의견을 받아 제안을 다듬었다. 실제 데이터를 분석하지 않고 많은 가정을 해야 했기에 완벽한 제안서는 아니었다. 필요한 데이터가 존재하는지조차 확실치 않았다. 인사과 직원들에게 제안서를 보내고 반응을 기다렸다. 이 제안서는 인사과 경영진에 전달됐으나 몇 주 후에 이런 작업에 투자하기에 적절한 시기가 아니라는 실망스러운 답변을 받았다. 인사과 책임자가 이 제안들을 "데이터 사이언스팀이 추진하고 싶어 하는 프로젝트"라고 불렀다는 이야기를 나중에 들었다. 서로 도움을 주는 협력 관계가 아니라, 내가 일방적으로 조력하거나 독자적으로 수행하려는 것처럼 보여졌다는 것을 깨달았다.

지금 돌이켜보면, 인사과뿐만 아니라 비즈니스 부서의 이해관계자들을 모집해서 더 확고한 비즈니스 사례를 만들었어야 했다. 우리 회사가 아직 피플 애널리틱스에 데이터 사이언스를 적용할 수 있는 성숙도 수준에 도달하지 않았다는 것도 시간이 지난 후에 깨달았다. 인사과 내부 직원조차도 쉽게 활용하고 신뢰할 수 있는 피플 데이터가 아직 없었을 때다. 어느 분석 분야와 마찬가지로 양질의 데이터가 준비되어야 주요 지표를 결정하고 지속적인 정보를 수집하여 분석할 수 있다. 통찰력이나 예측을 위한 통계모델 개발은 그 후에야 가능하다.

다행인지 불행인지, 몇 달 후 드디어 인사과와 협력할 기회가 생겼다. 처음으로 실제 직원 데이터를 이용하는 일을 하게 된 것은 다행이었다. 하지만 불행하게도 그 데이터에 문제가 너무 많았다. 우리 회사에서 적절한 피플 데이터 분석을 수행하려면 아직 갈 길이 멀다는 사실을 이때 깨달았다.

회사에서는 직원 수 성장 추세와 인종 형평성 전략 수치를 포함한 연례 보고서가 있었다. 인사과에서 이를 데이터 시각화해 달라고 도움을 요청해왔다. 인사과에서 직무별 또는 인구 통계별로 요약한 직원 데이터를 구글 시트에 입력한 다음, 그 데이터를 내려받아서 그래프를 생성하는 스크립트를 R로 작성했다. 스프레드시트가 아니라 코드로 작성한 작업 흐름 덕분에 데이터 입력 실수를 발견하거나 변경사항이 생기면 순식간에 그 변화들을 반영할 수 있었다. 이 프로젝트를 진행하면서 직원 채용, 승진, 퇴사 데이터들이 얼마나 혼돈스러운지도 알았다. 데이터 웨어하우스에 깔끔하게 통합된 다른 데이터들과 달리 피플 데이터는 여러 가지 타사 도구에서 스프레드시트로 수집해야 했고 수동으로 여러 군데를 수정해야만 사용할 수 있었다.

피플 애널리스트의 길을 걷게 되다

2022년 미국의 많은 회사가 정리해고에 들어갔다. 우리 회사도 데이터 사이언스팀 거의 모두를 포함한 대감원 조치가 내려졌다. 여러 해 동안 한 회사에 머물렀기에 변화가 필요했던 때라고 스스로를 위로했지만 밤에 잠을 이루기가 어려웠다. 취업을 준비하면서 두 가지 버전의 이력서를 준비했다. 하나는 제품개발 데이터 사이언티스트 역할에 중점을 두었고 다른 하나는 직원 리소스 그룹**ERG** 리더십과 인사과와의 협력에 중점을 두었다. 피플 애널리틱스 역할보다 데이터 사이언티스트 역할을 찾는 것이 훨씬 쉽다는 것을 깨닫는 것은 그리 오래 걸리지 않았다.

데이터 사이언티스트를 찾는 채용공고가 훨씬 더 많은 데다 그나마 찾아낸 피플 데이터 분석 역할에 지원하면 면접 제안을 받지 못했다. 예전에 봤듯이 피플 애널리틱스 분야 실무 경험, 학문적 배경, 아니면 워크데이**Workday** 같은 피플 애널리틱스 소프트웨어 경험이 있는 사람을 찾는 곳이 대부분이었다. 뉴욕시에 실시된 「급여 투명화 법**Pay Transparency Law**」 때문에 피플 애널리스트 역할로 가게 되면 급여 삭감이 클 것이라는 것을 이제는 채용 내용만 보고도 알 수 있었다. 구직에 대한 절박함이 덜할 때까지 기다리자는 마음으로 테크놀로지 분야에서 데이터 사이언티스트 일을 찾는 데만 힘을 쏟기로 했다.

내가 링크드인에 올린 정리해고 소식을 본 여러 사람에게서 연락이 왔다. 군이 채용 기회를 제시하는 사람이 아니어도 옛 동료들과 오랜만에 소식을 나누는 기회로 삼았다. 두 명의 데이터 사이언티스트 친구들이 개별적으로 캐피털원Capital One을 언급했다. 아직 성장기에 있는 데이터 사이언티스트에게 경력 개발 지원을 많이 하고 협업 환경이 잘되어 있다며 추천했다. 회사 웹사이트 채용 정보에 들어가서 '데이터' 검색 결과를 찾아보니 내 경험과 잘 맞을 듯한 두 개의 데이터 사이언티스트 역할이 눈에 들어왔다.

검색 결과 중에는 '피플 애널리틱스 비즈니스 매니저Business Manager, People Strategy & Analytics'라는 조금 생소한 직함도 섞여 있었다. 이미 채용 웹사이트에서 사용자 계정을 열고 동일한 양식의 구직 신청서를 작성하고 있었던지라 이 역할에도 한번 지원해보기로 했다. 3일 후 채용담당자에게서 이메일을 받았다. 데이터 사이언티스트 역할이 아니라 피플 전략 역할에 관한 메시지였다. 몇 주 동안 정말 열심히 면접을 준비했고 마침내 채용 합격 통지를 받았다. 피플 애널리스트로서, 그리고 미래의 다양성, 형평성, 포용성 데이터 사이언티스트로서의 첫걸음을 내딛게 됐다.

지금까지 내 삶을 돌이켜볼 때, 제일 힘들었던 일들 덕분에 나만의 독특한 정체성이 만들어졌다는 것이 조금씩 눈에 보이기 시작한다. 한국 생활을 접고 미국으로 건너왔기 때문에 인종 차별을 직접 경험하기도 했다. 그로 인해 나를 포함한 모든 사람들에게 소속감을 찾아주고 싶은 마음이 생겨 직원 리소스 그룹ERG을 운영했다. 예상치 못한 정리해고로 인해 사람들과 연결될 수 있는 시간이 생겼고 새로운 기회에 열린 마음으로 다가서게 됐다. 또 하나. 늘 고민이 많고 정보 수집에 집착하는 경향이 있는 어떻게 보면 참 피곤

한 정체성이 오늘 여기까지 내 진로를 열어주었다.

몇 달 전 등산을 하다가 길을 잃었다. 등산로 표시가 눈에 보이지 않아 마음이 불안했다. 처음으로 오른 산이었다. 어렴풋한 정상 방향으로 조심스레 발길을 디뎠다. 다행히도 산악 경험이 풍부하고 긍정적인 친구와 함께 있었다. 마침내 우리가 걷던 길이 정식 등산로와 만났다. 예상보다 늦어지긴 했지만 색다른 오솔길을 경험할 수 있었고 결국 무사히 정상에 올랐다. 내가 데이터 사이언티스트에서 피플 애널리스트로 전환하는 과정도 이와 비슷했다. 목적지를 향해서 멈추지 않고 걸었고 길을 찾는 과정에서 계속 데이터를 수집했다. 함께 걸었던 좋은 동반자들이 큰 힘이 됐다.

진로 전환은 누구에게나 어렵고 확실한 커리어 경로가 없는 분야에서는 더더욱 쉽지 않다. 피플 애널리틱스가 아직 새롭게 성장하는 분야이기에 들어가는 문도, 표지도 뚜렷이 보이지 않는다. 어떻게 보면 이건 셀 수 없이 다양한 커리어 경로와 입구가 있다는 뜻이기도 하다. 커리어 전환을 꿈꾸는 이들에게 꾸준히 많은 사람과 진솔한 관계를 맺고 탐색을 멈추지 말라고 조언하고 싶다. 내 이야기가 누군가에게 떨리는 첫발을 내딛을 자신감을 주었으면 한다.

3. 내일의 리더와 조직을 🔍
오늘로 앞당기다*

독립적인 피플 애널리스트로 살아가고 있다

나는 실리콘밸리 한가운데 살면서 세계 어디든 마음이 맞는 고객이 있으면 함께 일하고 있다. 포춘 500대 기업과 포브스 글로벌 2000 기업부터 방금 사업을 시작한 핫한 스타트업들까지 재밌어 보이는 일이라면 함께 프로젝트를 한다. 오늘 코칭한 것을 내일 실행에 옮기는 스타트업 자문부터 10~15년 미래를 내다보는 국가 정책 연구까지 임팩트가 있어 보이는 일이라면 오케이다.

이것이 지난 몇 년간 만끽한 자유롭고도 보람 있는 독립적인inde-pendent 피플 애널리스트의 삶이다. 어떤 여정을 거쳐서 이런 자리

---

* 박은연

에 왔을까? 나는 따로 피플 애널리틱스를 공부한 적은 없다. 학부, 석사, 박사를 모두 사회학을 공부했고 이제는 20년 살짝 넘은 경력 기간 동안 관심 있는 일을 좇아 미국과 한국을 오가며 일터를 따라 바다를 건넌 것만도 서너 번이다. 학계에서는 컨설팅으로, 그다음에는 현업 인사 리더로, 다시 컨설팅으로 갔다가 스타트업 인사총괄로, 그리고 드디어 대망의 독립적인 피플 애널리스트로 살기까지 여정을 써보았다. 가능하면 더 많은 분이 자신이 정말 같이 일하고 픈 사람들과 자신에게 정말 의미 있는 목표를 향해서 자신이 정말 재밌는 일을 골라서 할 수 있는 길을 가는 데 도움이 되는 팁을 얻으셨으면 한다.

피플 애널리스트의 길은 어디서 시작됐는가

반은 우연, 반은 필연으로 사회학에서 시작된 것 같다. 학부, 석사, 박사를 모두 사회학을 공부했다. 박사과정이 끝나갈 무렵에 내가 원하는 것이 무엇인지를 찾아서 세 가닥으로 구직을 했다. 첫 번째는 사람을 키우는 걸 정말 좋아하니까 교수직을 찾아봤다. 두 번째는 다양한 분야의 사람들과 수평적 팀워크를 주로 하는 컨설팅 쪽을 찾아봤다. 세 번째는 세상에 좋은 영향을 끼치는 일을 하고 싶었고 여러 다른 문화를 경험해보고 싶어서 국제기구 쪽을 알아봤다. 이렇게 세 가닥으로 일을 찾고 있었는데 이 세 가지가 한데 모인 자리가 있을 거라는 생각은 못했다.

그런데 우연치 않게 커리어 센터에 가서 "내가 이런 배경과 경험이 있고 이런저런 일을 하고 싶다."라고 얘기하니까 지금 바로 옆방에 그런 일을 하는 회사에서 인사총괄을 하시는 분이 나오셔서 인터뷰를 하고 있다고 했다. 그분이 나에게 우리가 딱 이런 사람을 구하고 있었다며 연락하시겠다면서 이력서를 받아갔다. 다음날 아침에 진짜 연락이 왔다. 혁신 컨설팅을 하는 회사였다. 인터뷰를 하다 보니까 이 회사가 세상에 좋은 영향을 끼치면서 다양한 사람들과 수평적으로 팀으로 일을 하고, 사람들을 자신이 기대하는 수준 이상으로 성장시킬 수 있는 곳이었다. 내가 원했던 세 가지를 모두 갖춘 그런 기회가 아닌가 하는 생각이 들어서 입사하게 되었다.

이 회사는 고객인 기업의 성과가 혁신적으로 변화하도록 지원하는데 항상 최고경영진 코칭부터 시작하는 방법론을 썼다. 고객 대부분이 포춘 500대 기업이나 포브스 글로벌 2000대 기업들이었다. 그때 나는 박사과정을 졸업하고 30대 초였는데 코칭한 대상은 소위 성공가도를 달리는 50~60대 임원들이었다. 아주 드물고 귀한 경험이었다. 부문도 CEO, 법무 담당, 마케팅 임원, 인사 임원부터 공장장과 제조라인 리더까지 정말 다양해서 비즈니스 전 분야의 리더십을 이해하게 됐다. 이 경험이 나중에 인사 연구와 피플 애널리틱스 일을 할 때에도 항상 현장과 비즈니스의 맥락을 생각하게 하는 밑거름이 됐다.

내가 입사한 회사는 농담이 아니라 정말 회장님부터 청소원까지 세 가지 일을 했다. 하나는 전 직원이 컨설턴트였다. 컨설팅과 코칭 훈련을 청소원까지 모두 다 받았다. 또 하나는 전 직원이 세일즈를 했다. 컨설팅을 안 나간 날은 콜드콜로 하루에 줄잡아 백 통씩 전화를 걸고 그랬다. 마지막은 전 직원이 자신의 전문 분야가 있었다. 그 회사에서 나를 원했던 이유 중에 하나는 조직 진단도구 연구개발팀을 새로 만드는데 그걸 맡을 사람이 필요했던 거였다. 혁신 컨설팅, 특히 코칭은 굉장히 수공이 많이 드는 작업이다. 그 회사는 고객 기업들을 변화시킴으로써 세상을 변화시킨다는 비전을 내걸었다. 그 비전을 이루려면 고객사의 최고경영진이나 그 아래 한두 단계만이 아니라 더 많은 구성원에게 영향을 줄 수 있어야 하는 것이다. 회사의 백몇십 명 되는 적은 인원으로 이룰 수 있는 비전이 아니었다. 그래서 혁신역량 진단도구 개발을 시작하던 참이었다. 내가 그 첫 개발팀장을 맡게 됐고 혁신 컨설턴트와 코치를 함께 하게 됐다.

이렇게 세 가지 역할을 함께 하니까 자연히 우리가 만든 진단도구로 혁신역량을 진단받은 고객사의 임직원들에게 인사이트를 설명하고, 온라인으로 그 인사이트를 전달하는 일과 글 쓰는 일도 맡았다. 이때에 피플 애널리스트의 일이 좋은 인사이트를 끌어내는 것에 그치는 것이 아니라 비즈니스 환경에 맞춰 인사이트를 잘 전달하고 인사이트가 제대로 실행될 수 있도록 영감을 주는 것도 포함할 수 있다는 사실을 배웠다. 쉽지는 않지만 정말 보람 있는 일이고 이 부분까지 제공할 수 있느냐 없느냐에 따라서 피플 애널리스트의 영향력과 가치가 크게 좌우된다고 본다(그에 따른 보상도 그렇다).

이때 우리 팀이 만든 진단도구에 대한 고객사들의 반응이 좋아서 매출이 크게 늘고 나중에 사업부문이 됐다. 그러고 보니 나는 이직을 할 때마다 항상 주요 업무의 20~30%는 새로운 도전을 하는 곳을 골라서 갔던 것 같다. 균형을 잃지 않을 정도로 주의만 하면 스스로 빠른 성장을 할 수 있게 해주니 내 경력 개발에도 도움이 되고 무엇보다도 일이 재밌고 지루하지 않았다.

[여러분께 드리는 한마디]

- 엉뚱한 시작. 어디에서 시작했어도, 지금 어디에 있어도 피플 애널리스트가 되고 싶다면 될 수 있다. 소위 분석가라면 일에서도 삶에서도 '답정너'는 노!
- 내가 일에서 원하는 것이 무엇인가를 확실히 알고 있는가? 한 번 글로 써보라. 그것을 할 기회가 올 것이다.
- 정말 빨리도 발전하는 피플 애널리틱스. 업무 시간의 일부를 '공부'에 써서 스스로 빠른 성장을 이루어라.
- 피플 애널리틱스는 항상 현장과 비즈니스 맥락을 생각하는 것이 필수다. 현장을 직접 경험한다면 금상첨화다.

미국과 한국에서의 경험은 어떻게 달랐는가

미국에서는 내 첫 직장인 혁신 컨설팅 회사와 버신 바이 딜로이트**Bersin by Deloitte**에서 일했다. 여기서는 대기업 내 연구 및 컨설팅 기관, 실리콘밸리의 스타트업 등 다양한 규모의 기업들과 일을 했다. 한국에서는 대기업의 연구소에 재직하다가 제조 기업의 현업 인사부문에서 활동한 경험이 있다. 나는 미국에서 먼저 일을 시작했는데 그 회사는 앞서 말한 것과 같이 혁신 성과를 원하는 기업들에만 컨설팅을 하는 회사였다. 미국에서도 굉장히 독특한 컨설팅 회사였다. 이 회사에서 일할 때를 돌이켜 보면 미국과 한국의 문화 차이와 중소기업과 대기업의 문화 차이를 한꺼번에 아울러 볼 수 있다고 본다.

그때 경험을 돌아보면 특히 한 장면이 생각이 난다. 미국 혁신 컨설팅 회사에서 첫 컨설팅을 나갔을 때다. 고객사 몇백 명의 리더들을 대상으로 하는 3일짜리 코스라 컨설팅 리더와 테이블 코치들을 합쳐 한 10여 명 되는 컨설턴트들이 같이 갔다. 우리 컨설턴트 팀 자체가 엄청나게 다양한 구성의 그룹이다. 대학을 막 졸업한 20대인 백인 남성과 인도계 여성 새내기 컨설턴트들, 박사과정을 졸업한 30대 동양 여성인 나, 70세 넘어 미국 해군으로 전역하신 흑인 어르신이랑 다 똑같은 테이블 코치로 한꺼번에 나간다. 두 명의 리더 중 하나는 50대 레즈비언 디렉터였다. 영어니까 존댓말도 없고 3세대나 차이가 나는데 서로 이름을 불렀다. 직급과 역할도 같은데 이렇게 젠더, 세대, 배경이 다양한 것이 인상적이었다. 그런데 이것이 컨설팅은 물론이고 진단도구 개발에도 엄청나게 도움이 됐다. 진단도구 개발 면에서 특히 왜 요즘 온라인 서비스들은 범용디자인universal design을 해야 글로벌 시장에서 승산이 있다고 하지 않는가? 글로벌 기업 고객을 상대하는 진단도구도 물론 포함된다. 우리는 이렇게 제각각 다양한 사람들이 섞인 팀이 진단도구를 개발하니까 그 관점들이 반영되어 자연스럽게 범용디자인이 되는 것이다.

이후에 내가 데이터 분석 리더Head of Data & Analytic로 일했던 버신 바이 딜로이트Bersin by Deloitte는 인사 연구로 널리 알려진 기관이다. 그곳 역시 핵심 연구팀의 구성이 굉장히 다양했다. 리더급 연구자는 여성이 더 많았고 연구팀 연령대도 20대에서 70대까지 있었다. 연구팀 인원이 스무 명 남짓이었는데 흑인, 백인, 아시아계 등 다양한 인종의 연구자들이 있었다. 워낙 분야가 제각각인 전문가들이기도 했지만 직급과 의견 개진을 얼마나 하는가는 전혀 무관했다. 다 한마디씩은 했다.

이런 다양한 관점과 강점을 지닌 사람들로 구성된 새로운 팀을 만들어 흔히 측정하기가 어렵다고 이야기되는 '혁신역량'이라는 소프트 스킬을 계량적으로 측정하는 진단도구를 개발할 수 있었다. 이에 더해 세계 각국에서 성공한 리더들이 본인도 기대하지 못한 변신과 혁신을 할 수 있도록 컨설팅하고 코칭하면서 정말 재미있고 보람 있게 몇 년간 일했다.

특히 진단도구 개발팀장을 하면서 피플 애널리스트로 성장하는 데 도움이 된 부분이 많았다. 그중 하나는 혁신역량 진단도구를 만드는 과정에서 얻었다. 그 과정은 보다 근본적인 원리부터 시작한다는 마음에서 사회과학계의 각종 이론을 죽 훑는 것으로 시작했다. 1,000여 명의 설문으로 신뢰도와 타당성 검증을 거쳐 입증된 문항을 만들었다. 실제 기업 상황에 적용할 수 있도록 가장 현실적으로 만들기 위해 그 컨설팅 회사에 전사적으로 먼저 시험 사용dog-fooding을 해보았다. 마지막으로 이 진단도구가 경영성과 실적 기준에 타당한가까지 검증을 하는 과정이었다. 이 과정을 거친 진단도구의 결과를 컨설팅 고객들과 회의에서 공유했는데 회의에 참석한 고객 임원들에게(그리고 마음을 얻기 어렵다는 최고재무관리자CFO까지) 혁신역량을 개발하는 것이 본인들이 원하는 성과에 어떻게 연결되는지 숫자로 보여줄 수 있어 큰 효과가 있었다. 학계와 업계, 이론과 현실을 철저하게 연결한 결과가 피플 애널리스트에게 얼마나 큰 힘을 실어주는가를 이때 톡톡히 깨달았다.

내가 나중에 이 조직에 돌아갈 때는 진단도구팀이 사업부문으로 커져서 그 사업부문을 담당하는 경영진의 일원이 됐다. 그때 조직의 매출, 이윤, 고객 확보까지 다 생각해야 하는 비즈니스 리더로 직접 일한 것이 조직과 비즈니스의 성과에 내가 하는 모든 일을 연결하는 큰 훈련이 됐다. 이후 피플 애널리틱스나 기업 프로젝트는 물론이고 정책 연구 프로젝트와 학술 연구 프로젝트를 하더라도 원하는 결과와 프로젝트의 목적이 무엇인가를 늘 생각하면서 일했다. 그런 중에 LG경영연구원에서 일할 기회가 생겨 귀국해서 지주회사의 리더십 역량 진단도구를 개선하는 피플 애널리틱스 프로젝트를 필두로 현업에 코칭 리더십 우수성 센터CoE, Center of Excellence를 설립했다. 이 과정에서 현업 인재개발 리더로 뛰면서 최고경영진부터 시작해서 미국과 유럽(폴란드), 중국의 임원들을 코칭하고 코칭 리더십 과정을 만들어 전사 리더들을 대상으로 실행했다. 이 기업의 인사담당자들을 내부 코치로 육성하는 소중한 경험을 했다.

이전에도 한국 고객들을 대상으로 컨설팅을 한 적은 있었지만 한국 대기업에 현업으로 들어간 것은 이곳이 처음이었다. (꼭 대기업이나 한국만의 현상은 아니지만) 이때 경험은 많이 달랐다. 아시다시피 이곳은 사람들 간에 조화를 굉장히 중요시하는 기업이다. 미국 혁신 컨설팅 회사도 사람의 가능성에 집중하는 곳이어서 큰 공통점이 있었지만 한국과 미국의 다른 점이 두 가지 눈에 띄었다. 우선 한국에서는 직급과 위계가 훨씬 명확하다는 것이다. 최근에는 많이 달라졌지만 당시에는 대개 서로 ○사장님, ○전무님, ○팀장님, ○대리님으로 불렀다. 좀 표면적인 현상이기는 하나 직급 간에 다양한 의견 소통을 어렵게 하는 것이라 내 눈에 띄었던 것 같다.

그리고 보다 근본적인 차이로는 기업과 팀 내 다양성이 많이 부족해 보였다. 인종이나 문화의 다양성이야 한국에 자원이 많지 않으니 그렇다 쳐도 미국 컨설팅 팀과 비교할 때 성별, 세대, 생활 경험 등 모든 면에서 다양성이 떨어져 보였다. 물론 미국에서 재직했던 회사가 혁신 컨설팅 회사였기 때문에 당시 미국 회사 중에서도 다양성과 포용성을 엄청나게 중요시했다. 그게 없으면 지속적인 혁신이 안 된다. 창업자도 서아시아의 언어학 박사 출신 여성에 경영진의 반 이상이 여성이었고, 일할 때도 인종과 세대와 성별이 마구 섞여 있었다. 한국 문화에 익숙한 내게 신선한 충격이었던 것은 리더급에도 전사에 공개한 소수 성별인 게이 리더와 레즈비언 리더, 양성애자 리더가 있었다는 점이었다. 이게 너무 당연했고 보수적인 고객을 컨설팅할 때는 우리 모두 잘 포용하는 분위기였다. 이 회사뿐만 아니라 버신 바이 딜로이트에서 일할 때 팀원들만 해도 신입에 가까운 인도 팀원, 경력이 상당한 여성 팀원, 게이인 백인 남성 팀원으로 아주 다양했다.

그리고 이런 다른 점을 잘 보여준 또 한 장면이 생각난다. 한국에서 일할 때 글로벌 기업과 한국 기업의 일하는 방식에 대해 강연을 할 기회가 여러 번 있었다. 그중에 임원과 리더급이 100여 명 듣는 강의였다. 청중에게 그 회사의 구성원이라면 누구나 답을 아는 쉬운 질문을 하고 "정답을 아는 분은 손을 들어주세요."라고 했다. 그랬더니 100여 명 중에 딱 세 분이 손을 드셨다. 그래서 웃으면서 이렇게 말한 적이 있다.

"이것이 글로벌 기업과 한국 기업의 큰 차이 중의 하나입니다. 여러분 100%가 질문의 정답을 안다는 것을 여러분도 아시고 저도 아는데, 단 세 분만 손을 드셨어요. 반면에 제가 미국 기업에서 이 질문을 했으면 정답을 아는 사람이고 모르는 사람이고 일단 손을 들어요. 뭐 몇십 명은 손을 들었을 거라고 생각합니다. 한국의 리더이신 여러분은 이렇게 손을 들고 정답인 줄 아는 이야기를 하기 어려우시지요. 그런데 여러분이 조직이 혁신을 해야 하니 '새로운 아이디어를 내봐라.'라고 하셨을 때 신입이나 다양한 구성원들이 좋은 아이디어든 나쁜 아이디어든 일단 입을 떼어야 되는데 입을 열지 않는다는 것, 여러분이 고민하시는 그 점이 바로 이렇게 나타납니다."

[여러분에게 드리는 한마디]

- 다양한 산업계의 다양한 성별, 나이, 성향의 사람들, 뭔가 나와 다른 점이 있는 사람들과 함께 일하라. 글로벌에서 통하는 피플 애널리스트가 되는 길이다.
- 학계와 업계, 이론과 현실을 연결하라. 그러면 비즈니스 리더가 귀를 열고 피플 애널리스트의 말을 듣고 싶어 하게 된다.

피플 애널리스트로서 최고의 경험들을 하다

학계와 각종 산업, 컨설팅과 현업, 사회학부터 피플 애널리틱스까지 경계를 많이 넘어 다니다 보니 지리적 경계도 많이 넘어 다녔다. 처음 미국에서 혁신 컨설팅으로 시작했을 때는 한 달에 몇 번씩 비행기를 타고 출장을 다녔다. 그다음에 한국에 가서도 현업에서 코칭 리더십 우수성 센터를 만들면서 미국과 유럽(폴란드), 중국 등으로 출장을 많이 다녔다. 재밌게 일하다가 결혼하면서 실리콘밸리로 다시 오게 됐다. 그때 내가 처음 근무했던 컨설팅 회사로부터 일전에 만든 진단도구와 새로 개발할 진단도구들로 사업부문을 운영하고 두 팀을 이끄는 역할로 와달라고 연락이 와서 돌아갔다. 경영 손익**P&L, Profit and Loss**을 책임지는 사업부문 공동 리더 역할도 했다.

내 경력을 돌아보면 항상 피플 애널리틱스를 포함해 최소 투잡은 해왔던 것 같다. 그중에서 피플 애널리스트 일로 가장 기억에 남는 경험은 뭐니 뭐니 해도 버신 바이 딜로이트에서 최초의 데이터 분석 리더**Head of Data & Analytic**로 일한 것이다. 딜로이트는 세계 최대 규모의 컨설팅 및 전문가 서비스 기관이다. 당시에 실리콘밸리의 인사 전문 연구 스타트업이었던 버신 앤드 어소시에이츠를 인수하다보니, 당시 세계 최대 규모의 인사 전반 연구기관이 된 것이다. 갑자기 고객이 미국 인사 중간관리자 리더에서 글로벌 대기업의 최고경영진으로 바뀌니까 연구 데이터도 글로벌로 확장해야 하고 연구방법도 업그레이드할 필요가 생겼다. 그래서 처음으로 데이터 분석팀을 만들게 됐고, 내가 그곳의 데이터 분석 리더로 가게 됐다. 이때를 지금까지 가장 보람 있고 자랑스러운 피플 애널리틱스 리더 경험으로 만든 건 3가지다.

첫째는 피플 애널리틱스팀을 만들고 팀원들을 키운 것이다. 일례로 그때 노멀커브normal curve도 모르던 인도의 젊은 팀원에게 밤새 통계를 가르쳐주면서 일하곤 했다. 이 친구가 이번에 유럽의 큰 국제은행의 데이터 분석 임원이 됐다고 연락이 왔는데 얼마나 뿌듯했는지 모른다. 또 한 연구원은 큰 기업의 데이터 사이언티스트로 갔다가 스타트업 리더로 갔는데 최근 경력 중 본인에게 의미 있는 가르침을 준 사람들 목록에 내 이름과 나로부터 통계와 데이터 사이언스를 배운 사실을 썼다고 한다. 이렇게 사람들이 가능성을 펼칠 수 있게 지원하고 키우는 것이 내게는 정말 큰 기쁨이다.

둘째는 스케일링scaling이다. 인사 전반을 포괄하는 9개 분야의 고효과 성숙도 모델High-Impact Maturity Model을 분석하고 비즈니스 성과와 연결하는 것이다. 아직도 딜로이트 인사 컨설팅의 기조로 쓰이는 버신 바이 딜로이트의 성숙도 모델Maturity Model들은 다 이 시기에 우리 팀이 데이터를 모으고 분석한 것들이다. 인재관리라고 하는 인사 전반, 채용, 보상, 리더십 개발, 인재 개발 및 육성, 조직, 다양성과 포용성, 그리고 피플 애널리틱스까지 포함한 모든 분야의 성숙도를 전 세계 1,000여 개 조직들의 양적 데이터와 각 단계별 성숙도의 대표적인 기업을 심층 인터뷰한 질적 데이터를 종합하고 분석해서 모델을 도출했다. 이 과정에서 이전까지는 200~300개 북미 기업들만 응답하던 설문을 마케팅팀과 적극 협업하고 철저하게 A/B 테스트를 해서 최소 1,000여 개 조직들의 응답을 받아 글로벌 대표성이 있는 데이터로 확장했다. 또한 이전까지는 1~2년에 한 개의 성숙도 모델을 만들던 것을 각 분야 컨설팅 부사장과 매니저들에게 통계와 분석 방법을 쉽게 배우고 직접 사용할 수 있도록 과정을 만들고 교육함으로써 1년에 3~4개 분야의 성숙도 모델을 만들 수 있도록 해서 버신 바이 딜로이트의 생산성을 6배나 올린 것은 지금 생각해도 자랑스러운 성과였다. 주변 팀들과의 적극적인 협업과 피플 애널리틱스팀원들의 열정적인 협업이 있었던 덕분이다.

셋째는 지속적인 혁신이다. 피플 애널리틱스와 데이터 사이언스는 정말 끊임없이 빠르게 발전하고 있는 분야다. 계속 새로운 방법을 배우고 혁신하지 않으면 금방 뒤처진다. 버신 바이 딜로이트에 있던 4년 사이에 질적, 양적 데이터를 모두 종합하여 인사이트를 끌어내는 피플 애널리틱스 방법론을 정착시킨 후에 나는 한걸음 더 나아갔다. 그 당시 새로운 방법론으로 떠오르고 있었지만 아직 버신 바이 딜로이트조차 피플 애널리틱스에는 활용하지 않고 있던 머신러닝을 최초로 시험하고 도입하도록 설득하고 실행했다. 이 경험도 지금까지 피플 애널리스트로서 최고의 경험으로 남았다. 이 역시 우리 팀 혼자서가 아니라 버신 바이 딜로이트에 속하지도 않은 딜로이트의 데이터 사이언스 전문가팀을 찾아가서 협업을 의뢰했기에 가능했다. 저쪽은 인사에 대해서는 문외한이니 우리가 인사에 대해 가르쳐주는 시간 반, 저쪽에서 우리에게 최신 머신러닝 기법을 가르쳐주는 시간 반으로 미팅을 진행한 적도 많았다. 서로 정말 많이 배웠다. 결과는 혁신이었다.

[여러분에게 드리는 한마디]
- 분석가는 수단과 방법을 가리지 않는다! 양적 방법과 질적 방법, 네트워크 분석과 머신러닝, 그밖에 무슨 데이터든 반쪽이

아니라 온전한 인사이트를 도출할 수 있는 데이터와 분석 방법이라면 모두 사용하는 것을 고려해보자. 아무리 탁월한 피플 애널리스트라고 해도 반쪽 데이터에서는 반쪽의 인사이트 밖에 도출할 수 없다.

- 쑥쑥 크는 피플 애널리스트가 되기를 원하는가? 조금이라도 더 다양한 사람들, 다양한 주변 팀들과 네트워크로 협업해보자. 더 다양한 관점에서 혁신적인 인사이트가, 더 다양한 팀들과의 협업에서 혁신적인 체계가 만들어진다.

어떻게 독립적으로 활동하게 됐는가

버신 바이 딜로이트 후에 내가 하는 일로 도움을 받는 기업과 국가의 수가 대폭 확대된 것은 좋은데 정작 그분들을 직접 뵙기는 어려웠다. 다시 내가 돕는 분들의 얼굴을 보면서 일하고 싶어서 스타트업에 인사총괄로 갔다. 이번에는 연구가 아니라 실전에서 모든 인사 분야를 내 손으로 실행해볼 수 있었다. CEO가 "인사는 아무것도 없으니 와서 기초부터 깔아달라."고 요구했기 때문이다. 정말 전략적으로는 기업의 경영철학부터 실질적으로는 매달 급료 지불, 그 사이의 채용-평가-조직 설계까지 인사 전반과 실전의 큰 기둥을 다 내 손으로 직접 가닥을 맞춰볼 수 있었다. 스타트업이니까 큰 회사는 아니었다. 그래도 여러 대륙에 사무실이 있어서 정말 밤낮 없이 하다 보니 대략 기초는 다 깐 것 같았다. 그러고 나서 잠시 숨 돌리며 내 경력을 돌아보니 이래저래 한 십수 년이 획 간 것이다. 잠깐 쉬고 싶은 생각이 들었다. 그래서 딱 멈추고 앞으로 1년간은 아무것도 계획하지 않고 찾지 않고 '내가 가만히 있으면 우주가 나에게 뭐를 가져오는지, 내가 가장 잘 쓰일 자리가 뭔지를 보자.'라는 생각에 손을 탁 놓았다. 가까운 지인 몇 분에게 이런 시도를 해볼 생각이라고 상의하면서 "같이 술을 더 마시고 싶은 사람들과 함께하면서 보람 있고 재미있는 일을 할 기회가 있으면 알려달라."고 말한 게 다였다.

그랬더니 그다음 달인가 진짜 프로젝트가 들어오기 시작하는 것이었다. 처음에는 천천히 조금씩이었는데 점점 정책 연구 프로젝트도 들어오고, 대기업에서 벤치마킹이나 컨설팅 프로젝트도 들어오고, 경력 보유 여성 프로젝트도 들어오고, 인구 정책 프로젝트도 들어오고 그러는 것이다. 스타트업에서도 요청이 들어왔다. 스타트업에서 인사총괄도 했고 일의 미래와 혁신 컨설팅이 전문 분야 중 하나이다보니, 스타트업에 조언을 해주겠느냐, 코칭을 해주겠느냐, 와서 강의를 해주겠냐 하며 이런저런 프로젝트가 들어왔다. 그래서 '아, 이것이 내가 하라는 일인가 보다.'라고 깨닫게 된 것이 독립하게 된 계기였다.

2016년부터 실리콘밸리에서 인사 업무를 하는 분들과 만나서 토론하는 모임을 만들어 진행해왔다. 독립을 한 후인 2020년부터는 인사에서 다양성과 포용성이 이야기하지 않으면 안 되는 핵심적인 주제로 떠올랐다. 한 온라인 컨퍼런스에서 다양성과 포용성을 담당하는 한국 여성분이 있기에 반가워서 줌으로 통화를 하게 됐다. 그랬더니 그분이 "이렇게 일하는데 너무 외로워요. 나 혼자만 애쓰고 있는 느낌입니다."라고 했다. 그래서 한국과 실리콘밸리에서 다양성과 포용성 쪽으로 관심 있는 분들을 연결하다 보니까 피플 애널리틱스와 다양성 포용성과 내가 계속해온 혁신과 네트워크 이런 것들이 다 연결되면서 점점 더 신나고 재밌고 또 그렇게 다 합치지 않으면 만들 수 없는 임팩트 있는 프로젝트 기회들이 점점 더 생기는 것이다. 지금도 현재 진행 중이다.

다양한 경험이 피플 애널리스트로 성장하는 데 도움이 된다

일단은 다양한 방법론을 써서 피플 애널리틱스 일을 할 수 있다는 점이 도움이 됐다. 진단도구 개발이나 통계는 많은 사람들에 대한 정보를 한꺼번에 분석하는 것이고, 코칭은 지금 내 앞에 있는 한 사람에 대해 깊이, 어쩌면 본인도 알지 못했던 정보를 깊이 파고들어 인사이트를 끌어내는 것이다. 혁신 컨설팅이나 사업부문을 이끈 경험과 스타트업에 조언하는 일은 조직이 지금까지 꿈꿔왔지만 내지 못한 성과를 낼 수 있도록 하는 것이다. 이 모두가 전략과 비즈니스에 대한 이해와 연결이 없으면 안 되는 일이었으니 이들을 모두 통합해서 피플 애널리틱스에 적용한 것이 큰 도움이 됐다. 세계 각국을 돌아다니면서 다양한 산업 분야의 동료와 고객들과 함께 일한 경험은 비즈니스 모든 분야의 인사 연구와 피플 애널리틱스 일을 할 때 현장과 그 비즈니스의 문화와 맥락을 항상 생각하게 하는 밑거름이 됐다.

학계와 산업을 두루 경험한 부분도 빼놓을 수 없다. 연구에서는 내가 경험한 생생한 현장 경험들이 연구만 했다면 생각할 수 없었던 적용점이나 맹점 등을 보완해주었다. 그리고 실전에서는 컨설팅이든 코칭이든 실제 현업과 연관된 전반적인 이론과 배경을 미리 알고, 또한 큰 그림을 보고(사회학보다 큰 그림을 보기는 어렵다) 들어갈 수 있어서 굉장히 큰 도움이 됐다. 혼자 할 때도 그렇고 지금 내가 산학을 연계하는 일을 하는데 같이 일하시는 분들에게도 그런 가치를 드릴 수가 있다. 아무튼 이런 여러 각도에서 다양한 관점을 포괄하는 네트워크에서만 생성될 수 있는 인사이트가 내게는 무엇보다 귀한 자원이 됐다고 생각한다. 프로젝트를 요청하는 기업이나 기관들도 그런 부분을 높이 사는 것 같다.

독립적인 피플 애널리스트로서 계획을 수립하다

딱히 피플 애널리스트로서 경력 계획을 갖고 있지는 않았는데, 이렇게 같이 이야기하다 보니 계획이 생겼다. 나는 지금 하고 있는 일을 '내일의 리더와 조직을 오늘로 앞당긴다.Tomorrow's Leaders and Organizations, Today.'라고 링크드인 프로필에 써놓았다. 일의 미래를 조금이라도 앞당기려는 일이면 투자, 대기업 컨설팅, 스타트업 자문, 정부 정책 연구까지 방법을 제한하지 않고 마음껏 자유롭게 하고 있다. 데이터 기반 의사결정이 중요해진 지금, 피플 애널리스트로서 많은 큰 의사결정을 해야 하는 리더들을 돕는 일은 내가 지금 하는 이 일에서 정말 중요한 부분이라고 생각한다.

이야기를 하다가 문득 깨달았다. 지금 이렇게 세계 각국을 왔다 갔다 하면서 큰 조직부터 작은 조직까지 자유를 만끽하면서 정말 다양하고 재미있고 훌륭한 분들과 계속 뿌듯하게, 즐겁게 일할 수 있게 된 동력은 내가 박사과정을 졸업하면서 무슨 일을 할지 찾을 때와 근본적으로 같다. 내게 그 가치 기준은 일의 목적, 같이하는 사람, 일의 즐거움이다.

우선 내 마음에 '세상에 이게 정말 도움이 된다.' '이 방향으로 가는 세상을 뒤에서 내 힘을 보태서 밀고 싶다.'는 그런 목적이 있는 프로젝트나 기업과 일하는 것이다. 다음은 (사실 이게 가장 중요한 기준이라고 보는데) 내가 '맥주 테스트'라고 농으로 이야기하는 '같이 일하고 싶은 사람들이냐'라는 기준이다. 같이 술 한잔 기울이면서 토론하고 싶고, 일로 만났지만 토론을 하다가 술이라도 한잔 같이 마시고 싶냐는 것이다. 함께 있으면 즐겁고 그러면서도 내가 생각해보지 못한 관점을 제시할 수 있는 사람, '와, 저분은 어쩌면 저럴까!'라는 생각이 드는 사람과 같이 서로 배우고 도우면서 수평적으로 일할 수 있는 기회를 계속 찾고 싶다. 마지막으로 일하는 과정에서도 내가 지금까지 쌓아온 이 모든 다양한 경험과 스킬과 지식을 이왕이면 100% 쏟아부어서 할 수 있는 일을 할 계획이다. 감사하게도 독립한 후 지금까지 한국과 미국에서 그런 프로젝트들이 주어지니까 앞으로도 더 그런 리더 및 조직들과 일할 계획이다. 유럽과 아프리카에서도 일해볼 수 있으면 좋겠다.

그리고 일과 삶의 균형을 잃어버리면 안 될 것 같다. 세 가지 기준을 모두 충족하는 일이더라도 내 건강을 해칠 정도로 해야 한다거나, 가족과 친구들과 시간을 보내고 취미를 즐기고 자원봉사 등으로 세상에 기여할 여지를 남길 수 없을 정도로 일을 한다면 앞으로 몇십 년 계속할 수 없을 것이다. 지속적으로 몇십 년 계속 성장하고 기여하면서 일을 즐길 계획이다.

피플 애널리스트로서의 여정을 즐기자

내 경험에 비추어보면 피플 애널리스트는 '어떤 이슈나 질문에 대해 데이터를 모아 인사이트를 끌어내고 커뮤니케이션하는 사람'이다. 한발 더 나아가 인사이트가 의미 있는 실행과 변화로 이어지면 금상첨화일 것이다. 내가 정의한 피플 애널리스트를 풀어 설명하면 이렇다.

피플 애널리스트는 어떤 이슈나 질문에 대해 첫째는 '맞는 질문'을 해야 한다고 본다. 아무리 데이터가 많고 분석 방법이 정교해도 질문의 핀트가 빗나갔으면 말짱 헛수고다.

데이터는 양적 데이터만 있는 게 아니다. 질적 방법과 양적 방법 둘 다 쓸 수 있으면 반드시 둘 다 해볼 것을 추천한다. 질적 방법을 무시하면 전투에 나가는데 한 손을 뒤에 묶고 나가는 꼴이라 반쪽 인사이트밖에 낼 수 없을 것이다. 양손 다 써야 한다. 피플 애널리스트라면 수단과 방법을 가리지 않고 좋은 인사이트를 추구하고 싶을 것이기 때문이다.

피플 애널리스트는 인사이트를 끌어내고 커뮤니케이션하는 사람이다. 조직과 비즈니스 환경과 원하는 성과에서 한시도 눈을 떼지 않는 것이 피플 애널리틱스가 의미 있는 인사이트를 끌어내는 길이라고 본다. 더하여 '나와 다른' 부분이 있는 다양한 사람들과 네트워크를 통해 다양한 관점의 데이터를 모은다면 진짜 차별화를 할 수 있을 것이다.

한 가지 더. 피플 애널리스트로 오래오래 지속하며 성장하고 싶다면 항상 주요 업무의 몇십 퍼센트는 새로운 도전이 있는 것으로 배분해야 한다. 이 과정에서 매일 일과 삶의 균형을 맞춰 자신을 돌본다면 오랫동안 큰 기여를 할 수 있지 않을까 생각한다. 피플 애널리스트로서의 여정을 재미있게 걸어가시길 응원한다!

4장

어떻게 피플 애널리스트는
학습하는가

1. 피플 애널리스트에게 필요한 실무지식은 무엇인가*

평범한 문과생이 피플 애널리틱스 역량을 갖추게 되다

나는 연구, 학습, 변화 관리를 통해 구성원의 행복과 비즈니스 성과 창출에 기여하는 역할을 하는 SK의 그룹 조직 mySUNI에서 일하고 있다. 내가 소속된 행복 칼리지는 '구성원의 행복'을 위해 존재한다. 구성원의 행복은 SK의 경영철학인 SKMS**에서 가장 중요하게 여기는 'SK 경영의 궁극적 목적'이다. SK의 경영진은 구성원의 행복을 증진하기 위해서 데이터의 중요성을 강조하고 있다. 그렇기 때문에 행복 칼리지는 구성원 행복의 영향 요인과 행복을 증

---

* 조영찬

** SKMS**sk Management System**는 SK의 경영철학으로, SK 고유의 기업문화 및 경영이념, 경영기법을 체계적으로 정리한 것이다.

진하기 위한 방안을 찾아내기 위해 데이터를 분석하고 시사점을 도출하는 활동을 한다. 경영의 궁극적 목적을 달성하기 위해 피플 애널리틱스를 활용하고 있는 것이다.

행복 칼리지는 매년 행복 연구를 하고 있다. 행복 연구에는 피플 애널리틱스가 필요하다. 플랫폼에서 수집하는 데이터를 분석하고, 정기·비정기 설문을 통해 특정 주제에 대해 설문조사한 데이터를 분석한다. 포커스 그룹 인터뷰와 워크숍에서 기록되는 텍스트 데이터에서 중요한 토픽과 관계망을 분석하기도 한다. 텍스트 마이닝 기법을 활용하는 것이다.

나는 피플 애널리틱스를 활용하여 이러한 연구를 비롯한 다양한 활동을 하고 있다. 업무 외에 크고 작은 프로젝트를 진행하기도 하고 기고나 강의 활동도 하고 있다. 내가 현재 하는 활동을 보고 원래부터 피플 애널리틱스와 관련된 전공을 하거나 관련 업무를 오랫동안 해온 것으로 오해하는 독자가 있을 수도 있다. 그러나 나는 평범한 상경계열 학부 출신이며 수학을 잘 못하는 특별할 것 없는 문과생이었다. 그런데 어쩌다가 나는 피플 애널리틱스를 하게 된 걸까? 평범한 문과 출신이 피플 애널리틱스 역량을 얻게 된 여정을 이야기하고자 한다. 독자 여러분은 내 이야기를 통해 누구든 피플 애널리틱스 역량을 습득할 수 있고, 습득 방법에는 매우 다양한 방식과 경로가 존재한다는 사실을 알게 될 것이다.

미래 경쟁력은 무엇인가 생각하고 갖추어갔다

나는 학부를 졸업하고 직장인이 된 이후 두 번의 석사를 했다. 첫 번째는 인적자원개발이다. 경영학을 전공한 나는 HRD 업무를 하기 위해 이론과 방법론에 대한 공부가 필요하다고 생각하여 진학을 결심했다. 직장인으로서 학업을 병행하기는 만만치 않았다. 금요일 저녁과 주말을 오로지 공부에 쏟았다. 지친 나머지 몇 번이고 중도 포기를 생각하며 휴학과 복학을 반복했다. 그러다 결국 5년 만에 논문을 쓰고 졸업을 하게 됐다. 그리고 나는 다시는 학위에 도전하지 않겠다고 결심했다. 너무나 고생스러웠던 것이다.

그러나 졸업을 한 바로 그해 빅데이터 MBA에 진학을 하게 됐다. 피플 애널리틱스 역량을 갖추기 위해서 다시 한 번 직장인으로서 학업을 병행하는 길을 선택하게 된 것이다. 연유는 이렇다. 당시 팀장님은 가까운 미래에 인공지능과 데이터가 중요해질 것이라고 예견했다. 2017년이었으니 이세돌과 알파고의 대결 다음 해였고 당시는 인공지능과 데이터가 기술과 사회에 미치는 영향력이 지금처럼 크지 않을 때다. 선견지명이 있는 팀장님이었다. 팀장님은 미래를 준비할 목적으로 팀원들의 의사를 물었다. 누군가 먼저 인공지능과 데이터를 학습해서 교육 프로그램을 기획하고 운영하며 선제적으로 대비하자는 것이었다. 나만 혼자 겁도 없이 손을 번쩍 들어 자원의사를 밝혔다. 지금 돌이켜보면 참 무모한 짓이었다. 수학이나 통계에 능숙하지 않은, 이른바 진성 문과생인 내가 하기에 버거운 내용인 것이 분명했는데도.

하지만 나는 당시 '나의 경쟁력은 무엇인가'에 대한 생각으로 매일매일 고민하고 있었기 때문에 주저하지 않고 몸을 던졌다. HRD를 오랫동안 한 선배들은 자신만의 주무기가 있었다. 나는 인공지능과 데이터를 나의 주무기이자 경쟁력으로 만들고 싶었다. 팀장님은 내가 길어야 3개월 정도짜리 교육 과정에 참가하겠다는 계획을 제출할 것으로 예상했다. 하지만 나는 학위 과정을 진행하겠다고 보고했다. 내 나름대로는 승부를 걸었던 것이다. 팀장님은 처음엔 당황했지만 학위 과정을 통해 무엇을 할 수 있을지 뚜렷한 목표가 있다면 CEO께 보고드리고 진행해보자고 힘을 실어주셨다. 그렇게 나를 첫 번째 기수로, 그때 재직 중이던 LG인화원에 빅데이터 MBA 학위 프로그램이 개설됐다.

나는 1년 반 동안 총 30개의 빅데이터 MBA 과목들을 학습했다. 기초통계와 다변량 분석에서부터 R, 파이썬, 머신러닝, 챗봇 과목까지 착실하게 하나하나 지식을 쌓아갔다. 물론 쉽지만은 않았다. 희미해져가는 고등학교 수학의 기억을 되살리며 미분과 적분을 풀고 그래프를 그렸다. 그 때문에 다시 금요일 저녁과 주말의 시간은 온전히 학업에 쏟게 됐다. 이번에는 큰 무리 없이 동료들과 함께 논문을 쓰고 졸업을 할 수 있었다. 학위 기간 중 고된 시기가 있었지만 내 선택을 후회했던 순간은 한 번도 없었던 것으로 기억한다.

어쩌면 학위 과정이라는 것은 딱딱하고 재미없고 비효율적인 학습 방식으로 비춰질지도 모른다. 그러나 나는 이 시기에 피플 애널리틱스에 대한 대부분의 지식을 습득했다. 심지어 피플 애널리틱스를 전문적으로 다루는 학위 과정이 아니었음에도 그러했다. 아무리 인공지능이 발달한다고 해도 데이터 분석이나 모델링 과정의 검토와 결과 검증은 결국 사람이 할 수밖에 없다. 의사결정도 사람의 몫이다. 최소한의 기본 지식 없이 의사결정을 할 수는 없다. 나는 학위 과정을 통해 통계와 프로그래밍 등 '피플 애널리틱스의 기본 지식'이라는 역량을 확보할 수 있게 됐고 6년이 지난 지금도 이 지식은 유연하고 재미있고 효율적으로 활용되고 있다.

기고와 강의로 커뮤니케이션 역량을 기르게 됐다

나는 피플 애널리틱스 분야에서 일을 하며 가끔 이런 생각을 한다. '결국 커뮤니케이션이 전부 아닐까?' 피플 애널리틱스의 시작은 문제를 정의하는 것에서부터 출발한다. 그리고 마지막은 의사결정으로 끝이 난다. 중간에는 데이터 분석과 실험 등의 프로세스들이 있다. 이 모든 과정에 커뮤니케이션이 필요하다. 물론 커뮤니케이션은 모든 분야를 막론하고 중요한 것이 맞다. 그러나 커뮤니케이션이 잘되지 않으면 피플 애널리틱스 프로젝트는 시작조차 할 수 없는 경우가 많다. 피플 애널리틱스가 가장 많이 맞닥뜨리는 챌린지가 바로 '그거 해서 뭐 하게?'이기 때문이다.

그렇다면 커뮤니케이션 역량은 어떻게 쌓을 수 있을까? 기고와 강의가 최고의 방법이라고 생각한다. 나는 이 두 가지 방식으로 피플 애널리틱스 커뮤니케이션 역량을 쌓았다. 기고는 글쓰기가 필요하고 강의는 글쓰기와 말하기가 복합적으로 필요한 활동이다. 그리고 이 두 가지 방법이 중요한 이유는 읽는 사람과 듣는 사람, 즉 고객이 있다는 사실이다. 간혹 '내가 옳으니까 당신은 받아들여야 한다.'는 커뮤니케이션 방식을 취하는 피플 애널리틱스 담당자를 마주한다. 이러한 현상은 피플 애널리틱스가 이른바 '정답'이 있는 분야이기 때문에 그렇다. 숫자로 결과가 나오기 때문에 피플 애널리틱스 담당자는 대단히 자신감 넘치는 커뮤니케이션을 한다. 때로는 설득이 필요 없다는 생각까지 한다. '정답이 있는데 왜 설득을 해?'라는 관점이어서 그렇다.

그러나 현실은 조금 다르다. 피플 애널리틱스의 커뮤니케이션은 상상하는 것보다 훨씬 더 어렵다. 이유를 설명해보겠다. 피플 애널리틱스의 결과가 일반적인 상식과 같은 경우 '거봐, 뻔하다고 했잖아.'라는 챌린지를 마주하게 된다. 왜 뻔한 분석을 해야만 했는지, 뻔하지만 왜 결과가 중요한지에 대해 설명해야 한다. 반대의 경우도 쉽지 않다. 사람들의 생각, 특히 경영진이나 상사의 생각과 반대되는 결과가 도출된 경우 '정말이야? 제대로 분석한 것 맞아?'라는 챌린지에 부딪친다. 데이터 분석의 과정을 자세하게 설명하는 것은 도움이 되지 않는다. '잘 못 알아듣겠다. 쉽게 설명해라.'라는 반응이 나오기 때문이다.

이 현실을 극복하기 위해 기고와 강의를 추천하는 것이다. 기고, 그러니까 글쓰기는 언뜻 평범한 커뮤니케이션 방식처럼 보이지만 오히려 강의보다 어렵다. 첫 문단에서 독자의 시선을 사로잡고 다음 문단으로 생각의 흐름을 연결해야 한다. 그리고 글이 끝날 때까지 독자를 잡아두어야 한다. 기고를 통해 글쓰기를 연습하면 다음의 이점이 있다. 첫째, 기고를 주관하는 조직 또는 회사의 편집자가 피드백을 한다. 둘째, 대개의 경우 불특정 다수의 독자를 대상으로 하기 때문에 글의 난이도를 조절하는 연습을 할 수 있다. 셋째, 잘 쓴 기고는 강의로 이어져 말하기를 연습할 수 있는 기회가 생긴다.

강의는 오히려 기고보다는 조금 더 쉬우며 더 실질적인 커뮤니케이션 연습의 수단으로 활용할 수 있다. 청중이 눈앞에 있고 그 반응을 실시간으로 관찰하며 말하기에 변화를 줄 수 있기 때문이다. 강의는 커뮤니케이션뿐만 아니라 자기 자신의 이해도를 향상하는 것에도 도움이 된다. 가장 효과적인 학습 방법은 남을 가르치는 것이라는 말은 명백한 사실이다. 강의를 여러 번 하면 할수록 피플 애널리틱스 커뮤니케이션에도 도움이 된다는 사실은 직접 경험해보지 않으면 체감하기 어렵다.

나는 강의할 기회가 없다는 사람에게는 가족에게 자신이 알고 있는 지식을 설명해보기를 권한다. 나는 논문을 쓸 때 중학생이 들어도 전혀 무리 없는 수준으로 단어를 선정하고 개념을 설명해야 한다고 배웠다. 피플 애널리틱스 역시 마찬가지다. 조직의 커뮤니케이션 대상의 직급과 나이를 막론하고 쉽게 설명하며 청중에게 강의하듯이 전달한다면 피플 애널리틱스 프로젝트를 성공적으로 시작하고 끝맺을 수 있을 것이다.

팟캐스트 데이터홀릭으로 넓게 성장해오다

모든 직무가 그렇겠지만 데이터 분석은 특히 경험이 중요하다. 일단 분석을 시작하면 많은 자원과 시간이 투입되기 때문이다. 데이터 분석 경험이 풍부한 피플 애널리스트는 다양한 이슈에 대처하는 방법을 알고 있을 뿐만 아니라 문제를 어떻게 정의해야 하는지 잘 파악하고 어떤 결과가 도출될지 예측할 수 있다.

한편 경험을 쌓는 방법은 다양하다. 직접 분석을 하는 방법이 가장 효과적이지만 서적이나 콘텐츠를 통해 간접 경험을 쌓을 수도 있다. 데이터 분석가 커뮤니티에서 네트워킹을 하는 것도 좋은 방법이다. 분석가 커뮤니티에서 최신 트렌드와 이슈를 파악하는 것뿐만 아니라 잘 풀리지 않는 분석 문제 등에 대해 여러 사람의 아이디어를 모아 해결하는 활동이 상시로 일어난다. 이 책을 읽는 독자들도 반드시 한 개 이상의 커뮤니티 활동을 할 것을 추천한다.

나 역시 간접 경험을 통해 많은 도움을 받았다. 나의 간접 경험은 팟캐스트다. 2019년 4월, 나는 데이터 분석가, 인공지능 개발자, 물류 전문가 지인과 함께 팟캐스트를 시작했다. 팟캐스트의 이름은 데이터홀릭, 말 그대로 데이터에 '홀릭'하여 데이터에 대한 모든 것을 다루는 팟캐스트다. 데이터 분석 공부를 하는 방법에서 출발하여 사용하는 도구(프로그래밍 언어, 분석 툴 등), 각자 업무를 하고 있는 분야에 대한 이야기와 데이터 분석과 인공지능에서 유명한 인물의 스토리까지 다루었다. 에피소드를 준비하며 공부를 많이 했고 청취자와 소통하며 더 다양한 정보를 얻었다.

팟캐스트 멤버들이 각자의 전문 분야에 대한 에피소드를 어느 정도 전달한 이후에는 데이터 분석 전문가들을 방송에 초청했다. 그들은 어떻게 데이터 분석가가 됐는지, 어떤 업무를 맡고 있는지, 어떤 트렌드에 주목하고 있는지, 어떤 성공과 실패 경험이 있는지를 자세히 들려주었고 때로는 어떤 분석가가 필요한지에 대한 이야기도 들려주었다. 나를 비롯한 팟캐스트 멤버들은 데이터홀릭을 통해 한층 더 성장했고 성숙하게 됐다. 분석 방법론에 능숙하다고 모든 문제를 해결할 수 있을 것처럼 구는 이른바 데이터 분석 '선무당'이 되지 않게 해준 것도 이 팟캐스트다. 나는 경험을 얻게 될수록 더 겸손하게 됐다. 성장에는 깊이와 너비가 있다고 생각한다. 학위 과정이 나를 깊게 성장시켰다면 데이터홀릭은 나를 넓게 성장시켜준 기회였다.

데이터홀릭은 지금도 5년 차를 맞이하며 계속되고 있다. 여러분도 데이터홀릭을 꼭 청취하기를 권한다. 유익할 뿐만 아니라 재미도 있다. 조금 더 나아가서 자신만의 콘텐츠를 만들어보길 추천한다. 그것이 브런치와 같은 글이든, 팟캐스트든 유튜브든 관계없다. 어떤 방식이든 여러분을 크게 성장시켜줄 것이다.

피플 애널리스트는 누가 지시하지 않아도 스스로 한다

데이터 분석 또는 코딩을 배울 때 자주 듣거나 내가 직접 쓰는 표현 중 하나는 백문이 불여일타다. 백 번 듣는 것보다 직접 한 번 타이핑해보는 것이 낫다는 말이다. 결국 데이터 분석은 아무리 눈으로 보고 귀로 들어봐야 실력이 늘지 않는다. 자신만의 프로젝트를 해봐야 한다. 많은 프로젝트를 수행해본 피플 애널리틱스 담당자는 분석 실력이 뛰어날 뿐만 아니라 업계에서도 인정받으며 복잡하고 어려운 현장의 문제를 해결할 능력도 갖추고 있다.

그런데 아이러니하게도 첫 번째 피플 애널리틱스 프로젝트 대부분은 누가 지시하는 경우가 거의 없다. 내가 이미 알고 지낸, 또는 새롭게 만난 데이터 분석가는 거의 모두 비슷한 경험을 했다. 누가 지시한다는 것은 조직이나 상사가 피플 애널리틱스에 대한 니즈가 있고 중요성을 알고 있다는 것을 의미한다. 그러나 그런 조직이나 상사는 드물다. 결국 피플 애널리틱스 프로젝트의 문제 정의와 중요성을 부여하는 행위는 '스스로' 해야 한다. 그래서 피플 애널리틱스 첫 번째 프로젝트는 모든 분석가에게 잊혀지지 않는 경험으로 남는다.

나에게도 첫 번째 분석 경험이 있다. 당시 1년간 진행하는 사내 MBA 과정을 담당하고 있었다. 사내 MBA 과정은 이론 중심의 MBA 과목과 경험 중심의 비즈니스 문제 해결 과목들로 구성되어 있었다. 시작과 종료 시점에 사업가 역량 평가를 실시했다. 나는 어쩌면 당연하게 생각될 법한 것에 의문을 갖기 시작했다. 당시 사업가 역량모델은 비즈니스 감각, 재무적 지식, 사람 관리와 같은 요소로 구성되어 있었다. 그렇다면 경영학 개론 과목에서 높은 점수를 받은 사람은 비즈니스 감각이 뛰어날까? 인적자원관리 과제에서 우수한 점수를 받은 사람은 조직의 이슈에 잘 대응하는 능력을 갖췄을까?

사내 MBA 교육의 목적이자 목표는 참가자들의 사업가 역량을 향상하는 것이다. 그러다 보니 누구도 이론에서 역량 평가로 이어지는 구조에 대해 의문을 품지 않았다. 당연히 역량 관련 이론에서 높은 점수를 받은 참가자가 해당 역량도 높을 거라고 여겼다. 그러나 나는 이 사실을 검증해보고 싶었다. 그래서 각 참가자의 평가 점수를 분석하여 사내 MBA 시작 전 점수와 종료 후 점수를 비교하고 MBA 이론 과목 점수와의 상관관계를 분석했다. 놀랍게도 이론 과목의 점수를 높게 받았다고 해서 해당 역량이 무조건 높은 것은 아니라는 결론이 도출됐다. 아니, 사실 놀라운 사실이 아닐지도 모른다. 사업을 잘하는 사람이 경영학 이론을 줄줄 외며 방법론 중심의 사고와 행동을 할 리 없는 것이다.

그러나 놀라운 사실이 아닌 이 분석 결과가 사내 MBA 프로그램을 완전히 바꿨다. 이론 과목의 비중이 크게 줄어들고 실제 사업 감각을 기를 수 있는 실전형 프로젝트와 과목들의 비중이 크게 늘었다. 물론 내 분석 결과 때문만은 아니다. 이미 이론 과목의 학습이 가져다주는 효과성에 대한 의문이 조금씩 생기고 있었다. 분석의 결과가 의미 있게 활용될 수 있었다.

사실 지금 생각하면 데이터 분석이라고 말하기도 민망한 간단한 기술통계를 활용했다. R이나 파이썬이 아니라 엑셀의 수식만으로 증명했던 분석이기도 했다. 나는 누구도 시키지 않았던 첫 번째 피플 애널리틱스 프로젝트를 통해 더욱 피플 애널리틱스 분야에 빠져들었다. 지금도 이때를 떠올리며 현장의 당연한 문제를 다양한 관점에서 바라보려고 노력하고 있다. 결국 중요한 것은 '직접 해보는 것'이다. 여러분의 첫 번째 프로젝트는 여러분의 의지로 시작될 수밖에 없다는 사실을 말하고 싶다.

여전히 가장 중요한 것은 숫자가 아니라 사람이다

여러분이 결코 잊지 말아야 할 것이 있다. 피플 애널리틱스의 공통역량으로 가장 중요한 것은 '숫자가 아니라 사람'이다. 가장 중요한 것은 피플 애널리틱스에서 다루는 숫자들이 결국 한 사람 한 사람의 구성원이라는 것을 결코 잊어서는 안 된다. 나는 이것이 피플 애널리틱스의 핵심이라고 생각하며 일반 데이터 분석가와 피플 애널리스트를 구분하는 잣대라고도 생각한다. HR의 중요한 프로세스들인 채용, 평가, 배치, 승진, 보상, 퇴직 등 그 어느 것 하나 실제 사람에게 영향을 주지 않는 것이 없다. 이 프로세스와 관련된 프로젝트의 결과는 누군가를 채용하고 배치하며 승진시키고 때로는 퇴직을 권고하게 만든다.

그렇기 때문에 여전히 가장 중요한 것은 사람이다. 분석의 결과는 단순할지 모른다. 그러나 결과의 적용과 활용은 단순하지 않다. 따라서 피플 애널리스트들은 겸손하고 신중해야 하며 분석의 결과가 가지고 올 결과에 대해 유념해야 한다. 분석에서 다루는 숫자들이 사람임을 잊는 순간 단순하고 기계적인 분석 업무만을 반복하는 분석가가 될 수밖에 없다. 그러한 분석가는 챗GPT와 같은 인공지능으로 얼마든지 대체될 수 있다. 사람이 중요하다는 사실을 안다는 것은 조직의 '맥락'을 파악하고 있다는 의미와 유사하다. 인공지능은 아무리 발달해도 맥락까지 파악하기 어렵다. 오직 여러분만이 그 역할을 할 수 있다.

지금까지 어떻게 수학을 싫어했던 문과 출신 HRD 담당자가 피플 애널리틱스를 하게 될 수 있었는지 실제 경험을 바탕으로 정리하며 공통역량이 무엇인지 정의해보았다. 피플 애널리틱스의 공통역량으로서 필요한 것은 이론 지식과 커뮤니케이션 스킬, 다양한 사례 경험, 프로젝트 역량을 꼽았다. 그리고 마지막으로 가장 중요한 것은 '숫자가 아니라 사람'이라는 관점을 강조했다.

어쩌면 나는 피플 애널리스트로서의 잠재력 측면에서는 가장 하위 그룹에 속할지 모른다. 지금도 기술적인 부분이 부족하여 다른 사람이나 커뮤니티의 도움을 받는다. 분석 코드도 매번 잊어버려서 책이나 인터넷을 뒤진다. 그러나 문제를 정의하고 프로젝트를 수행하여 완수하는 것만큼은 잘하는 영역이라고 자부할 수 있다. 오랜 시간 피플 애널리틱스 분야에 몸담으며 직접 또는 간접적으로 다양한 사례들을 경험해왔고 맥락을 읽는 관점을 키워왔기 때문이다. 나와 같이 부족한 면이 많은 사람도 공통역량을 갖추게 됐다. 여러분도 할 수 있다. 정답은 없다. 내 이야기는 하나의 참고로 활용하기를 바란다. 여러분이 멋진 피플 애널리스트로 성장해나가길 응원한다.

2. 해외 유학을 통해 피플 애널리틱스를 학습하다* 🔍

영국 대학 소속 피플 애널리틱스 연구자가 되다

나는 현재 영국 리즈대학교에서 연구교수Research Fellow[1]로 피플 애널리틱스를 연구하고 있다. 동시에 학교에서 운영하는 데이터 애널리틱스 및 인적자원관리 석사과정 학생들을 가르치고 있다. 하지만 몇 년 전만 해도 나는 이런 모습을 기대하지 않았다. 한국의 한 기업에서 매달 급여일을 손꼽아 기다리며 지내는 여느 평범한 직장인이었다. 그러던 중 30대 중반에 학업을 위해 모든 것을 내려놓고 가족을 데리고 함께 영국으로 유학을 떠났다. 뒤늦게 대학원 과정을 시작했지만, 나는 그 누구보다 '왜'가 명확했다. 그래서 다른 것

---

* 이재진

에 눈 돌리지 않고 해야 할 것에 집중할 수 있었다. 그 과정에서 피플 애널리틱스를 알게 됐다. 그런데 새롭지 않았다. 지난 오랜 시간 내가 치열하게 학습하며 밟아온 길이 속칭 사람들이 피플 애널리틱스라고 말하는 분야와 같은 선상에 있음을 깨달았다. 이 글에서는 나와 마찬가지로 피플 애널리틱스를 공부하기 위해 부단히 고민하고 있을 많은 사람에게 조금이나마 도움이 되고자 학습 관점에서 먼저 걸어온 과정을 함께 나눈다.

수학, 법학, 전략기획을 거쳐가며 진로를 고민했다

피플 애널리틱스는 인사HR와 분석학이라는 뜻의 애널리틱스analytics가 결합된 영역이다. 그러다 보니 대학 학부 시절 수학을 전공한 것이 많은 도움이 됐다. 하지만 그렇다고 대학 시절 수학을 좋아하고 잘했던 것은 아니다. 확률이나 통계와 같이 실생활에 응용할 수 있는 과목은 재미있었지만, 당연한 이론을 해석하고 증명해야 하는 다른 수업들은 너무 힘들었다. '당연한 것을 왜 굳이 수학적으로 증명해야 하지?'라는 질문을 지울 수 없었다. 수학에 대한 흥미가 떨어지면서 학업에 소홀해지니 성적이 좋지 않았다. 결과가 좋지 않으니 더 재미가 없었다. 악순환이었다.

법학은 수학을 힘들어하던 내게 도피처였다. 나는 글로 딱 부러지게 논리적으로 설명하는 과정에서 법학에 큰 흥미를 느꼈다. 법은 이미 정해진 문장이지만 해석하는 관점에 따라 토론과 논쟁의 여지가 많았다. 당시 한 학기 내내 민법, 민사소송법, 특허법, 저작권법 등 관심 있던 법학 과목들로 수업을 몽땅 채운 적도 있었다.

수학과 학생인데 법학관으로 등교했다. 나는 당시 법대 교수의 눈에도 특이한 존재였다. 법학 시험지에 장문의 글과 함께 갑甲-을乙-병丙의 법률적 관계를 수학적 도표로 도식화하여 답안을 제출했다. 법대에서 볼 수 없던 희귀한 혹은 신기한 대상이었다. 법학은 상당히 재미있었고 좋은 성적을 받았다. 이런 흥미는 변리사²라는 전문직 시험 준비로 이어졌다. 한때 대학 변리사 고시반과 신림동 고시촌에서 법학 공부에 전념하기도 했다.

지금도 그렇겠지만 어려운 시험은 누구에게나 혹독하다. 변리사 자격증 취득이 쉽지 않았기에 20대 후반에 다른 진로를 찾기 시작했다. 우연히 학교에서 진행하는 해외 인턴십 기회를 얻게 됐고 몇 개월간 미국 샌프란시스코의 한 스타트업에서 일했다. 사실 당시 나는 영어를 잘 못했기에 무척 힘들었다. 상사와 동료로부터 업무 지시사항을 제대로 듣는 것도, 이해하는 것도 어려웠다. 눈치로 일해야 했지만 주눅들지는 않았다. 이 해외 인턴십 경험으로 진로에 대한 생각이 완전히 바뀌었다. 비즈니스 현장에서 일하는 것에 대한 즐거움을 느꼈고 취업을 준비해야겠다고 마음먹었다.

서른 살 가까운 나이에 취업은 또 다른 큰 산이었다. 취업을 위해 남들처럼 수십 수백 군데에 지원하지 않았다. 어차피 가진 자원(스펙)이 제한적이었기 때문에 할 수 있는 몇 군데에 전력을 투자했다. 그래서 가장 목표했던 회사에 가기 위해 세 가지를 했다. 첫 번째, 해당 회사에 재직 중인 사람들을 만나 티타임을 요청해 탐색했다. 인터넷 정보가 아니라 실제 이야기를 듣고자 했다. 교수님이나 선배 등 내가 가진 네트워크를 최대한 활용했다. 두 번째, 집 근처 해당 회사의 매장에 가서 일하며 현장 경험을 조금이라도 쌓으려고 애썼다. 당연히 회사 매니저는 처음에 받아주지 않았다. 하지만 열정 있는 대학생을 도와주려는 마음이 들었는지 매장 한 곳에서 일하며 고객을 응대하고 현장 업무를 경험할 수 있도록 기회를 주었다. 세 번째는 그 회사의 모태가 됐던 아울렛 지점에서 전략 프로젝트를 혼자 진행했다. 한때 도심 아울렛의 대명사로 성장했던 지점의 실적이 상당히 악화되고 있음을 지역 주민으로서 이미 잘 알고 있었다. 그 지점 앞에서 200명에 가까운 고객 설문을 하고 그 결과를 분석하여 나름대로 비즈니스 활성화 전략을 모색하는 전략 보고서를 준비했다. 다른 회사에 눈 돌리지 않고 한곳에 모든 역량과 자원을 집중했던 의도가 적중해 해당 기업의 그룹 전략기획실로 입사할 수 있었다.

사람에 대한 본질적 관심이 HR 실무와 유학까지 이어졌다

그룹 전략기획실은 여러 계열사의 비즈니스 문제를 해결하는 '내부 컨설팅' 역할을 하는 조직이었다. 패션, 유통, 외식, 건설, 호텔 등 여러 사업부의 프로젝트를 수주하여 진행했다. 그중 유독 기억에 남는 프로젝트가 있다. 비즈니스 확장 속도가 빠른 한 사업부의 매니저급 인력 증가를 예측하고 준비하는 교육훈련 프로그램을 설계하는 프로젝트였다. 비즈니스가 급속히 확장하면 기업은 일할 사람을 많이 필요로 한다. 대부분 빠르게 사람을 충원해야 하기 때문에 외부 수혈[3]이 일반적이다. 다만 이 경우 회사의 문화, 정서, 비전과 맞지 않는 사람이 대거 충원될 여지가 있고, 조직문화가 훼손되는 등 여러 예기치 않은 문제가 발생할 수 있다.

또 다른 방법은 시간이 걸리더라도 신입직원을 채용하여 육성하고 리더로 성장시키는 방법이다. 이 경우는 회사의 비전과 방향, 문화에 대한 이해도가 높고, 사내 네트워크도 장기간 쌓을 수 있기 때문에 향후 영향력 있는 리더나 매니저를 확보할 가능성이 높다. 하지만 시간이 오래 걸린다는 큰 단점이 있다.

이 두 관점을 병합한 또 다른 전략은 이미 있는 기존 직원 중 리더가 될 만한 역량이 있는 사람들을 집중적으로 리더십 교육훈련을 해서 리더로 선발하는 것이다. 이미 조직 내부의 사정도 어느 정도 알고 있고 조직문화 이해도가 높다. 따라서 리더로 발탁했을 때 발생할 문제들을 사전에 잘 예비하기만 하면 좋은 방법이 될 수 있다. 다만 이 경우에도 비즈니스의 확장에 따라 필요한 리더를 내부적으로 충분히 충원할 수 없기 때문에 여러 예기치 않은 후속 문제들이 발생하기도 한다.

해당 프로젝트를 진행하며 개인적으로 많은 질문이 있었다. 매니저급 인재를 외부에서 충원하는 경우, 내부에서 육성하는 경우, 혹은 내부에서 발탁하는 경우라는 이 세 가지 루트 중 어느 것이 가장 효과적일까? 첫 번째 방법이 비용적으로는 가장 많이 부담될 것 같다(경력직을 즉각 외부에서 스카우트함으로써 발생하는 인건비와 대행 수수료 등의 부담이 크기 때문에). 그럼 어느 정도까지 충원하는 것이 비용-수익 관점에서 적절할까? 정말로 내부 신입직원들이 조직에서 성장하여 향후 리더로 발탁되면 더 나은 성과를 기대할 수 있을까? 그들이 그 정도로 성장하기까지는 어떤 교육훈련 프로그램이 필요할까? 최소한 몇 년이면 될까? 지금처럼 사업이 확장될 때 인력을 무분별하게 충원하면 나중에 사업이 저조할 때 인력을 어떻게 활용할 수 있을까? 이런 모든 관점을 숫자로 어떻게 확인할 수 있을까? 숫자를 활용한 논리적 근거를 어떻게 제시할 수 있을까?

이와 같은 관점을 고민하며 진행한 프로젝트 결과물로, 사업부에서 매니저 발탁 및 교육훈련이 시행됐다. 전략기획실 소속으로 상품, 마케팅, 고객 데이터 분석 프로젝트를 하는 것도 흥미로웠지만 직원 관련 프로젝트에 더 마음이 쏠렸다. 이를 계기로 나는 전략기획실을 떠나 HR 부서로 이전하고 싶다고 의사를 표했고 HR 실무자로 일할 수 있는 기회가 열렸다.

HR 현장은 매우 치열했다. 400명가량 있는 조직에 나를 비롯해 7명의 인사담당자가 있었다. HR 실무자는 직원들과 관계가 미묘했다. 일반 직원들과 가깝게 지내려 해도 한계가 있었고 항상 어느 정도는 회사를 대변해야 했다. 회사는 HR을 단순한 행정적 지원 기능으로 보지 않았다. 회사의 가장 중요한 자산인 '사람(직원)에 대한 모든 업무를 관장하는 부서'로 생각했기 때문에 HR에 상당한 전략적 투자를 하고 있었다. 그래서인지 많은 부분에서 데이터에 기반한 업무 시스템을 구축하려고 시도했다. 특히 채용에서 다양한 판단도구와 검증도구를 활용하여 지원자에 대해 입체적으로 판단하고 이해한 후 의사결정을 할 수 있는 시스템을 오랜 기간 구축했다. 데이터가 이미 많이 쌓여 있었고 매년 더 쌓이고 있었다. 이 데이터들을 활용해 시스템을 계속 개선했다. 하지만 비즈니스 확장에 따른 사업 속도가 너무 빨라서인지 채용을 제외한 다른 영역은 일반적으로 생각하는 HR 업무 현실과 크게 다르지 않았다. 각 인사담당자가 HR의 어느 한 기능을 책임지고는 있었지만 채용, 교육훈련, 온보딩, 성과 몰입도, 보상 및 평가 등 시즌별로 HR 업무가 몰릴 때면 HR 부서 전 직원이 함께 그 일을 감당하곤 했다. 그 덕분에 깊지는 않아도 HR의 전 영역을 고루 경험할 수 있었다.

그렇게 HR 실무자로 일하다가 유학을 결심했다. 직장생활을 하다가 30대 중반에 가족과 해외 유학을 가는 결정은 결코 쉽지 않았다. 하지만 평범한 직장인으로 살다가 10년 혹은 20년 뒤에 내가 살아갈 모습이 너무 뻔하게 그려졌다. 또한 HR을 제대로 공부한 적이 없어서 실무에서 맞닥뜨리며 현장에서 배우는 것만으로 한계를 많이 느꼈다. 이를 어떻게 보완할 수 있을지 고민이 깊었던 이유도 있었다.

HR 유학 과정에서 피플 애널리틱스와 만나다

나는 영국으로 유학을 떠나기 전까지 HR 애널리틱스 혹은 피플 애널리틱스라는 단어를 들어본 적이 없다. 그런데 용어가 낯설었을 뿐 개념이 낯선 것은 아니었다. HR 실무를 하면서, 또 HR 주제의 전략기획 프로젝트를 하면서 자연스레 수학적 마인드로 이것저것 논리적 근거를 찾고 생각해보고 질문을 던지곤 했다. 이런 나의 발자취를 영미권의 사람들은 피플 애널리틱스라는 분야로 명명하여 부르고 있었다. 피플 애널리틱스에 대한 인식과 관심은 영국 석사 과정에서 본격적으로 구체화되고 실체화됐다.

피플 애널리틱스 주제로 석사 논문을 쓰고, 피플 애널리스트들을 만나 인터뷰하고, 피플 애널리틱스를 주제로 하는 글로벌 콘퍼런스에 참여하고, 관련 연구논문과 케이스 스터디를 스펀지가 물을 흡수하듯 밤낮으로 읽어댔다. 분석 역량을 더 훈련하기 위해 엑시터대학교 교육대학원에서 운영하는 '데이터 사이언티스트' 교육과정의 커리큘럼 디자인 프로젝트에 참여했다. 엑시터대학교 Q-스텝 센터에서 R과 기타 통계 프로그램을 활용하여 분석 실습을 하는 동시에 계량적 연구방법론을 집중적으로 학습했다.

이런 노력의 결과물 중 일부는 2020년 초에 국내에서 『비즈니스 파트너: HR 애널리틱스』라는 책으로 발간됐다. 학업과 진로에서 피플 애널리틱스 분야로 붙은 불씨는 금세 걷잡을 수 없이 타올랐다. 석사과정을 마쳐가는 시점에 국내 몇몇 기업으로부터 입사 제안을 받았다. 또 책을 통해 이름이 알려지면서 이곳저곳에서 강의, 콘퍼런스 발표, 프로젝트 논의 등을 위한 미팅 요청이 이어졌다. 하지만 나는 사회의 니즈를 뒤로하고 평생 단 한 번도 생각해본 적 없었던 박사과정을 진지하게 고민하기 시작했다.

피플 애널리틱스로 주제와 분야를 특정하고 시작한 박사과정은 석사 때와는 또 달랐다. 지역과 국가를 막론하고 피플 애널리틱스에 대한 관심, 투자, 연구가 급속도로 확장하고 있었다. 기업뿐만 아니라 학교도 마찬가지였다. 특히 내가 있는 리즈대학교는 영국에서 가장 먼저 피플 애널리틱스 석사과정을 개설한 학교다(공식적인 과정 명칭은 데이터 애널리틱스 및 인적자원관리이다). 킹스칼리지런던이나 케임브리지대학교처럼 피플 애널리틱스를 하나의 수업 과목으로 가르치거나 6~8주 온라인 자격증 과정으로 운영하는 곳은 있었다.

하지만 피플 애널리틱스를 아예 하나의 학위 프로그램으로 구성하여 운영하는 곳은 리즈대학교가 처음이었다.

덕분에 나는 비슷한 코스나 프로그램을 벤치마킹하기 위해 리즈대학교의 지원을 받아 와튼스쿨, 코넬대학교, 런던정치경제대학교 **LSE**, 케임브리지대학교, 마이HR퓨처**myHRfuture**아카데미, 조시버신 아카데미**Josh Bersin Academy**, AIHR아카데미 등과 같은 학교와 기관에서 제공하는 피플 애널리틱스 관련 수업들을 모두 수강할 수 있었다. 그리고 다른 교수들과 함께 피플 애널리틱스 석사과정 프로그램 각 과목을 디자인하고, 더 나은 방향으로 개선하고, 학생들을 가르치고, 워크숍을 운영하는 것 등을 경험했다.

피플 애널리틱스 석사학위에서 무엇을 기대할 수 있는가

피플 애널리틱스를 하나의 과목으로 운영하는 대학과 사설 학습 기관은 전 세계에 넘친다. 하지만 하나의 석사학위 과정으로 운영하는 곳은 아직 많지 않다. 영국에도 이에 해당되는 대학 수는 고작 한 손에 꼽는다. 그중 내가 직접 연구하며 가르치고 활동하는 리즈대학교의 피플 애널리틱스 석사과정에 대해 자세히 소개하겠다. 해외 유학을 통한 피플 애널리틱스 학위 과정에 관심 있는 사람들에게 도움이 될 것이다.

• 피플 애널리틱스 석사과정을 운영하는 해외 대학들에 대한 정보를 더 구체적으로 확인하고자 하면 QR 코드를 스캔하여 나오는 글을 참고할 것을 권한다. 해당 글에는 피플 애널리틱스 학습을 위한 여러 자료들(대학 학위 과정,

수료증 과정, 유튜브, 팟캐스트, 블로그, 추천 도서 등)을 모아놓았으니 학습에 관심 있는 사람들에게 도움이 될 것이다.

리즈대학교는 영국의 러셀그룹Russell Group에 속하는 대학으로 북잉글랜드에 위치하고 있다. 런던에서는 기차로 약 2시간 10분이 소요된다. 이곳 비즈니스 스쿨에는 총 6개 학과가 있다. 피플 애널리틱스를 연구하는 학자들은 주로 '사람, 일, 고용관계 학과People, Work and Employment'에 있다. 이 학과에서 2020년부터 피플 애널리틱스 석사과정을 운영하고 있다. 2021~2022년에는 약 90명의 학생들이 HR 애널리틱스 석사과정을 마쳤다. 2022~2023년에는 약 60명, 2023~2024년에는 100여 명이 넘는 학생들이 참여하고 있다. 학생들은 유럽과 아시아, 중동, 아프리카 등 다양한 국적으로 구성되어 있는데, 2024년부터는 한국 출신 학생들도 생겨나고 있다. HR 혹은 데이터 분석 실무 경험이 있는 학생들도 있지만 없는 학생들이 더 많다. 피플 애널리틱스를 경험하고자 청강하거나 선택과목에 추가로 등록하는 타 전공 학생과 학부생들도 꽤 있다. 참고로 리즈대학교 피플 애널리틱스 석사 프로그램은 4개 필수과목과 7개 선택과목이 있다. 해당 과목들은 다음과 같다.

Year 1 compulsory modules

Module Name	Credits
Strategic Human Resource Management	30
HR Analytics: Strategy and Practice	30
Data Analytics for Human Resources	30
HR Analytics Project	60

Year 1 optional modules (selection of typical options shown below)

Module Name	Credits
Sustainable Futures: Climate Change, the Environment and Business	15
Sustainable Futures: Climate Change, the Environment and Business	30
Employment Law	30
Global Perspectives on HRM and Employment Relations	30
Diversity Management	30
Change Management and Communication	15
Creating Effective Data Visualisations	15
Digital Information and Organisations	15

가장 핵심은 3학기로 구성된 1년의 석사과정을 마무리하는 HR 애널리틱스 프로젝트다. 학생들은 그동안 학습한 HR의 수많은 주제들 중 관심 있는 영역과 연구주제를 선정해 스스로 연구를 설계하고 관련 데이터를 수집하고 분석한 후 프로젝트를 발표하는 한편 논문을 작성한다.

사실 과목명이 뭐라고 되어 있든 아무래도 가장 중요한 것은 어떤 내용을 어떻게 차별화하여 구성하고 전달하느냐일 것이다. 피플 애널리틱스 학위 과정을 운영하는 대학들의 과목과 내용은 대동소이하다. 다만 리즈대학교는 지난 몇 년의 과정을 피드백하며 지속적으로 학습 콘텐츠와 가르치는 방식을 개선하고 있다. 예를 들면 다음과 같은 차별점이 있다.

첫째, 학생들이 HR의 각 주제들을 융합적으로 사고하도록 유도한다. 과목당 3~4명의 교수진이 참여하여 각자 강의, 분석 워크숍,

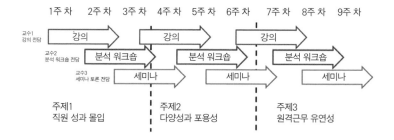

세미나, 분석 실습을 전담하고 이를 강의 → 분석 워크숍 → 세미나 → 분석 실습 → 강의로 이어지는 하나의 사이클로 반복하여 운영한다. 각 사이클은 개별적으로 운영되는 게 아니라 서로 겹쳐 있다. 그리고 각 사이클에서 다루는 HR 주제도 두세 가지에 걸쳐 있어 학생들이 융합적인 사고를 하도록 이끈다. 여기서 다루는 HR 주제는 직원 몰입도employee engagement, 성과관리performance management, 다양성과 포용성diversity & inclusion, 업무 유연성flexibility 등이 있다.

둘째, 연구 기반research-based의 학습 자료를 제공함으로써 가능한 한 검증된 분석 과제와 방법을 경험할 수 있도록 한다.

셋째, 수십 가지가 넘는 다양한 유형의 오픈 데이터세트를 제공하여 학생 스스로 관심 있는 분석을 언제든지 실습해볼 수 있도록 한다.

넷째, 자신이 관심 있는 분석방법론으로 피플 애널리틱스 연구 분석 프로젝트를 수행하고, 석사 논문으로 프로젝트 결과 보고서를 제출해야 한다.

다섯째, 현직에 있는 다양한 피플 애널리스트를 초청하여 강연과 네트워크 기회를 제공한다.

여섯째, 기업에서 피플 애널리스트 채용을 하고자 할 때 학생들을 인턴십과 취업 기회로 연결한다.

계속해서 해당 과정을 개선해 나가면서 두 가지를 염두에 둔다. 하나는 학생들이 무엇을 위해 이 과정을 등록했으며 끝난 시점에 어떤 모습과 레벨을 기대하는지를 중요시하는 것이다. 다른 하나는 (데이터 사이언스나 데이터 애널리틱스 학과 과정에서는 충분히 다루지 못하고, 또 인적자원관리 과정에서도 마찬가지로 충분히 다루기 어렵지만) 피플 애널리틱스이기 때문에 할 수 있는 콘텐츠, 맥락, 방법론을 중요시하는 것이다. 계량심리학, 계량경제학, 통계학, 비즈니스 애널리틱스 등 비슷한 영역들이 많지만 그렇다고 동일하지는 않다. 법학, 회계학, 수학 등 전통적으로 수십 년 혹은 수백 년도 더 된 분야와는 다른 특성이 있기 때문에 다르게 접근하려고 한다. 하지만 이에 대한 정답이 있을까? 사회가 변화하고 학생들이 변화하고 세상의 니즈가 변화하는 만큼 대학이 제공하는 교육 서비스도 계속 변화해야 한다고 생각한다.

피플 애널리틱스 학위 과정이 꼭 필요한가

사실 피플 애널리틱스 학위 과정에 대한 정보 전달보다 이 질문이 더 먼저 다루어져야 한다. 요즘같이 다양한 플랫폼을 통해 무료로 혹은 저렴하거나 합리적인 비용으로 강의를 들을 수 있고 또 좋은 자료가 넘쳐나는 환경에서 대학교 교과과정은 더 이상 독점적지위를 갖지 않는다. 데이터 분석은 더욱 그러하다. 분석을 위해 우리가 자주 사용하는 프로그램들로 엑셀, R, 파이썬, SPSS, STATA,

태블로, 파워 BI 등이 있다. 이러한 프로그램 학습을 위한 동영상은 유튜브에 넘쳐난다. 다양한 사설 교육기관에서 출중한 강사들을 섭외하여 실무 분석 프로젝트 경험을 제공하는 과정도 많다.

HR 업무 경험을 통한 지식도 마찬가지다. 직접 직원을 채용하고, 인터뷰 과정을 설계하고, 보상 시스템을 구축하거나 직원 인력 계획을 세우고, 또 온보딩 및 교육훈련 프로그램을 운영하는 등의 경험은 학교가 아니라 직장에서 가능한 것들이다. 그럼 더 이상 대학교 교과과정은 의미가 없는 것일까? 특히 해외 대학에서의 학업은 수천만 원의 학비가 들기 때문에 일반 사람들에게는 결코 가볍지 않은 투자다. 그런데 왜 여전히 많은 사람이 대학을 찾고, 유학을 가고, 그 학위 과정에 투자하는 것일까? 그러한 논쟁의 일선에 서 있는 입장에서 대학에서 제공하는 피플 애널리틱스 학위 과정이 가진 가치에 대해 몇 가지 이야기해 본다.

첫째, 정제된 자료를 단기간에 집중적으로 학습할 수 있다. 학습에 왕도는 없다. 하지만 오랜 시간 동안 학습한다고 해서 모두 동일한 수준의 전문가가 되지는 않는다. 우리는 질적으로 좋은 자료를 활용하여 좋은 학습 동료들과 같은 장소에서 같은 시간에 에너지를 집중함으로써 그 효과를 극대화한다. 영국이든 한국이든 어느 나라든 더 나은 학습 성과를 위해서 학원이나 과외 등 별도로 최적화된 학습 환경을 제공하려는 것과 같은 이치다.

둘째, 대면 네트워크는 힘이다. 특히 학교에서 만난 학업 동료들은 후에 사회에서 서로 도움을 줄 수 있는 미래 잠재력이다. 우리는 이미 코로나19 시기를 통해 경험했다. 온라인 비대면으로 충분히 많은 것을 할 수 있게 됐지만, 그것이 대면 진행의 장점까지도 모두 아우르지는 못한다. 가장 비일비재한 사례로 줌이나 구글미트로 온라인 화상 회의를 하면, 특히 4~5명 이상 복수 인원이 참여하는 경우 상호작용과 커뮤니케이션이 결코 직접 대면만큼 효과적이지 않다. 물론 이동에 따른 시간 절약, 비용 절약 등 비대면의 장점이 분명히 존재한다. 하지만 비대면의 한계 역시 존재하기 때문에 요즘 이뤄지는 미팅, 콘퍼런스, 워크숍 등은 대면과 비대면 진행의 장점을 절충하여 하이브리드 형식을 취하는 경우가 많다.

셋째, 여전히 학위는 어느 정도의 실력과 수준을 말해준다. 물론 피플 애널리틱스 학위가 있다고 해서 HR 관련 분석을 잘하고 전문가라고 단언할 수는 없다. 실력으로 검증하고 보여줄 수 있다면 학위 그 자체의 가치를 뛰어넘을 수 있다. 하지만 학위를 배제하고 실력으로만 자신의 성과와 역량을 세상에 증명하기까지는 개인 브랜딩, 평판, 프로젝트 포트폴리오 등 상당한 레퍼런스를 쌓아야 비로소 가능하다. 지역과 국가를 불문하고 대부분의 사람들은 여전히 학위를 통해 어느 정도의 판단을 한다. 세상과 대학을 서열화하여 바라보는 시각에 대한 비판적 논쟁은 차치하고 적어도 지난 오랜 기간 세상에 존재해온 교육기관의 배타적 지위와 그에 따른 사회적 인지도는 여전히 영향력이 있다.

넷째, 현실적인 대안일 수 있다. 피플 애널리틱스라는 분야의 특성상 HR과 데이터 분석이라는 두 가지 영역을 고루 경험하지 않으면 어렵다. 이 부분은 특히 갓 대학을 졸업했는데 피플 애널리틱스 분야에서 일하고 싶어 하는 이들에게 큰 진입장벽이 된다. 일반적으로는 HR 실무자로 일을 시작하거나 비즈니스 데이터 분석가로 일을 한다. 두 가지 분야를 동시에 섭렵한, 준비된 피플 애널리스트로 바로 사회에 진출하는 것은 녹록지 않다. 이런 관점에서 HR에 관한 지식과 경험도 넓히고 분석 스킬을 훈련할 수 있는 피플 애널리틱스 학위 과정은 향후 피플 애널리스트를 고민하는 학생들에게 현실적인 대안이 될 수 있다.

학습에 왕도는 없다지만 분명히 개인의 조건과 상황에 따라 더 나은 길이 있다고 믿는다. 게다가 학습은 일방향으로 주입되는 게 아니라 같이 만들어가는 생산 과정에서 더 활발한 선순환이 일어난다. 피플 애널리틱스 분야의 경우 아직 그 역사가 길지 않아서 학습할 자료가 적고, 새롭게 만들어질 학습 자료의 양이 오히려 더 많아질 것이다. 그 과정에서 생겨나는 프로슈머prosumer, 즉 생산소비자가 피플 애널리틱스를 학습할 뿐만 아니라 이 영역을 이끄는 사람이 될 것이다. 나와 독자분들이 각자의 상황에서 피플 애널리틱스와 관련된 무언가를 생산한다면 그것이 곧 서로에게 학습이 될 것이며 동시에 피플 애널리틱스의 생태계를 확장해가는 가장 좋은 길이 될 것이다.

5장

피플 애널리스트로서
미래를 만들어간다[*]

* 윤승원

1. 일에 대한 관심과 의지가 먼저다 |Q

이 길을 택했다면 믿고 올인하고 고군분투하라

해마다 2월엔 미국 인적자원개발학회AHRD[1]가 열린다. 2013년 학회는 지금도 기억이 생생하다. 지금은 중국에 소재한 미국 대학의 경영대에서 비즈니스 애널리틱스 조교수로 일하고 있는 채충일 박사가 당시 펜실베이니아주립대학교에서 박사과정으로 머신러닝과 네트워크 분석을 공부하고 있었다. 그는 머신러닝과 네트워크 분석이 HR에서는 전혀 생소한 분야라 학위 논문을 이 방법들로 써도 될지, 이 길을 갔을 때 앞으로 미래가 있을지 고민을 상담했다. 나는 대학에서 20년 넘게 일을 하면서 비슷한 질문을 자주 받는다. 인사 분야에서 데이터 애널리틱스에 관심 있는 경영대 학생들도 가끔 상담을 요청한다.

나는 미래 예측을 좋아하지 않는다. 20대 후반과 30대 초반을 IT 프로젝트 매니저로 일하며 빠른 기술 변화를 최전선에서 체감했다. 나는 일리노이대학교에서 HRD 전공으로 박사학위를 받았고 교육 공학과에서 교수생활을 시작해서 10년 넘게 일하는 동안 매해 새로운 기술들이 등장하고 미래 예측과 교육의 대변화를 예고하는 미디어들을 접했다. 어느 때는 이러닝, 어느 때는 스마트·모바일 교육, 가상현실, 빅데이터 등 또 뭐가 나올까 싶었지만 새로운 기술은 놀랄 만큼 끊이지 않았다. 새로운 기술이 등장할 때마다 확신에 찬 예측이 나왔지만 현실과는 간극이 컸다. 잘 돌아가고 있는 익숙한 시스템과 기존 경험을 갑자기 바꾸는 건 결코 쉽지 않다.

새 기술이 등장하면 졸업생들의 진로와 수업 준비를 고민해야 하는 나는 얼리어답터보다는 슬로어답터를 택했다. 어느 정도 시장과 사용자가 형성되고 빠른 성장이 보이면 채택했다. 이 전략은 유용했지만 보기 좋게 빗나간 것도 있고 서서히 영구히 사라진 것도 있다. 물론 고객층이 탄탄해 오래갈 거란 예상이 보기 좋게 깨진 것도 있다. 멀티미디어 생산도구였던 어도비Adobe사의 플래시Flash가 그랬다.

테크놀로지 분야에 오래 있으면서 깨달은 교훈이라면 새 기술은 자주 등장하고 기술 변화는 어떤 개인의 학습 속도보다 빠르다는 것, 새것이 기존의 것을 단번에 바꾸는 게 아니라 때로는 공존하고 경쟁하며 수많은 기술 중 살아남는 건 적다는 것, 하지만 소수의 혁신 기술들이 사회와 현장을 송두리째 바꾼다는 것이다. 대학에서 일하는 나는 학생들을 위해 늘 변화는 상수constant이며 해야 할 학습과 해서는 효과나 가치가 없는 학습을 구분할 것, 질문을 많이 하고 실습을 병행하는 학습을 할 것, 공유하는 학습을 할 것을 강조한다 (학습 커뮤니티에 합류하거나 학습 커뮤니티를 새로 만드는 것, 협회나 학회에서 열심히 활동하는 것이 좋은 예다).

아무리 기술과 방법이 빠르게 바뀌어도 기초를 잘 다지고 기술과 방법의 핵심을 천천히 잘 배워놓으면 잦은 업데이트는 간간이 하면 된다. 교육공학과에서는 웹 인프라, 데이터베이스 기술 및 교육 설계, 학습 이론들을 담당했다. IT 프로젝트 매니저를 할 때 열심히 공부하고 프로젝트에 적용했던 내용들이다. 수업과 실험실에서 열심이었던 학생들은 취업을 잘했다. 졸업생들 중 컨설팅 회사, 기업의 인사부서, 기관의 교육센터로 취업한 친구들이 많았다. 교육공학과에서 이직 후 고등교육과 HRD 대학원 과정에서는 주로 평가와 연구방법론, 리더십, 통계, 데이터 분석 수업을 담당했다. 응용 위주로 평가, 통계, 데이터 분석을 잘 배운 학생들도 승진이나 취업의 기회를 많이 얻는 것을 보았다.

채충일 박사가 나에게 연구 방향을 고민했던 2013년은 내가 몸담고 있는 HRD 분야에서 애널리틱스나 머신러닝은 매우 생소했다. 하지만 후배의 질문에 대한 내 대답은 간결했다. "나도 올인하고 있으니까 관심이 많다면 믿고 해." 여기서 중요한 전제는 '관심이 많다면'이다. 그리고 주저 없이 그렇게 말한 건 후배가 내가 철저히 믿는 '고군분투하는 학습'을 하기 때문이었다.

피플 애널리스트의 중요성은 점점 커져갈 것이다

이 글을 구상하기 전에 다른 저자들의 초안을 읽어보았다. 내 여정과 너무나 비슷해서 웃음이 나왔다. 어쩌면 순탄한 경로를 밟은 사람이 한 명도 없을까. 지금 피플 연구자나 분석가 경력을 고민하는 사람들에게는 좋은 학습 자료들과 커뮤니티가 많다. 오히려 너무 많은 게 혼란을 줄 지경이다. 과연 분석가의 미래가 밝을까? 2003년 나의 첫 학술지 글이 생각난다. 박사 논문을 끝낸 그해 논문 심사위원회에 있던 교수 한 명이 내 배경을 보고 온라인 교육의 미래에 대한 학술 논문을 써줄 것을 요청했다. 몇 주를 놓고 고민을 했다. 많은 사람이 읽어볼 글인데 미래가 밝다고 써야 할까? 예측이 틀리면 연구자, 학자로 오명이 따라다니지는 않을까? 어떤 요인들이 중요할까?

고민에 고민을 더하며 문헌을 찾아보고 내린 결론은 미래가 밝거나 어두운 게 중요한 게 아니라 같은 온라인 교육을 해도 어떤 대학이나 교수는 잘하고 어떤 곳은 고군분투하는 경우가 많기 때문에 '잘해야 한다'. 그리고 '잘하려면, 연구들이 말하는 온라인 교육을 위한 성공적 요인들은 이런 거다'를 전달하는 것이 중요하다는 것이었다. 내 생각을 더해 교육은 공공재와 사유재 사이에 찬반 논란이 많지만 교수자의 입장에서 상대적으로 기회가 덜한 이들을 위해 온라인 교육이 기존의 전달 체계보다 효과적 잠재성이 많기 때문에 온라인 교육의 성공을 위해서는 테크놀로지, 리더십, 교수자, 학습자, 운영부서들과의 협업이 너무나 중요하다는 내용을 담았다. 해당 논문은 찾아보니 130번 이상 인용이 되고 있다. 다행히 허접한 논문은 아니었나 보다.

　분석가의 미래는 어떨까? 나는 이 질문보다 분석가는 무슨 일을 하는가, 분석 일을 잘하려면 무엇을 해야 하는가, 미래는 어떤 방향이 좋을까를 묻는 게 더 적절하다고 본다. 분명 잘하는 곳과 글로벌 사례들이 넘쳐나는데 데이터 분석이나 데이터 기반 의사결정을 어려워하거나 비판적인 사람들도 많다. 분석이 중요한가? 이 질문은 주저할 필요가 없어 보인다. 분석을 해야 할 일이 없어질 리도 만무하고 중요성과 수요는 더 커지기 쉽다. 우리는 집이나 차를 살 때, 인간관계를 맺을 때 분석을 하게 되고 더 잘하고 싶어 하지 않는가. 그렇다면 잘하는 것과 잘못하는 것의 차이는 무엇일까? 어떤 요인들이 중요하고 어떻게 하는 게 잘하는 건가를 배우는 게 필요할 것이다. 데이터 분석에는 '데이터'가 전제로 붙는다. 그렇다면 데이터는 지속적으로 수요와 활용이 중요할까? 이 질문에 대한 답 역시 주저 없이 '그렇다'이다. 그렇다면 당신은 '분석가' 개인의 입장에서만 생각할 게 아니라 어떤 곳에서 누구와 어떤 일들을 해야 할지 고민해야 한다. 온라인 교육이 팀이 필요한 것처럼 아무리 개인이 뛰어나도 좋은 성과와 과정을 만드는 건 핵심 멤버들과의 협업과 팀워크다.

　학생들에게 해당 협회나 대학 전공이 없다면 분야를 선택할 때 주의하라고 말한다. 직장인들에게도 적용될 수 있다. 누구나 대학원을 가야 하고 학회나 협회를 가입하라는 뜻은 아니다. 대학원은 이론과 실험을 고민할 전문성을 요구하는 분야를 위해 존재하고 학회나 협회는 집단지성의 활용을 위해 존재한다. 학술지가 존재하고 학위나 연구논문이 존재하는 이유다. 검증되지 않은, 검증할 수 없는 분석을 당신은 신뢰할 수 있겠는가? 좋은 학회, 성장하는 협회라면 구성원들의 성장과 실무적 발전을 위해 학술 활동 말고도 다양한 활동들을 넓혀나간다. 실무자들을 학회 세션에 초대한다든지 경연대회를 연다든지, 공통의 관심사를 가진 사람들의 커뮤니티를 만든다든지, 뉴스레터나 책 리뷰나 웨비나 같은 활동들을 통해 구성원들의 관심사가 높은 주제들에 대해 다양한 지식 공유의 장을 만든다. 많은 연구자가 논문을 투고하고 싶어 하고 논문들이 많이 인용되는 학술지를 유지하는 것도 협회의 중요한 역할이다. 이런 협회의 활동과 구성원들의 참여는 전문성의 성장과 시장 확대와 정비례한다. 사람을 분석하는 피플 애널리틱스는 신생 학문 분야다. 하지만 반가운 소식은 전공과 학회도 생겨나고 있고 이들 모두 성장을 하고 있다는 점이다. 당장은 아니어도 경력이 쌓일수록 네트워킹과 외부와의 연결이 중요해지기에 사람을 분석하는 일과 연관된 협회나 학회들은 글의 후반부에 소개하겠다.

초기 단계에서는 실수도 많지만 기회 또한 많다

내가 일하는 텍사스A&M대학교[2]의 HRD 프로그램은 이 분야의 톱 프로그램 중 하나다. 미국에서 외국 유학생들이 가장 많은 대학원 HRD 프로그램으로는 우리 대학교를 비롯해서 일리노이대학교, 조지아대학교, 미네소타대학교, 펜실베이니아주립대학교, 컬럼비아대학교 정도가 있다. 하지만 HR 애널리틱스, 피플 애널리틱스 교과과정이 있는 박사과정은 아직 없다. 경영대의 경우 비즈니스 애널리틱스란 이름하에 과정이나 수업들이 좀 더 많다.

하지만 대부분의 과정이나 수업들이 만들어진 시기는 그리 오래되지 않았다. 특히 박사과정은 더욱 그렇다. 여러 이유가 있겠지만 교수들 중 데이터 사이언스나 머신러닝 방법을 사용해 학위논문을 썼거나 박사과정 중 체계적으로 훈련받은 수가 아직 많지 않은 이유가 크다. 컴퓨터 사이언스나 엔지니어링이 아니라 인문, 사회과학 분야에서 데이터에 대한 관심이 높아진 건 아주 최근이다. 이 외에도 전공이나 수업을 개설하는 일은 교수자를 확보하는 것부터 시작해서 행정적 절차에 오랜 시간이 걸린다. 흔히 밥그릇 싸움이라고 표현하지만 이는 매우 일부만 보는 시각이다.

대학 역시 기업처럼 제한된 자원으로 운영하고 있고, 특히 대학은 기업처럼 노선을 빠르게 바꾸는 게 쉽지도 않으며 바람직하지도 않다. 단과대학 간, 그리고 주변 대학과 노동 시장을 고려했을 때 수요와 공급이 원활한지도 내부와 외부의 심의를 거친다. 그러니 '내가 하는 분야는 왜 아직 체계가 없어.'라고 생각하기보다 기회 초기 단계에선 실수도 많지만 기회 또한 많음을 인정하고 찾는 게 유익하다.

나는 최근 10년 넘게 집중해서 공부한 애널리틱스를 대학원 교과 과정으로 만들고 싶어 편해진 이전 직장을 뒤로하고 2022년에 텍사스A&M대학교로 옮겼다. 없던 수업을 처음부터 만드는 일은 논문 여러 편을 쓰는 만큼 준비할 게 많다. 오랫동안 꾸준한 준비를 한 덕에 가을부터는 네크워크 분석 I·II, HR·피플·워크포스 애널리틱스 수업들을 개설할 예정이다. 차후 머신러닝과 텍스트 마이닝도 추가할 생각이다. 애널리틱스를 잘 활용하려면 시뮬레이션 과목도 유용하다. 이런 분석 방법 과목들은 사회과학에서는 컴퓨테이셔널 사회과학 방법Computational Social Science methods이라 불린다. 미국의 경우 캘리포니아 주립대학교 시스템이 UC데이비스를 중심으로 다른 캘리포니아 주립학교들의 수업들을 묶어 컴퓨테이셔널 사회과학 대학원 과정을 운영하고 있다. 그밖에도 시카고대학교, 조지메이슨대학교, 미시건대학교 등 다양한 학교에서 대학원 과정으로 컴퓨테이셔널 사회과학 대학원 과정을 제공하지만 각 프로그램의 교과과정은 조금씩 차이가 있다. 일반적인 데이터 과학 프로그램이 통계나 머신러닝에 초점을 두는 반면, 컴퓨테이셔널 사회과학 과정은 데이터 분석 외에 심리학이나 사회학 등 교수진에 따라 전공 분야의 과목들을 추가로 들을 수 있다.

피플 애널리틱스 학위나 전공이 국내에는 아직 드물지만 최근 가천대학교에서 처음으로 피플 사이언스 석사 전공 프로그램을 개설해 운영을 시작했다. 프로그램을 만든 이중학 교수와 현재 영국 리즈대학교에서 피플 애널리틱스로 박사과정 중에 있는 이재진 님과 이야기를 해보면 유럽과 미국을 중심으로 연관 학위, 교과과정, 수업들이 점점 늘어나는 것을 감지한다. 피플 애널리틱스를 전공한 졸업생들의 경쟁력도 매우 좋을 것이다. 내가 생각하는 이유는 이렇다. 모든 기업과 조직에서 인재의 영입, 유지, 성장을 위한 지원은 초미의 관심사다. 직관이나 경험만으로 의사결정을 하던 인사 시스템은 점점 경쟁력을 잃고 있다. 구직자나 현직 임직원들도 정보 접근성이 높아졌고 보다 투명하고 공정한 시스템을 요구하기 시작했다.

피플 애널리틱스는 데이터와 과학과 다양한 인사와 연관된 학문들을 기반으로 조직의 인사 시스템을 바꿔가고자 하는 사람들에게 바람직한 방향과 방법들을 제시해줄 것이다. 하지만 '피플 분석가' '인사 데이터 분석가' 'HR 분석가'란 구인공고가 증가할 것인지에는 의문이 생긴다. '데이터 분석' 일과 '데이터 분석가'는 분명히 다르다. 이 책을 읽는 독자라면 챗GPT의 등장 이후 분석가의 일하는 모습도 매우 빠른 속도로 바뀌고 있음을 경험했을지도 모르겠다. 분명한 건 분석의 문턱이 점점 낮아지고 있다는 사실이다. 하지만 이건 전문성이 낮아지고 있다는 것과는 전혀 다르다. 어떤 사람들은 '코딩이 전혀 필요 없게 됐다.' '통계를 깊이 공부하지 않아도 된다.'라고 주장한다. 그러나 내 생각은 다르다. 많은 사람이 데이터 data와 정보information, 지식knowledge, 지혜wisdom 간 위계가 존재한다고 설명한다. 정보이론에서도 유명한 이 이론을 일카 투오미Ilkka Tuomi는 정면으로 반박했다. 유용한 데이터 역시 정보와 지식 단계를 거쳐 지혜를 포함하는 통찰이 있을 때 양질의 데이터 수집이 가능하다. 내 생각도 같다. 좋은 데이터 없이 좋은 분석을 하기도 어렵지만 전문성 없이 양질의 데이터를 확보하는 것도 불가능하다.

피플 애널리스트는 사람을 이해하려고 노력해야 한다

이 책의 저자들이 피플 분석가나 전문 컨설턴트가 되기까지의 경로나 경험들을 보면 몇 가지 특징들을 볼 수 있다. 그중 두드러지는 건 각자의 커리어가 모두 상이하게 다르다는 점이다. 그러니 '꼭 이런 단계를 순차적으로 밟는 게 좋다'는 생각은 버려도 좋다. 그럼에도 불구하고 몇 가지 공통점이 나타난다. 그건 저자들 모두 사람을 더 객관적으로 이해하려는 의지와 노력이, 다시 말해 호기심이 이 분야를 선택한 동기라는 점이다. 그리고 시기는 다르지만 분석을 하는 일과는 별도로 현상의 전문적 이해를 위해 관련 학위를 했다는 것이다.

연관 전공으로는 인사관리HRM, Human Resource Management, 경영 Management, 경영전략Strategy, 인재육성HRD, Human Resource Development, 심리학Psychology, 정보공학Information Systems, 조직행동Organizational Behavior, 산업·조직심리Industrial & Organizational Psychology, 행동경제Behavioral Economics, 교육학Education, 교육공학Educational/Instructional Technology, 사회학Sociology 등이 있다. 어떤 저자는 해당 전공을 학부 때 했고 어떤 사람은 석사 때 했다. 나는 박사 때 했다. 게다가 내 학부 전공은 영어영문학이다. 그리고 많은 저자가 그들의 경력을 인사 영역에서만 쌓지 않았다. 현재 비슷한 일을 하더라도 모두 예외 없이 다양한 현업의 문제들을 고민하고 해결하는 과정 속에서 사람 데이터를 분석하게 됐고 직업의 타이틀 역시 상이하다는 것을 볼 수 있다. 얼마나 다행인 일인가. 그러니까 자신의 전공이나 배경이 책의 저자들과 다르더라도 크게 걱정하지 않아도 된다.

내가 일하고 있는 텍사스 주는 인구와 고용이 빠르게 증가하고 있다. 인력 양성과 계획Workforce Education & Workforce Planning이 리더들에게 초미의 관심사다. 다양한 인력 수급 문제들을 데이터 기반으로 풀고자 하는 관심 또한 크다. 그런데 다양한 분야, 특히 이

공계열 교수들이나 조직의 리더들과 만나다 보면 피플 사이언스와 다른 분야 사이에서 좁혀야 할 간극이 크다는 걸 경험한다. 이들에게 인사 분야는 아직까지 교육과 훈련을 통해 고용 문제를 해결하는 분야라는 인식이 강하다. 이들에게 인사는 최근까지 프로그램이나 프로세스 위주로 운영되어 왔으나 점차 고용 전 주기Employment Lifecycle에서 테크놀로지와 인공지능을 활용해 채용부터 온보딩, 교육, 성과, 보상, 성장, 이직과 부서 이동, 구성원 경험, 협업 생산성까지 데이터를 기반으로 인사 전반의 효과와 효용, 임팩트를 높여가는 방향으로 바뀌고 있다고 말하면 대부분 공감하며 큰 관심을 보인다. 특히 인재 영입과 유지에 어려움을 겪는 분야일수록 그렇다. 이는 한편으로 피플 사이언스나 피플 애널리틱스가 기회도 많지만 사람들의 인식과 협업의 방법을 주도적으로 설명하고 설득해야 함을 시사한다.

내가 후배에게 주저 없이 선택한 길을 가라고 한 데는 피플 데이터에 대한 이해와 활용에 대한 전문성의 요구가 더디기는 하지만 지속적으로 커질 거란 확신도 큰 부분을 차지했다. 지금도 이 생각엔 변화가 없다. 이 글을 읽는 독자가 인사나 사람에 대해 관심이 많고 체계적이고 과학적인 방법을 알고자 하는 의지가 분명하고 그런 일이 업무의 중요한 부분이길 희망한다면, 나는 사람을 이해하려 하고 분석하는 일이 그 사람에게 매우 흥미롭고 매력적이며 전망 또한 밝다고 생각한다. 하지만 꼭 경력의 목표를 분석가로 하는 것은 재고해보라고 말하고 싶다.

이유는 이렇다. 데이터 분석은 분석가가 하는 여러 주요 업무 중 일부분에 해당하고 분석가는 늘 팀이나 협업 환경에서 타인의 지시를 받거나 설명하고 설득하는 일을 한다. 분석 경험이 많아질수록 팀과 고객들을 향한 시니어의 역할도 달라진다. 인사 분야가 사람의 성향이나 행동, 경험, 다양성과 포용성 등 재미있는 주제들을 다루는 건 매력적이지만 조직은 비즈니스 성과를 지속적으로 만들기 위해 비용과 시간을 투자한다는 점을 잊어서는 안 된다. 따라서 분석가는 과제나 프로젝트가 생길 때마다 분석과 해석을 해야 함은 물론이고 다양한 구성원들을 설득해야 하고 결과의 실질적 가치를 입증해야 한다. 이 부분은 속성으로 배우기 어렵다. 학습과 경험을 축적해야 하는데 조직의 비즈니스에 대한 이해, 현업의 고민과 임직원들의 관심 파악, IT 부서와의 소통 등 다양한 접근이 필요하다. 이런 현실에서 분석가는 데이터 엔지니어나 상급자 또는 타 부서 담당자와 잦은 소통을 해야 한다. 때로는 사내 정치가 영향을 미치는데 정치적 이해나 영향력도 설득과 의사결정 시 중요한 역량으로 필요하므로 리더십 경험을 쌓아가야 한다.

실제로 역량이 뛰어난 인사 책임자나 최고경영자들을 보면 인사팀 내에서만 경력을 쌓은 리더들은 소수다. 탁월한 리더들의 경우 다양한 부서를 거치거나 도전적 과제들을 극복한 경우가 많다. 전문가는 무엇을 잘하는 것도 중요하지만 무엇을 하면 안 되는지도 잘 알고 선택을 돕는 역할을 해야 한다. 데이터 분석은 산업군과 조직의 성격에 따라 수집하고 활용해야 하는 데이터의 종류가 다르다. 모든 산업군에서 구매 데이터와 고객 관리 데이터, 인사 데이터가 중요하겠지만 어떤 산업군은 센서 데이터가 핵심이고 어떤 산업군은 기상 변화나 지리적 위치 데이터가 중요할 수 있다. 이런 데이터들은 관계형 데이터베이스로도 구축이 가능하지만 분산 처리나 그래프 연결 방식의 노에스큐엘NoSQL 데이터베이스를 활용하는 것도 중요해진다. 산업군이나 기업의 성격에 따라 데이터 수집, 관리, 성과 지표들도 달라지게 마련이다.

분석의 경험과 전문성이 쌓일수록 조직 내 활용의 기회도 많아지지만 직군이나 업계 간 이동 기회도 많아진다. 이동을 하면 새로운 환경과 팀원들과 적응해야 한다. 따라서 한 조직이나 부서에서 은퇴를 할 생각이 아니라면 '데이터 분석가'라는 역할에 한정하지 말고 어떤 일을 누구와 어떻게 하는지, 연차가 쌓일수록 예상되는 리더십과 역할은 무엇인지 검색이나 주변을 통해 묻고 미래를 준비해가기를 추천한다.

2. 학문적 현재와 미래는 어떻게 되는가 🔍

앞에서 피플 애널리틱스의 수요가 늘어날 것이고 전공이나 수업들이 아직은 소수지만 점점 생겨날 것이라고 전망했다. 조직에서 사람에 대한 분석은 주로 피플 애널리틱스 혹은 HR 애널리틱스라는 이름으로 프로젝트나 과제가 진행된다. 예전에는 노동시장이나 조직의 인원 확보를 분석하는 워크포스 애널리틱스Workforce Analytics, 인적자본 애널리틱스Human Capital Analytics, 그리고 최근에는 탤런트 애널리틱스Talent Analytics라는 단어들도 혼용되어 쓰이고 있다.

글로벌 시장에서 관심과 수요가 늘어나고 있다

이 책의 독자들은 대부분 실무자일 거라 생각하지만 피플 분석이 이론이나 학문적 근거가 있는지를 궁금해하는 독자도 있을 거라 생각한다. 본인의 정체성이 실무자든 연구자든 해당 분야가 연구가 활발하고 연구와 실무 간 피드백 교환이 활발한 분야가 미래가 희망적일 것이다. 현재 초미의 관심사인 생성형 인공지능 역시 컴퓨터 비전, 로보틱스, 번역, 대화형 챗봇, 구매 예측 등 수많은 현실의 문제를 데이터, 알고리즘, 컴퓨팅 자원을 이용해 예측과 구분과 분류 성능을 높이려는 다양한 분야의 부단한 연구 노력의 결과임을 짚어볼 필요가 있다. 링크드인에서 'People Analytics' 'HR Analytics'를 키워드로 검색하면 수많은 커뮤터니와 구인공고를 볼 수 있다. 2023년 8월 기준으로 데이터 애널리틱스 검색 결과와 피플 애널리틱스, HR 애널리틱스 검색 결과를 비교해보면 피플 애널리틱스 구인공고가 전체 데이터 애널리틱스 공고의 3분의 1을 차지할 정도다. 국내에서는 아직 생소한 단어지만 글로벌 시장에서는 그만큼 관심과 수요가 많은 분야임을 알 수 있다. 그렇다면 피플 애널리틱스의 연구나 학제는 현재 어떨까?

생성형 인공지능이 조직과 구성원에게 영향을 미친다

2023년은 펜실베이니아대학교의 와튼 비즈니스 스쿨이 주최하는 와튼 피플 애널리틱스 학회가 10주년이 되는 해였다. 이 학회는 피플 애널리틱스 최초의 학회이기도 하다. 해당 분야에서 협회나 학회의 존재 여부는 분야의 미래를 가늠하는 데 매우 중요하다. 학회나 협회가 없다는 말은 해당 분야가 극 초기이거나 아직 검증되지 않았다는 말과 같다. 협회나 학회는 최신 연구들을 공유하고 구성원들의 네트워킹과 교류를 통해 핵심 역량과 분야의 방향을 제시하는 역할을 한다. 피플 애널리틱스를 가장 잘하는 기업을 꼽으라면 대부분 주저 없이 IBM, 구글, 마이크로소프트를 꼽는다. 2023년 와튼 피플 애널리틱스 학회에서 오프닝 세션을 맡았던 마이크로소프트의 돈 클링호퍼**Dawn Klinghoffer**와 이전 구글에서 피플 애널리틱스팀을 이끌었던 프라사드 세티**Prasad Setty**는 학회 10주년을 맞아 '향후 10년'이라는 주제로 현재 생성형 인공지능의 시사점, 인사의 영역을 넘어 조직과 구성원들에게 실질적 영향을 미치는 피플 애널리틱스, 그리고 책임과 윤리에 기반한 인공지능의 활용을 중점적으로 강조했다.

피플 애널리틱스는 4단계에 걸쳐 발전해왔다

실무자들을 위한 또 하나의 큰 콘퍼런스로 피플 애널리틱스 월드 **People Analytics World**가 있다. 최근 코로나19 기간 동안 온라인으로 진행된 경우를 제외하면 런던에서 매회 개최하는데 다양한 기업 사례와 도구, 서비스들을 소개한다. 이 콘퍼런스는 IBM 컨설턴트 출신인 데이비드 그린**David Green**과 조나단 페라**Jonathan Ferrar**가 운영한다. 둘은 국내에도 번역 출판된 『피플 애널리틱스』의 공동 저자로도 잘 알려져 있다. 데이비드 그린의 팟캐스트 채널 '디지털 HR 리더스'는 다양한 주제로 현업 리더들이나 간혹 학자들을 초대하기 때문에 실무 동향을 파악하기에 유용하다. 참고로 피플 애널리틱스가 생소한 분들은 김창일 님이 브런치에 쓴 추천 도서와 팟캐스트 방송 목록(https://brunch.co.kr/@publichr/11), 그리고 이재진 님이 브런치에 쓴 학습 자료에 대한 내용을 참조하기 바란다(https://

1단계	발견의 시기Age of Discovery
2단계	구현의 시기Age of Realization
3단계	혁신의 시기Age of Innovation
4단계	가치의 시기Age of Value

brunch.co.kr/@hrjaejinlee/13).

페라와 그린은 그들의 책을 통해 피플 애널리틱스의 시작과 발전을 소개한 바 있고 이번 와튼 학회에서 미래 전망을 위해 다양한 실무 현장의 리더들을 인터뷰했다. 그린은 피플 애널리틱스의 발전 단계를 다음과 같이 크게 4단계로 나눈다.

그린에 의하면 1단계 발견의 시기는 테일러리즘에서 시작한 효용성과 과학적 측정에 초점을 둔 100여 년의 시간을 말한다. 이 시기는 1980년대와 1990년대를 거치면서 인사행정에 초점을 두던 실무가 채용과 개발, 보상, 성과 영역으로 확산됐다. 이를 위한 프로세스를 만들고 측정하기 시작한 일과 글로벌 기업들이 설문과 통계 기법들을 통해 결과를 만들고 공유한 일들을 포함한다. 2단계 구현의 시기는 2008년 금융위기와 빅데이터의 폭발적 증가로 마케팅 부서 같은 비즈니스 부서에서 애널리틱스의 활용이 본격화됐다. 구글에서 피플 애널리틱스팀을 만들고 다양한 사례들을 만들었다. 미디어에서 이를 적극적으로 알리면서 피플 애널리틱스에 대한 관심이 폭발적으로 증가한 시기다.

3단계 혁신의 시기는 2010년대 중반부터 스포츠나 의학 분야에서 애널리틱스가 팀이나 조직의 성과와 사람들의 경험을 송두리째 바꾸었다. 이런 사례들이 와튼 학회 같은 채널을 통해 널리 알려지기 시작했다. 그리고 구글의 뒤를 이어 마이크로소프트가 직원 몰입과 직원 경험을 데이터에 기반해 혁신적으로 바꾸었다. 많은 기업이 인사부서에 애널리틱스팀을 만들거나 분석가들을 채용한 시기다. 4단계 가치의 시기는 코로나19가 가져온 급작스런 환경에서 피플 애널리틱스를 적극적으로 활용한 기업들이 위기를 잘 극복하면서 더 이상 피플 애널리틱스가 인사부서의 보조적 역할이 아니라 갑작스러운 업무 환경 변화와 구성원들의 요구에 대응하기 위한 전사적 핵심 솔루션으로 자리잡기 시작했다.

실무 발전 이면에 학문과 학계의 연구들이 활발하다

이런 실무적 동향과 변화는 미디어를 통해 심심치 않게 들을 수 있지만 학계의 수용이나 동향은 상대적으로 잘 알려져 있지 않다. 학계는 이론과 연구를 통한 검증을 중요시 여긴다. 어떻게 보면 피플 애널리틱스가 학제적 근거가 부족하거나 실무와 연구 간 간극이 큰 분야로 보여지기 쉽다. 하지만 이런 실무의 발전 이면에는 다양한 학문과 학계의 연구들이 기반이 된 경우가 많다.

특히 경영학에서 가장 전통이 깊고 규모가 큰 미국 경영학회Academy of Management에서는 인사HR와 조직행동 분과를 중심으로 데이터 애널리틱스와 머신러닝을 연구하는 연구자들이 많다. 산업 및 조직 심리학회SIOP, Society for Industrial and Organizational Psychology에서도 애널리틱스와 분석 방법론은 연구의 주류를 형성하고 있다. 그리고 인사관리HRM, 전략경영Strategic Management, 조직연구, 정보학 같은 분야에서는 학술지마다 HR 애널리틱스나 피플 애널리틱스를 주제로 특집호를 발간했다. 이론이나 실증연구도 어렵지 않게 찾아볼 수 있다.

내가 일하는 HRD 분야의 톱 저널 중 하나인 『HRD 리뷰』에서도 피플 애널리틱스 특집호가 최근 출간됐다. 내가 편집장으로 참여한 특집호 내용에는 이해관계자 중심의 가치를 창출하는 피플 애널리틱스, 지속가능하고 윤리적인 인공지능의 활용, 효과적인 조직적 학습을 위한 네트워크 분석의 활용, HRD 관점으로 바라보는 피플 애널리틱스의 연구 동향과 미래 등 다양한 주제의 논문들이 포함되어 있다.

많은 사람이 피플 애널리틱스를 처음 접하게 되는 경로는 책, 기고문, 브런치 글, 그리고 콘퍼런스가 아닐까 싶다. 하지만 앞에서 설명한 것처럼 학회와 협회, 학술지와 연구물들, 교과과정과 학위 프로그램 등 피플 애널리스트로 성장하기 위한 선택지들은 다양하다.

3. 애널리스트에게 필요한 역량은 ⌕ 무엇인가

　얼마 전 데이터에 관심이 있는 사람들에게 잘 알려진 데이터홀릭 유튜브 채널에서 2편의 'HR 데이터 특집'과 3편으로 구성된 '인공지능이 데이터 분석가를 대체할 것인가 대체하지 못할 것인가' 시리즈를 들었다. 데이터홀릭은 운동할 때나 운전할 때 자주 듣는 유튜브 방송 중 하나다. 통계, 수학, 인사, 딥러닝, 자연어 처리, 데이터 엔지니어링 등 다양한 분야의 전문가들을 초대해 데이터와 연관해 어떤 일을 하는지, 해당 업무를 위해 어떤 경험이나 준비가 필요한지를 다룬 세션들도 찾아 듣고 있다.

　큰 그림과 부분의 역할에 대해 이해하자
　이 책의 저자들의 전공과 경험이 다양한 것처럼 초대 손님들의 배경 역시 다양하다. 데이터 분석가의 일이나 커리어 조언은 유튜 브나 블로그 검색만 해도 무수히 나온다. 꼭 조회 수가 많은 것을 중심으로 찾아보기 바란다. 나는 데이터 분석과 연구방법론 수업을 개발하고 학생들을 수업과 논문에서 지도하는 경험에서 얻은 생각 을 나누고자 한다. 상담을 할 때 상대의 의견을 들은 후 '그 분야에 서 닮고 싶은 사람들도 꼭 찾아가 묻고 본인 고유의 스토리와 여정 을 만들어 가라'고 대답한다. 내가 아는 훌륭한 동료들 대부분은 멋 진 스승을 경험했고 그들만의 고유한 전문성을 오랫동안 만든 사람 들이다.

커리어와 연관된 핵심 역량은 한 개인의 조언을 따르기보다는 협 회나 학술 연구를 통해 나온 내용에서 시작할 것을 권한다. 가장 보 편타당성이 있기 때문이다. 개인의 고유 경험을 반복해 강조했지 만 소위 말하는 전문가나 경험이 많은 사람이 가장 많이 하는 실수 는 '개구리 올챙잇적 시절 생각 못한다.'는 것이다. 꼬아서 하는 말 이 아니라 교육공학의 이론 중 하나다. 이들에게는 반복이 자동화 가 되어 중간 단계를 건너뛰는 설명을 하기 쉽다(자연적 현상이다).

처음에 배울 땐 큰 그림과 부분의 역할에 대한 이해가 도움이 된 다. 운동이나 악기 연주가 좋은 예다. 실력을 가르는 건 공연이나 대회 우승 같은 구체적 목표에 기반한 부단한 연습이지만 처음엔 경기 규칙이나 연주법을 이해하고 손과 발의 움직임과 자세와 태도 를 잘 배우는 게 중요하다. "무조건 해봐야 돼, 그게 뭐가 어려워."라 는 피드백은 크게 도움이 되지 않는다. 꼭 닮고 싶은 사람, 최고의 실력자들을 찾아가 조언을 구하라고 한 건 고민이 깊을수록 문제해결 방법도 수준이 높을 확률이 많기 때문이다.

타사의 성공사례보다 학습을 통해 문제를 해결하자

피플 애널리스트는 개인의 역량뿐만 아니라 팀과 조직의 역량을 측정하고 관리하는 방법도 배워야 한다. 특히 인사부서는 애널리틱스를 적용할 때 개인의 역량·스킬Competency·Skills은 물론 조직의 여력Capacity과 능력Capability도 높은 신뢰도와 타당성을 확보한 측정과 분석을 해야 한다. 이런 수준을 능히 다루려면 집단 간 평균 비교 수준을 넘어 멀티레벨이나 네트워크 분석 등 다층구조나 연결성 등을 보기에 적합한 방법들을 적용해야 한다.

고민과 질문은 수준이 높은데 적용된 분석 방법, 이론, 분야에 대한 지식의 깊이는 매우 얕기만 한 상황을 자주 본다. 많은 사람이 이상과 현실을 좁히기 어려운 간극으로 여긴다. 안타까운 건 익숙하지 않은 통계나 분석 방법을 적용하는 것으로 조직에서 현실적으로 맞지 않다. 기업 강의를 그동안 적지 않게 했는데 항상 반복되는 현상은 사례와 벤치마킹을 요청한다는 것이다. 어렵고 불가능해 보여도 충분한 고민을 했다면 학습을 통해 문제를 해결해가는 게 핵심이다. 담당자와 학생들로부터 '좀 더 알아보고' 혹은 '좀 더 준비가 되면' 연락드리겠다는 답변을 무수히 들었다. 하지만 내 기억엔 그렇게 말한 사람들 중에 나중에 다시 찾아온 경우는 지극히 드물다. 반면 처음부터 찾아와 고민과 경험을 나누고 "어떤 학습을 해야 할까요?"라고 물었던 학생이나 CEO나 임원은 후에 소식을 듣거나 만났을 때 이전과는 비교할 수 없이 성장한 모습을 자주 보았다.

데이터 작업의 70~80%는 분석이 아니라 '전처리 노가다'란 말을 들어보았을 것이다. 여기서 전처리는 ETL이라고 하는 추출Extraction, 변환Transformation, 로드Load를 말한다. 상황에 따라 맞기도 하지만 과장된 부분도 있다. 「표 1」은 데이터 분석가들의 최대 오픈 소스 커뮤니티인 캐글Kaggle이 2018년 데이터 분석 프로젝트를 할 때 분석가들이 어떤 일에 시간을 어떤 비중으로 쓰는가를 설문한 결과다. 표가 보여주는 흥미로운 점은 직군마다 차이가 있지만 데이터 수집과 전처리 일은 업무의 약 40%에 해당하며 데이터 시각화와 모델링, 실제 분석 역시 비슷하게 중요하다는 것, 그리고 실제로 조직에서 가치를 만들기 위해 결과를 상용화하고 다양한 이해관계자들과 소통하는 부분도 큰 비중을 차지한다는 것이다.

표1. 직장이나 학교에서 일반적인 데이터 분석 프로젝트를 할 때 다음 중 어떤 일에 시간을 할애하는가?

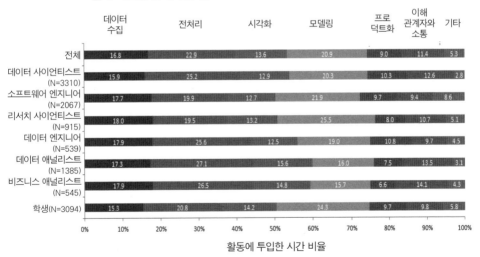

	데이터 수집	전처리	시각화	모델링	프로덕트화	이해관계자와 소통	기타
전체	16.8	22.9	13.6	20.9	9.0	11.4	5.3
데이터 사이언티스트 (N=3310)	15.9	25.2	12.9	20.3	10.3	12.6	2.8
소프트웨어 엔지니어 (N=2067)	17.7	19.9	12.7	21.9	9.7	9.4	8.6
리서치 사이언티스트 (N=915)	18.0	19.5	13.2	25.5	8.0	10.7	5.1
데이터 엔지니어 (N=539)	17.9	25.6	12.5	19.0	10.8	9.7	4.5
데이터 애널리스트 (N=1385)	17.3	27.1	15.6	16.0	7.5	13.5	3.1
비즈니스 애널리스트 (N=545)	17.9	26.5	14.8	15.7	6.6	14.1	4.3
학생(N=3094)	15.3	20.8	14.2	24.3	9.7	9.8	5.8

활동에 투입한 시간 비율

(출처: 2019 Business Over Broadway)

생성형 인공지능을 보조적 도구로 사용하자

2022년 가을 생성형 인공지능이 등장했다. 이 놀라운 기술은 이제 일상 언어로 표와 결과를 요구하면 통계와 코딩을 잘 몰라도 그럴싸한 답을 내놓는다. 아직은 부정확한 결과도 많지만 개선 속도 또한 무섭다. "이제 통계나 코딩을 몰라도 돼." "예전처럼 코딩을 배울 필요가 없어."라고 말하는 사람들도 많다. 정말 그럴까? 통계나 코딩의 진입 장벽이 급격히 낮아진 건 사실이다. 양적 연구를 하는 나는 손으로 수식을 계산하던 방법부터 분석도구인 SPSS, 구조방정식에 자주 쓰이는 LISREL, 그리고 R과 파이썬을 8 : 2 정도로 공부했다.

그리고 통계 수업에선 수학이나 통계에 대한 두려움과 안 좋은 경험을 갖고 있는 학생들이 꽤 있어서 SPSS를 초급에서 중급 정도로 쓸 수 있게 진행한다. 그런데 통계를 두 학기를 배워도 막상 논문에 적용하려면 어려움을 겪는 학생들이 대부분이다. 학술지 논문을 위해 협업하는 학생들의 경우 간혹 R을 써보았거나 더 배우고 싶어 하는 경우가 있는데 흔한 경우는 아니다. 학교에서 긴 시간을 두고 진행하는 수업도 이런데 짐작건대 수많은 속성 통계나 분석 워크숍이 분석의 수준을 당장 올려줄 것 같지는 않다.

코딩을 안 하고도 생성형 인공지능에게 적당한 프롬프트만 주면 차트나 결과를 내놓는 기능은 대학원에서 통계와 분석방법을 가르치고 있는 내게도 매우 충격적이다. 책이나 유튜브 채널들을 꽤나 찾아보았다. 그리고 내린 결론은 '수업에서 생성형 인공지능을 보조적 도구로 사용하자.'는 것이다. 또한 '이전에 하던 방식을 크게 바꿀 필요도 없고 바꿔서도 안 된다.'는 것이 내가 내린 결론이다. 수작업을 하던 계산과 해석은 엑셀과 SPSS(상응하는 오픈소스 분석 도구로는 자모비Jamovi가 있다)가 등장하며 판을 바꾸었다. 하지만 SPSS를 구문Syntax을 사용하는 사람, 통계적 의미를 알고 쓰는 사람과 그렇지 못한 사람 사이에는 매우 큰 차이가 있다.

R과 파이썬도 마찬가지다. 정작 해석과 적용에 필요한 건 몇 달에 걸쳐 씨름해가며 공부한 책들이다. 물론 읽어도 이해의 벽이 높았던 책들도 많다. 아주 유용했던 몇 권을 뽑으라면 가레스 제임스Gareth James와 동료들[3]이 쓴 고전 『가볍게 시작하는 통계학습An Introduction Statistical Reasoning』, 피터 브루스Peter Bruce와 동료들[4]이 쓴 『데이터 과학을 위한 통계Practical Statistics for Data Scientist』, 머신러닝을 이용한 예측 분석을 위해 강추하는 맥스 쿤Max Kuhn과 켈 존슨Kjell Johnson이 공동 집필한 『선형 대수Applied Predictive Modeling』, 마이크 코헨Mike Cohen이 쓴 『선형 대수Linear Algebra: Theory, Intuition, Code』였다. 국내 서적 중엔 박해선과 김영우의 분석 관련 책들이 도움이 많이 됐다.

요는 특정 책을 추천한다기보다 비슷한 내용의 책들이 많이 나와 있으니 핵심 개념과 방법은 책이든 유튜브 강의든 튜토리얼이 아니라 롱 콘텐츠를 통해 학습을 하라는 것이다. 데이터 분석은 가설을 만들고 검증하는 일이 핵심인지라 해당 분야의 기초 전공서와 연구 방법론도 강력히 추천하는 바다. HRD든 HRM이든 비전공자도 입문으로 무리 없이 읽기에 적당한 전공 서적들이 나와 있다. 이런 접근은 분명 지루하고 더디다. 하지만 해당 분야의 깊은 지식 없이 의미 있는 가설을 세울 수 있을까? 적합한 데이터를 모으기가 어렵다고 말하는 건 쉽다. 하지만 적합한 데이터를 수집하기 위해서는 보고 싶은 데이터 종류와 입력 형태를 구현할 수준이 되어야 하고 데이터베이스 관리자와 사용자 권한, 환경설정, 트래픽에 대해서 소통할 수 있어야 한다.

분석과 해석은 문제를 설계하고 해결하는 일이다

이직 예측모델을 만들려면 전공 지식이 있거나 적어도 학습을 해야 유용한 데이터와 쓸모없고 불필요한 데이터를 구분할 수 있다. 직원 몰입Employee Engagement, 직업의 특성을 구성하는 자율성Autonomy, 숙련도Mastery, 통제 가능성Control, 해당 상사나 리더의 유형, 경력에 대한 호기심이나 준비성, 조직문화, 팀 구성원의 다양성 등 무수히 많은 잠재 변인들 중 해당 조직에 맞는 변인을 정하고 적합한 데이터를 확보하거나 구축해가야 한다. 인사 데이터 분석을 담당하는 임직원들과 만나다 보면 분석의 가치를 입증해야 하는 고민을 자주 듣는다. 버나드 마Bernard Marr가 쓴 『핵심 성과지표(KPI)의 모든 것Key Performance Indicators』을 보면 경영진이 고민하는 재무, 고객, 시장, 운영, 임직원, 그리고 기업의 사회적 책임 및 환경지표들이 잘 나와 있다.

일각에서는 핵심성과지표KPI나 목표 및 핵심 결과지표OKR에 대한 회의적 시각과 비판도 많지만 측정할 수 없는 건 관리할 수 없다. "쓰레기가 들어가면 쓰레기가 나온다.Garbage in, Garbage out."라는 말처럼 진리에 가까운 말이다. 핵심은 어떤 지표를 쓰느냐가 아니라 전략, 목적, 결과와 관리하고 향상하고자 하는 변인들 간의 연계에 있다. 분석가가 모두 할 수도 없고 그럴 필요도 없다. 적합한 변인의 선택과 데이터의 축적, 결과의 활용은 해당 분야의 지식을 활용하거나 전문가나 현업부서와 협업하여 만들어야 한다. 임직원들을 설득하거나 협조를 구하는 일은 전적으로 데이터 팀장이나 임원의 역할이어야 한다.

분석과 해석은 문제를 설계하고 해결하는 일이다. 박은연 박사의 글을 보면 분석의 핵심 역량으로 문제 해결을 뽑았다. 전적으로 동의한다. 그렇다면 문제 해결력이란 무엇이고 어떻게 접근하는 게 좋을까? 좋은 교육이나 학습이론이 있을까? 물론 많다. 이 역시 시작하기에 좋은 프레임을 소개하자면 '다중 지능'으로 잘 알려진 하버드대학교의 하워드 가드너Howard Gardner 교수가 쓴 『미래 마인드 Five Minds for the Future』를 추천한다.

가드너 교수는 사회적으로 바람직하고 효과적인 인간의 사고방식을 다섯 가지 마인드로 설명한다. 다섯 가지 마인드는 해당 분야에 대해 많이 배우고 훈련을 통해 익숙해지게 하는 훈련적 사고, 아는 것들을 조합하는 융합적 사고, 새로운 것을 찾고자 하는 창의적 사고, 상대와 사회를 생각하는 존중적 사고, 원칙을 준수하는 윤리적 사고를 말한다. 조직에서 문제 해결이란 현재의 체계에 문제가 있거나 새로운 체계를 만들어야 함을 의미한다. 가드너 교수는 너무나 명쾌하게 창조적 사고는 앞의 두 역량이 갖춰져야 가능하다고 설명한다.

좋은 프레임워크들을 계속 찾아내고 업데이트하라

채용이 어떻게 이루어지는지 모르면서 비용과 채용까지 걸리는 시간, 루트별 이직과 퇴직을 분석하는 게 무슨 소용이 있을까(=훈련적 사고)? 채용 루트와 직원의 특성을 파악하지 못하고 직원의 온보딩 경험과 학습 경로를 분석하는 것이 무슨 효과가 있을까(=융합적 사고)? 희망하는 경력을 반영한 채용이 몰입이나 이직, 잦은 결근, 조직시민행동OCB, Organizational Citizenship Behavior에 영향을 미치고 더 나아가 개인과 팀의 성과와 상관관계가 있지는 않을까(=창의적 사고)? 구성원들은 업무 이력과 희망 경력을 바탕으로 업무를 배치하는 걸 좋아할까? 그들의 동의나 요구를 구하려면 어떻게 해야 할까(=윤리적 사고)? 조직에서 보상은 공정하게 이루어지고 있는가(=존중적 사고)?

전공에 따라 이런 좋은 프레임워크들이 많이 존재한다. 피플 애널리틱스는 현재 채용, 임직원의 몰입과 경험 향상, 업무 기회의 매칭과 추천, 이직 관리, 학습과 성과와의 관계, 경력 기회의 매칭, 커리어 파악과 추천, 인력 수급, 핵심 역량 파악 등의 영역에서 많이 쓰인다. 문제를 설계하고 분석하고 가치를 측정한다는 건 좋은 프레임워크를 계속해서 찾아내고 질문하며 무엇을 하면 좋고 무엇을 하지 말아야 할지를 업데이트해 나가는 과정이다.

기초와 중심이 단단할수록 후속 학습은 복리의 성격을 띤다

교직에 있는 나는 배움에는 끝이 없고 아는 만큼 보인다는 것, 그리고 학습에는 지름길이 없다는 것을 믿는다. 좋은 학습이란 내가 아는 것이 조금 더 명료해지게도 하지만 모르는 것이 무엇인지 좀 더 명확해지고 다음으로 학습할 것이 무엇인지 더 명확해지는 학습이다. 이런 학습 효과는 나보다 뛰어난 이들을 알아보는 눈을 키워준다. 성과와 성취가 빈약한 학습 또한 경계해야 한다. "나는 돈에 관심이 없어요." "결과보다 과정이 중요하죠."라고 말하는 건 지극히 아마추어적인 생각이다. 내가 먼저 한 학습과 경험은 더 큰 성취를 위한 기회이자 책임이며 주변과 나눌수록 더 큰 가치가 생긴다. 이런 학습은 더딜 수밖에 없다. 하지만 비온 뒤 땅이 더 단단해지는 것처럼 기초와 중심이 단단할수록 후속 학습은 복리의 성격을 띤다.

분석 역량에도 큰 분포가 있다. 아무리 실전 경험이 뛰어난 인재라도 대학원에 들어와 논문을 쓰게 되면 걸음마 단계부터 시작한다. 그리고 여러 학기에 걸쳐 통계와 연구방법론 수업을 들어야 자신의 주제에 대해 논문을 쓸 자격이 주어진다. 처음 쓰는 논문을 베이비 논문이라고도 한다. 물론 자신감도 낮다. 하지만 절대 부끄러워할 일은 아니다. 우리는 모두 어떤 영역에선 전문가이지만 어떤 영역에선 매우 서툴다. 분석가는 연구자와 비슷하다.

잘 알려진 데이비드 블룸David Bloom의 학습 목표 분류체계에 의하면 분석가는 이해에 바탕을 둔 융합을 통해 분석과 평가를 해야 한다. 논문을 완성하면 학회에서 논문을 발표하고 피드백을 공유하는 시간을 갖는다. 데이터 분석 과제도 똑같다. 임직원들 앞에서 발표하여 공유하고 피드백을 받고 수정해서 발전시켜야 한다. 보고서와 대시보드 뒤에 숨지 말아야 한다. 많은 컨설턴트들의 모델이나 프로세스도 비슷한 과정을 통해 나온다. 하지만 안타깝게도 1~2년

과정의 경험이나 한두 편의 논문을 바탕으로 만들어진 모델들은 이론과 실증적 검증이 빈약하기 쉽다. 좋은 모델이나 역량을 위해 박사학위를 받고 논문을 써도 부족하다고 말하는 게 아니다. 이 글의 시작에서 분석을 집중 분야로 해야 할지 고민하는 후배에게 '고군분투하는 학습'을 보았기 때문에 주저하지 말고 그러라고 대답했다고 썼다.

문제를 해결해가며 역량과 전문성을 쌓아가자

적지 않은 독자들이 현재 담당 업무에 분석 역량을 더하면 경력의 기회나 직업의 안정성이 좋아지지 않을까란 생각을 할 것 같다. 물론 맞는 말이다. 하지만 내가 추천하는 건 분석을 자신의 최고의 강점으로 갖추기를 원한다면 주저 없이 자신의 분야에 대한 전문적 지식, 통계, 연구방법론, 코딩을 계속해서 학습하라고 할 것이다. 생성형 인공지능은 점점 좋아질 테니 꼭 보조 도구로 활용하라 하겠다. 알아야 질문할 수 있고 아는 만큼 평가할 수 있기 때문이다. 물론 태블로나 파워 BI 같은 시각화 도구를 잘 써도 일을 잘한다는 칭찬을 들을 수 있다. 하지만 관계형 데이터베이스를 설계하고 쿼리를 자주 써보지 않은 사람은 맥락에 맞게 대시보드를 변형하거나 왜에 대한 답을 절대 할 수 없다.

인사 임원들과도 만날 기회가 종종 생긴다. 이분들도 비슷한 이야기를 한다. "애널리틱스를 도입하려 하는데 생각보다 쉽지 않다." "국내에서 좋은 사례를 찾기 어렵다."라는 것이다. 내가 아는 피플 애널리틱스를 모범적으로 잘하는 기업과 조직들의 공통점이 있다.

업무흐름이 어느 정도 체계적으로 운영된다는 것이다. 하지만 이들 역시 시작은 해당 조직의 특정 사안들을 데이터를 통해 해결한 작은 성공 사례들에서 시작했다. 예외 없이 모두 두세 명의 소수 인원으로 시작했다.

조직에서 피플 애널리틱스가 성공하려면 분석팀이 세 가지 핵심 역량을 갖춰야 한다. 비즈니스 컨설팅 역량, 기술·테크놀로지 역량, 데이터 역량이다. 데이터와 테크놀로지는 따로 떨어뜨려 생각할 수 없다. 이는 양질의 데이터를 수집하고 축적하는 일, 그리고 시각화나 분석을 하는 데 코딩과 머신러닝, 시각화 도구들을 잘 활용하는 능력은 필수이기 때문이다. 현재 수많은 기업과 기관이 설문을 통해 리더십, 직무 만족, 몰입, 성과와 역량 평가를 하고 있지만 이런 진단들을 통해 의미 있는 변화가 생긴 사례를 듣는 경우는 드물다. 애널리틱스를 어려워하는 곳과 체계적으로 성장해가는 조직의 차이는 분명하다. 전자는 '우리도 해보자'로 접근하고 후자는 '실질적인 문제를 해결해보며 역량과 전문성을 쌓아가자' 방식을 취한다.

지식과 통계를 먼저 배우고 컴퓨테이셔널 방법을 배우자

분석가의 기술적 역량은 워낙 자료가 많아 따로 소개하지는 않겠다. 해당 분야의 지식이 중요하다고는 하지만 구체적으로 무엇이 중요한지를 들어볼 기회가 많지 않다. 실무자분들이 'HR 연관 대학원을 가려면 어느 학교를 가야 하는지, 어떤 전공을 하는 게 좋은지' 물어볼 때가 있다. 글의 앞부분에 인사와 관련한 다양한 전공을 소개한 바 있다. 먼저 인사 분야는 인사관리HRM와 인재육성HRD 영역으로 구분한다. 하지만 나라와 기업의 규모마다 차이가 있다. 대기업은 인사관리와 인재육성 업무가 나뉜 곳이 많지만 스타트업이나 중소기업은 인사담당자가 관리와 육성은 물론 현업부서의 업무까지 해야 하는 경우도 흔하다. 최근 동료와 링크드인에서 인사담당자의 직무기술서와 자격요건을 분석해 유럽의 한 학회에서 발표를 했다. HR 키워드로는 많은 구인광고가 없었지만 인재관리Talent Management, 인재개발Talent Development로는 구인광고가 많았다. 이들에게서 요구되는 역량으로 교육 프로그램을 만들고 현업부서와 밀접하게 일하는 능력도 있었지만 결과를 측정하고 분석하는 것도 핵심이란 점이 매우 인상적이었다.

학회도 인사이더가 아닌 이상 혼돈스럽긴 마찬가지다. 미국의 경우 경영학회AOM, Academy of Management, 인재개발협회ATD, Association for Talent Development, 미국 인사관리협회SHRM, Society for Human Resource Management, 산업 및 조직 심리학회SIOP, Society for Industrial and Organizational Psychology, 인적자원개발학회AHRD, Academy of Human Resource Development가 대표적인 인사 관련 학회들이다. 이중 인재개발협회는 인재육성 실무자들이, 미국 인사관리협회는 인사관리 실무자들이 세계 여러 나라에서 많이 참여한다. 경영학회은 경영 분야 최대 협회이며 학술적 성격이 짙은 학회를 연다. 인사관리를 연구하는 교수와 대학원생들은 주로 HR과 조직행동Organizational Behavior 분과에 속해 있다. 조직심리나 조직행동의 측정에 관심이 높은 사람들은 산업 및 조직 심리학회를 주로 선택하고 인재육성 연구자들은 인적자원개발학회를 통해 주로 활동한다. 내가 주로 활동하는 인적자원개발학회에는 40명이 넘는 한인 교수들이 있고 매해 열리는 학회의 20% 이상의 논문들을 한인 연구자들이 투고하고 있다. 인적자원개발학회는 미국과 유럽, 아시아의 여러 나라들에 400여 명의 회원이 있고 매해 북미에서 개최되는 학회는 300여 명이 참여한다. 유럽과 아시아에서도 나라를 돌아가며 매해 학회가 열린다.

한국에도 다양한 학회가 있다. 인사와 연관해 대한경영학회, 인사관리학회가 있고, 인재육성 분야로는 한국인력개발학회, 산업교육학회, 기업교육학회가 있다. 이들 학회 말고도 교육공학, 평생교육, 직업교육, 평가, 조직개발 등 미국과 한국 모두 HR과 연관된 다양한 학회와 협회가 존재한다. 이렇게 학회를 소개하는 이유는 직업이나 전공을 선택하면 해당 분야에서 전문성을 심화하고 네트워킹을 만들어가는 데 협회와 학회가 중추적 역할을 하기 때문이다. 협회마다 데이터와 인공지능에 대한 관심이 높아져서 학문 간, 협회 간 교류가 늘고 있는 추세다. 관심 있는 학회의 웹사이트를 검색하면 주요 활동과 구성원들의 소속을 볼 수 있으니 둘러볼 것을 추천한다.

내가 일하고 있는 인재육성 분야만 하더라도 다양한 세부 전문 영역이 있다. 대표적으로 교육훈련, 코칭, 리더십, 경력개발, 조직개발, 평가·측정, 다양성과 포용성, 비평적 인재육성 등이 있다. 재미있는 건 학회의 절반 정도는 교육이나 경영, 심리학 배경을 갖고 있지만 의외로 많은 학회 구성원들이 인사와는 무관한 전공 출신이다. 신학부터 공학, 음악, 문학 등 매우 다양하다. 인재육성 대학원도, 협회도 구성원들의 배경은 다양하지만 공통점은 대부분 직장

생활을 하다가 상사와의 관계, 리더십, 후임 교육이나 평가, 성과 관리 일을 고민하다가 좀 더 체계적으로 공부하고 싶어 이 분야를 선택한 것을 보게 된다.

측정은 많은 사람들이 관심을 두지만 전통적인 인사 영역이 아니다. 경영대의 HR 교과과정도 크게 다르지 않다. 통계나 측정에 관심이 많은 사람은 통계학과, 심리학과, 교육심리학과에서 여는 수업들을 듣는다. 데이터 분석이라야 주로 질적 연구방법, 양적 연구방법, 혹은 양적 연구라 부르지 않고 회귀분석, 군집분석, 다변량 분석, 구조방정식, 시계열 분석 같은 수업들 중에서 선택한다. 데이터 과학 전공은 주로 석사과정에 있다. 머신러닝이나 예측 분석, 텍스트 분석 같은 식으로 수업이 열린다. 데이터 과학 전공은 인사 분야를 거의 다루지 않는다. 사정이 이렇다 보니 피플 데이터 분석에 관심이 있더라도 전공을 선택하거나 세부적인 분석 역량을 향상하기가 쉽지 않은 게 현실이다. 일반화의 오류를 무릅쓰고 내가 추천하는 방식은 해당 분야의 지식과 통계를 먼저 배우고 머신러닝, 네트워크 분석, 텍스트 분석, 시뮬레이션 같은 컴퓨테이셔널 방법을 순차적으로 배우는 것이다.

4. 노력하는 사람에게 기회와 운이 따른다 |Q

    무언가를 꾸준히 부단히 노력해야만 좋은 결실을 낼 수 있다는 건 누구에게나 희소식은 아닐 것이다. 나도 운칠기삼이란 말을 믿는다. 하지만 노력을 하는 사람에게 기회와 운이 더 따른다. 내가 좋아하는 노력에 대한 책이 있다. 제프 콜빈**Geoff Colvin**이 쓴 『과대평가된 재능**Talent is overrated**』에서 프로와 최고가 되는 것이 왜 어렵지만 가치가 있는지 설명한다. 분석을 잘하는 프로의 세계를 꿈꿔보면 어떨까?

    "무슨 생각을 해. 그냥 하는 거지!"

    콜빈은 프로의 세계는 보상이 커서 해볼 만하다고 말한다. 매우 현실적인 조언이다. 높은 수준의 분석 역량은 시장가치가 매우 높다. 누구나 시도하지만(분배할 파이가 크다는 뜻) 대부분 중간에 포기한다. 통계, 알고리즘, 확률, 선형대수……. 분석가에게 딱 맞는 표현이다. 콜빈는 또 이렇게 말한다. 하다 보면 잘하게 되고, 희소성이 생기고, 자신감을 느끼고, 점점 효과적이고 효율적이게 된다. 학습은 더디지만 결과가 비교적 뚜렷하고 배운 건 도둑질을 못하기 때문에 분석가에게 딱 맞는 표현이다. 예외 없이 모든 최고는 평균 네 시간 정도 목표를 위해 날마다 연습하고 자신을 향상하려고 한다. 탁월한 연구자와 석학들의 비밀이기도 하다. 김연아 선수는 "무슨 생각을 해. 그냥 하는 거지."라고 말했다. 나는 연습을 어떤 환경에도 개의치 않고 일상의 루틴으로 만든 최고로 멋진 한 사람의 모습을 볼 수 있었다.

내게 상담을 해오는 사람들은 어떻게 보면 미지의 학문 영역을 개척해가는 것을 부러워하기도 하고 칭찬하기도 한다. 하지만 나는 내가 걸어온 울퉁불퉁했던 길과 앞이 보이지 않았던 터널과 걸어가면 저 앞에 뭐가 있을까를 고민해야 했던 오랜 좌충우돌의 시간을 기억한다. 그리고 이제까지 20여 년의 교직생활과 앞으로의 20여 년이 크게 다를 거란 기대도 하지 않는다. 다만 마라톤을 완주하는 데 반환점을 돌았기 때문에 여정이 더 편해진 건 맞다.

사실 박사과정 때 커리어를 위해 통계 수업을 꽤나 많이 들었는데 논문 주제와 맞지 않아 학위논문은 그라운드 이론**Grounded theory**이란 질적 연구방법을 쓰고 졸업했다. 이후 10년은 양적 연구논문을 많이 썼는데 학부가 영어영문학과였고 수학적 개념의 이해가 부족함을 느껴 다양한 통계 책들을 읽었다. 응답의 독립성을 요구하고 일반화하는 추론통계가 과연 내가 그토록 궁금해했던, 사람들이 실제로 일하는 모습을 반영하는 구조와 연결의 영향(우리는 어딘가에 속해 늘 누군가와 함께 일한다)을 제대로 답해줄 수 있을지 의문이 끊이지 않았다. 이것이 내가 네크워크 분석과 머신러닝에 입문하게 된 이유다.

그때 이후 정말 '무슨 생각을 해. 그냥 하는 거지.'라는 생각으로 산 것 같다. 매일 아침 루틴은 거의 독서였다. 주로 이공계 교재들을 출판하는 오라일리나 스프링거 책들을 공부했는데 책 한 권을 시작하면 두세 달을 목표로 삼았다. 강의 때 농담 반 진담 반으로 박사 때보다 통계와 방법론 공부를 두 배 세 배 열심히 했다고 말한다. 최근 코헨이 쓴 『선형대수』는 가장 재미있게 읽고 정독했는데 나의 좌충우돌과 고군분투를 가장 잘 보여준 경험이었다.

비관적 낙천주의자가 돼 즐기면서 노력하자

사람들은 나에게 비관적 낙천주의자Pessimist Optimist라고 말한다. 문제를 이해하고 해결하는 접근은 비판적, 비평적 사고로 접근하고 이후 과정은 즐기려고 노력하는 편이다. 분석가나 연구자의 자세로 필요한 태도가 아닐까 싶다. 시계열 분석, 다층 분석, 메타 분석, 딥러닝, 트랜스포머……. 내 학습 리스트엔 이전에 보았더라도 좀 더 제대로 이해하기 위해 필요한 목록들이 늘 있는 것 같다. 그 와중에 이런 생각이 들곤 한다. 정말 분석을 잘하기 위해서는 얼마만큼의 노력과 시간이 필요할까? 과거로 돌아간다면 어떤 순서로 무엇을 공부할까? 이 많은 주제 중에 분석가에게 꼭 필요한 건 뭘까? 좋은 학습의 순차가 있을까? 순서는 달랐을지라도 학습을 하는 동안 새롭게 배워야 할 것들이 더 많이 생겼을 것이다.

나는 늘 대학원 석사와 박사 1학년과 졸업생들과 함께하며 학문 공동체의 의미를 생각하게 된다. '아, 이 직업은 배워서 남을 줄 수 있는 감사한 직업이구나. 나만 잘하면 고맙게도 기회와 결과도 복리가 될 수 있는 직업이구나. 순서나 방법에 상관없이 내가 잘할 수 있는 영역이 생기면 얼마든지 협업의 시너지가 더해지는 분야에 있구나.' 지금은 피플 애널리틱스에 관심을 갖는 동료와 후배들이 많이 생겨났다. 나보다 뛰어나고 잘하고 있는, 잠재성이 무한한 사람들로 보인다. 그리고 이분들 중 적지 않은 사람들이 쉽지 않은 공부와 조직의 과제, 사람들과의 관계에서 고군분투할 모습이 그려진다. 코딩과 생성형 인공지능이 학습할 게 많겠지만 5년이 지나고 10년이 지나면 후세대는 또 다른 기술을 놓고 같은 고민을 하고 있을 것으로 생각한다.

IT 프로젝트 매니저로 일할 때 부족한 배경으로 프로그래머들과 일을 해야 했고 클라이언트들을 만나면서 관계형 데이터베이스와 콜드퓨전, 자바스크립트, PHP, JSP, ASP 같은 언어들을 익히느라 몇 년 동안 밤을 고스란히 헌납한 기억이 난다. 젊어서 고생은 사서도 한다는 말을 나는 조금 다르게 해석한다. 교육학에서 위험감수는 젊고 어릴 때 할수록 나이가 들어서 새로운 시도를 할 수 있다는 이론이 있다.

내게는 유학을 결정한 일, 수포자였지만 통계를 다시 공부하기로 한 일이 그럴지 모르겠다. 학위를 마치고 10여 년이 지나 새로운 방법론과 R, 파이썬 같은 새로운 언어 코딩을 학습하기로 한 결정은 분명 교수 커리어에는 위험이기도 했다. 내 학습 수준은 이제야 통계와 여러 컴퓨테이셔널 방법들의 연결점이 희미하게 보이고 이런 측정 방법들로 사람의 사회적 맥락 속에서 태도와 행동을 연결하려는 시도를 하고 있는 것 같다. 그리고 통계나 머신러닝 전문가를 조금 더 잘 알아볼 수 있고 대화할 수 있는 역량이 생기지 않았나 싶다.

지금까지 꽤 사적인 경험들을 나누었다. 피플 데이터 분석 커리어를 고민하는 사람들에게 조금이나마 도움이 되길 바라는 마음이 크다. 책을 읽는 여러분이 데이터 분석과 피플 애널리틱스를 어떻게 생각하고 어떤 고민을 하고 있는지 알 수는 없다. 하지만 모쪼록 이 글을 포함한 저자들의 경험과 생각이 도움이 됐기 바란다.

1장

1. Tabrizi, B., Lam, D., Girard, K., & Irvin, V. (2019). Digital Transformation is not about technology. (Mar.), Harvard Business Review.

2장

1. eNPS는 고객 만족도 측정을 위해 활용하는 지표로 '이 회사의 제품을 친구나 가족에게 추천하시겠습니까?'라는 하나의 문항으로 구성된 단순한 도구다. 0(추천 의향 없음)에서부터 7(아주 추천함)까지 보기 중 응답하도록 되어 있다., 추천 비율에서 비추천 비율을 차감하여 계산한다. 하나의 문항으로 몰입도를 파악하는 대신 주관식 응답에 대한 질적 분석을 강화한다. 객관식 문항이 제한적인 의미만을 전달하는 데 비해 질적 분석을 통해 HR에서 예상하지 못한 풍부한 해석을 도출할 수 있다.

2. 한국어로는 해당 개념을 설명하기에 적당한 용어가 없다. '인포메이셔널 콜'은 지원자가 관심이 있는 직업 분야에 종사하는 사람과 일반적으로 20~30분 동안 진행하는 비공식 대화다. 공식적인 취업 면접Interview과는 다르다.

3. 명확한 합의나 정의 없이 특정 업계에서 일시적으로 유행하는 신조어나 전문용어를 의미한다.

4. 조사자가 조사받는 사람과 대면하여 종이와 펜을 제공하고 응답받는 조사 형태

4장

1. 한국과 미국에서 리서치 펠로Research Fellow는 포닥post-doc과 비슷한 개념으로 인지되지만, 아카데믹 시스템이 다른 영국에서는 연구를 중심으로 일하는 연구원이나 연구교수를 뜻한다. 리서치 펠로는 신임 연구원뿐만 아니라 오랜 경력과 호봉을 가진 경력직 연구교원까지 통틀어 의미하기 때문에 미국식 포닥 개념과 구별된다. 영국 학계의 연구Research 전담 트랙의 경우, 연구조교Research Assistant, 포닥Research Associate, 연구교수 Research Fellow로 이어진다.

2. 변리사는 특허, 디자인, 상표 등에 관한 법률적 일을 대리하는 사람이다. 법학뿐만 아니라 공학 지식도 필요로 하기 때문에 이공계 출신 학생들이 많이 취득하는 자격증이다.

3. 여기서 외부 수혈이라 함은 외부에서 해당 사업·부문에 경력이 있는 직원을 채용하는 것을 의미한다. 이미 관련 경험이 있기 때문에 기업 입장에서 바로 업무에 투입할 수 있다.

5장

1. www.ahrd.org

2. Texas A&M University. TAMU라고도 불린다.

3. Daniela Whitten, Trevor Hastie, Rob Tibshirani

4. Andrew Bruce, Peter Gedeck

1장

1. Ramesh, N. and D. Delen (2021), "Digital transformation: How to beat the 90% failure rate?", IEEE Engineering Management Review, 49(3), 22-25.

2. Tabrizi, B., E. Lam, K. Girard and V. Irvin (2019), "Digital transformation is not about technology", Harvard Business Review, 13(March); 1-6.

Bloomberg, J. (2018, April 29), "Digitization, digitalization, and digital transformation: Confuse them at your peril", Forbes. https://www.forbes.com/sites/jasonbloomberg/2018/04/29/digitization-digitalization-and-digital-transformation-confuse-them-at-your-peril/

3. https://ko.wikipedia.org/wiki/%EA%B3%BC%ED%95%99

4. 이중학, 스티븐 김, 송지훈, 장다니엘 (2020). HR 애널리틱스 연구 및 실무에서의 베이지안 통계 활용: 퇴임 임원의 데이터를 중심으로, 조직과 인사관리연구, 44(3), 83-104.

5. 이중학, 김지영 (2022). 한국 다국적 기업의 디지털 전환 및 데이터 분석 역량 준비도를 높이기 위한 최고 경영층 인식 연구, 무역연구.

6. McCartney, S., Murphy, C. and McCarthy, J. (2021), "21st century HR: a competency model for the emerging role of HR Analysts", Personnel Review, 50(6), 1495-1513.

7. 이중학, 스티븐 김 (2022). "사람"을 위한 PA 도입의 고민과 준비, 월간인사관리 5월호.

8. 이중학, 김성준, 채충일 (2021). 텍스트 마이닝(text-mining)을 활용한 COVID-19 시대의 위기

9. 리더십 분석 및 제안: People Analytics 사례. 기업경영연구, 28(6), 15-34.

10. https://www.ciokorea.com/news/268227

11. https://www.globenewswire.com/news-release/2021/10/12/2312765/0/en/New-Study-Discovers-Data-Scientists-Leave-Their-Jobs-After-Less-Than-2-Years.html

5장

1. Bruce, P., Bruce, A., & Gedeck, P. (2020). Practical statistics for data scientists: 50+ essential concepts using R and Python. O'Reilly Media.

2. Colvin, G. (2010). Talent is overrated: What really separates world-class performers from everybody else. Penguin.

3. James, G., Witten, D., Hastie, T., & Tibshirani, R. (2013). An introduction to statistical learning. New York: Springer.

4. Kuhn, M., & Johnson, K. (2013). Applied predictive modeling (Vol. 26, p. 13). New York: Springer.

5. Marr, B. (2012). Key Performance Indicators (KPI): The 75 measures every manager needs to know. Pearson UK.

6. Tuomi, I. (1999, January). Data is more than knowledge: Implications of the reversed knowledge hierarchy for knowledge management and organizational memory. In Proceedings of the 32nd Annual Hawaii International Conference on Systems Sciences. 1999. HICSS-32. Abstracts and CD-ROM of Full Papers (pp. 12-pp). IEEE.

7. Yoon, S. W. (2021). Explosion of people analytics, machine learning, and human resource technologies: Implications and applications for research. Human resource development quarterly, 32(3), 243-250.

8. Yoon, S. W. (2003). In search of meaningful online learning experiences. New directions for adult and continuing education, 2003(100), 19-30.

9. 하워드 가드너 (2008). 미래 마인드: 미래를 성공으로 이끌 다섯 가지 마음 능력. 재인.

10. 조나단 페라, 데이비드 그린 (2022). 피플 애널리틱스: 탁월한 피플 애널리틱스를 위한 9가지 관점. 플랜비디자인.

사람을 분석하고 연구하는
피플 애널리스트들이 온다

초판 1쇄 인쇄 2024년 4월 12일
초판 1쇄 발행 2024년 4월 19일

지은이 김다혜 김민송 박은연 어승수 윤명훈 윤승원 이상석
　　　　이재진 이중학 이피어나 정보영 조영찬
펴낸이 안현주

기획 류재운 **편집** 송무호 안선영 김재열 **브랜드마케팅** 이승민 **영업** 안현영
디자인 표지 정태성 본문 장덕종

펴낸곳 클라우드나인 　　**출판등록** 2013년 12월 12일(제2013-101호)
주소 우) 03993 서울시 마포구 월드컵북로 4길 82(동교동) 신흥빌딩 3층
전화 02-332-8939 　**팩스** 02-6008-8938
이메일 c9book@naver.com

값 20,000원
ISBN 979-11-92966-69-4　03320